W0218595

Fall 1. Schneller surfen um jeden Preis

Sachverhalt

Die Trinkfest-Brauerei AG (B) aus München stellt verschiedene Getränke her und vertreibt sie. An ihr sind Klaus Trinkfest (K) mit 75%, Franziska Trinkfest mit 20% und Kleinanleger beteiligt. Da die an der Trinkfest-Brauerei AG nicht beteiligte Ehefrau von Klaus Trinkfest, Helvetia Trinkfest (H), endlich schneller im Internet surfen will, drängt K das Vorstandsmitglied der B, Silvia Welsch (W), an seine Ehefrau den neu von der Trinkfest-Brauerei AG zu einem verkehrsüblichen Preis von 5000 EUR angeschafften, leistungsfähigen Rechner PXY für 2000 EUR zu verkaufen. Andernfalls würde er sich beim Aufsichtsrat dafür einsetzen, dass W demnächst aus dem Vorstand ausscheide. Da W ihre herausgehobene Stellung im Unternehmen behalten will, veräußert B, vertreten durch das alleinvertretungsberechtigte Vorstandsmitglied W, den Rechner PXY zu einem Preis von 2000 EUR an H und übergibt ihr das Gerät. H kennt die Differenz zwischen verkehrsüblichem Preis und Kaufpreis nicht. H bezahlt den Kaufpreis. Aufsichtsrat und Hauptversammlung informiert W lieber nicht von dem Verkauf des Rechners. K erklärt gegenüber H, dass er das Seine dafür getan habe, damit H günstig zu einem leistungsstarken Rechner komme. Als der Vorstand von B von dem Vorgang erfährt, verlangt er von K die Rückgabe des Rechners PXY. K verweigert dies, weil es sich um einen ganz normalen Kaufvertrag handele. Außerdem habe nicht er, sondern H den Rechner PXY gekauft. Einer etwaigen Rückgabeverpflichtung halte er die Zahlung des Kaufpreises durch H in Höhe von 2000 EUR entgegen. Außerdem bringt K wahrheitsgemäß vor, dass sich H weigere, den mittlerweile in den Freizeitraum von H verbrachten Rechner PXY an ihn oder B zurückzugeben, da ihr das Surfen im Internet mit diesem Rechner soviel Freude bereite. Zu dem Freizeitraum von H hat nur sie die Schlüssel.

Welche Ansprüche stehen B gegen die Beteiligten zu?

Gliederung

Lösung

I. Ansprüche von B gegen K

1. Rückgewähr nach §§ 62 Abs. 1 Satz 1, 57 Abs. 1 Satz 1 AktG

Nach § 62 Abs. 1 Satz 1 AktG haben Aktionäre der Gesellschaft Leistungen, die sie 1
entgegen den Vorschriften des AktG von ihr empfangen haben, zurückzugewähren. In Betracht kommt hier der Empfang des Rechners PXY unter Verstoß gegen § 57 Abs. 1 Satz 1 AktG. Danach darf die Gesellschaft den Aktionären die Einlagen nicht zurückgewähren.

a) Leistung der AG

2 Die AG erbringt durch die alleinvertretungsberechtigte W eine Leistung, indem sie den in ihrem Eigentum und Besitz stehenden Rechner PXY an H übereignet nach § 929 Satz 1 BGB.

b) Entgegen den Vorschriften dieses Gesetzes: hier § 57 Abs. 1 Satz 1 AktG

aa) Keine zulässige Verteilung des Bilanzgewinns i.S.d. § 57 Abs. 3 AktG

3 Im Aktienrecht besteht eine umfassende, nicht auf das Grundkapital beschränkte Vermögensbindung. Danach ist vor Auflösung der Gesellschaft nur die Verteilung des Bilanzgewinns an die Aktionäre zulässig (§ 57 Abs. 3 AktG).[1] Dies setzt einen Gewinnverwendungsbeschluss durch die Hauptversammlung voraus. Ein solcher Beschluss liegt hier aber nicht vor. Die Übereignung des Rechners von B an H nach § 929 Satz 1 BGB ist daher nicht auf die Verteilung des Bilanzgewinns i.S.d. § 57 Abs. 3 AktG gerichtet. Es könnte sich deshalb um eine unzulässige Einlagenrückgewähr handeln.

bb) Unzulässige Einlagenrückgewähr

(1) Keine Rückgewähr der Einlage

4 Hier ist keine Rückgewähr der Einlage erfolgt.

(2) Erweiterung des § 57 Abs. 1 Satz 1 AktG auf jede nicht angemessene Vermögensverlagerung

(a) Angemessenheit der Vermögensverlagerung

5 Für die Anwendung des § 57 Abs. 1 Satz 1 AktG kommt es nicht darauf an, ob das Zurückgewährte die Einlage i.S.d. § 54 AktG ist. Denn der Wortlaut von § 57 Abs. 1 Satz 1 AktG ist zu eng. Entscheidend ist allein die wertmäßige Beeinträchtigung des Gesellschaftsvermögens.[2] Dieses Vermögen ist insoweit gebunden, als es für die Verwirklichung der Gesellschaftszwecke zur Verfügung stehen soll. Deshalb erstreckt sich § 57 Abs. 1 Satz 1 AktG auch auf Leistungen, die diesem Normzweck widersprechen. Ob das Zurückgewährte das Grundkapital beschränkt, ist unerheblich. § 57 Abs. 1 Satz 1 AktG erfasst deshalb auch sog. verdeckte Vermögensverlagerungen bzw. Gewinnausschüttungen. Doch führt nicht jedes Rechtsgeschäft zwischen Gesellschaft und Gesellschafter zu einer verdeckten Vermögensverlagerung. Andernfalls wäre ohne sachlichen Grund jegliches Geschäft zwischen Gesellschaft und Gesellschafter ausgeschlossen.

6 Eine gegen § 57 Abs. 1 Satz 1 AktG verstoßende, verdeckte Vermögensverlagerung liegt nur dann vor, wenn der Grundsatz der Vermögensbindung beeinträchtigt ist. Dies ist dann der Fall, wenn Gesellschaft und Gesellschafter das Geschäft gerade auf Grund der Gesellschafterstellung schließen *(causa societatis),*[3] wenn also die Gesellschaft das Geschäft so nicht auch mit einem beliebigen Dritten abgeschlossen hätte. Ist das Geschäft hingegen *angemessen,* d.h. die Gesellschaft hätte es auch mit einer gesellschaftsfremden Personen zu den gleichen Bedingungen abgeschlossen, liegt

[1] Vgl. dazu auch *Windbichler* § 25 Rn. 5 und § 30 Rn. 28.
[2] MünchKommAktG/*Bayer* § 57 Rn. 9; KölnKomm/*Drygala* § 57 Rn. 6.
[3] *Hüffer/Koch* § 57 Rn. 6ff.

keine verdeckte Vermögensverlagerung vor.[4] Daraus ergibt sich, dass die Gesellschaft mit ihren Gesellschaftern im Einklang mit § 57 Abs. 1 Satz 1 AktG Geschäfte machen darf, sofern diese Geschäfte nicht zu einer Bevorteilung eines Gesellschafters im Vergleich zu einem gesellschaftsfremden Dritten (Drittvergleich) führen. Denn die Leistung der Gesellschaft ist dann durch die Gegenleistung, die ein Aktionär wie ein Dritter erbringt, vermögensmäßig ausgeglichen. Anders liegt es, wenn zwischen der Leistung der Gesellschaft und der Gegenleistung des Gesellschafters ein objektives Missverhältnis besteht. So kann der Verkauf unter Marktpreis ein solches Missverhältnis darstellen, wenn er nicht durch betriebliche Gründe gerechtfertigt ist.[5]

Dritte hätten hier insbesondere den Marktwert des Rechners PXY (= 5000 EUR) 7
bezahlen müssen. Leistet ein Aktionär nicht einmal 50% des Marktpreises, liegt ein Missverhältnis zwischen Leistung der Gesellschaft und Gegenleistung des Gesellschafters vor. Bei einem solchen Missverhältnis zwischen Leistung und Gegenleistung ist eine verdeckte Vermögensverlagerung (Gewinnausschüttung) gegeben.

(b) Erfordernis subjektiver Elemente?

Teile des Schrifttums[6] verlangen neben dem objektiven Missverhältnis subjektive 8
Elemente der Beteiligten insbesondere in der Weise, dass die Gesellschaft ihre Leistung bewusst nur wegen der Gesellschafterstellung des Empfängers *(causa societatis)* erbringt. Solche Elemente sind zwar meist gegeben. Rechtlich erforderlich sind sie indes nach zutreffender Auffassung[7] nicht. Denn das AktG verfolgt mit der Vermögensbindung nach § 57 Abs. 1 Satz 1 AktG objektive Zwecke.

(c) Zwischenergebnis

Der Verkauf und die Übereignung eines Rechners mit einem Marktpreis von 9
5000 EUR zu einem Preis von 2000 EUR stellt eine verdeckte Vermögensverlagerung (Gewinnausschüttung) dar. Es muss sich aber darüber hinaus um eine verdeckte Vermögensverlagerung (Gewinnausschüttung) zu Gunsten eines Gesellschafters handeln.

[illegible] Aktionär als Empfänger der Leistung

(1) Leistung an den Aktionär selbst

Ein Aktionär muss Empfänger der Leistung der Gesellschaft sein. Daran fehlt es 10
hier an sich. Denn B erbringt die Leistung an die Ehefrau des K, die, anders als K, nicht an B beteiligt ist.

(2) Gleichgestellte Fallgestaltungen

(a) Ehemalige oder künftige Gesellschafterstellung

In bestimmten Fallgestaltungen steht eine Leistung an einen Dritten einer Leistung 11
an den Gesellschafter gleich. Dies ist etwa dann der Fall, wenn die Leistungen we-

[4] *K. Schmidt* § 29 II 2a.

[5] *BGH* NJW 1987, 1194, 1195 (zur GmbH).

[6] GroßkommAktG/*Henze* § 57 Rn. 3; *Bezzenberger* S. 233f.; *Geßler*, FS R. Fischer, 1979, S. 131, 136f.

[7] *BGH* NJW 1987, 1194, 1195; 1996, 589, 590 (beide zur GmbH); MünchKommAktG/*Bayer* § 57 Rn. 57f.; KölnKomm/*Drygala* § 57 Rn. 90ff.; *Hüffer/Koch* § 57 Rn. 11; *Fiedler* S. 8f.

gen früherer oder künftiger Gesellschafterstellung erfolgen.[8] Dafür, dass H Gesellschafterin von B war oder werden soll, ist jedoch aus dem Sachverhalt nichts ersichtlich.

(b) Zurechenbarkeit der Leistung bei persönlicher oder rechtlicher Verbundenheit

12 Eine Leistung an einen Aktionär ist der Leistung an einen Dritten gleichzustellen, wenn der Empfang der Leistung durch den Dritten dem Aktionär zurechenbar ist.

13 Die Leistung der Gesellschaft an einen Dritten ist einem Aktionär dann zurechenbar, wenn zwischen ihm und dem Dritten eine enge persönliche oder rechtliche Verbundenheit besteht (sog. qualifizierte Nähe). Hierfür gibt es Fallgruppen.[9]

(aa) Leistungen an Treugeber

14 Leistungen an einen Treugeber sind nach dem Rechtsgedanken des § 46 Abs. 5 AktG dem Aktionär als Treuhänder zurechenbar.[10]

15 Für ein Treuhandverhältnis zwischen K und H fehlen hier indes Anhaltspunkte.

(bb) Leistung an Dritten kommt wirtschaftlich Aktionär zu Gute

16 Leistungen, die ein Dritter für Rechnung des Aktionärs empfängt, sind wie eine Leistung an den Aktionär selbst zu behandeln.[11] Dasselbe gilt, wenn der Dritte die Leistung als Vertreter des Aktionärs empfängt oder die Gesellschaft auf Weisung des Aktionärs an einen Dritten zur Erfüllung einer Verbindlichkeit gegenüber dem Aktionär leistet (§ 362 Abs. 2 BGB).

17 Diese Voraussetzungen sind hier aber nicht erfüllt, da der Kaufvertrag zwischen B und H besteht und B an H leistet.

(cc) Leistungen an nahe Angehörige

18 Eine Leistung an einen Dritten ist dem Aktionär zurechenbar, wenn die Gesellschaft eine Leistung auf Veranlassung des Aktionärs an eine ihm nahe stehende Person erbringt.[12] So sind Leistungen der Gesellschaft an den Ehegatten oder minderjährige Kinder des Aktionärs nach §§ 89 Abs. 3 Satz 1, 115 Abs. 2 AktG ohne weitere Voraussetzungen Leistungen an den Aktionär.[13] Bei anderem Verwandtschaftsverhältnis kommt es darauf an, ob die Leistung wirtschaftlich dem Aktionär zugute kommt.

19 Hier erbringt B die Leistung an die Ehefrau H des Aktionärs K, sodass K diese Leistung zurechenbar ist.

dd) Zwischenergebnis

20 Der Tatbestand des § 57 Abs. 1 Satz 1 AktG ist erfüllt, sodass eine Leistung der Gesellschaft entgegen den Vorschriften des AktG gegeben ist.

[8] *BGH* WM 2008, 161 Rn. 13; MünchKommAktG/*Bayer* § 57 Rn. 105; KölnKomm/*Drygala* § 57 Rn. 119; *Hüffer/Koch* § 57 Rn. 18; *Canaris,* FS R. Fischer, 1979, S. 31, 32 f.

[9] Vgl. dazu ausführlich KölnKomm/*Drygala* § 57 Rn. 116 ff. und *Hüffer/Koch* § 57 Rn. 9.

[10] *BGH* WM 2008, 106 Rn. 13; BGHZ 107, 7, 12; 31, 258, 266 (zur GmbH).

[11] *OLG Hamburg* AG 1980, 275, 278; *Hüffer/Koch* § 57 Rn. 15.

[12] *BGH* WM 1957, 61; BGHZ 81, 365, 368 ff. (zur GmbH).

[13] *Hüffer/Koch* § 57 Rn. 19.

c) Rechtsfolge

§ 62 Abs. 1 AktG begründet eine aktienrechtliche Rückgewährpflicht des Aktionärs. Danach ist das Gesellschaftsvermögen so wiederherzustellen, wie es ohne die verdeckte Vermögensverlagerung (Gewinnausschüttung) bestünde.[14] Dies setzt eine Rückgewähr der Leistung *in natura* voraus, sodass nicht lediglich ein wertmäßiger Ausgleich des zuviel Erhaltenen geschuldet ist.[15] Die §§ 818ff. BGB sind wegen der aktienrechtlichen Natur des Anspruchs nach § 62 Abs. 1 Satz 1 AktG nicht anwendbar. Auch verdeckte Leistungen unterliegen in vollem Umfang der Rückgewährpflicht nach § 62 Abs. 1 Satz 1 AktG. Allerdings stellt sich insoweit die Frage nach einer etwaigen Konkurrenz zu einer Rückabwicklung nach §§ 812ff. BGB, weil § 57 AktG ein gesetzliches Verbot i. S. d. § 134 BGB darstellt. Die Frage, ob es bei einem Verstoß gegen § 57 AktG zur Rechtsfolge der Nichtigkeit nach § 134 BGB im Hinblick auf das Verpflichtungs- und/oder Verfügungsgeschäft kommt, ist umstritten. Teile des Schrifttums nehmen sowohl Nichtigkeit des Verpflichtungsgeschäfts als auch des Verfügungsgeschäfts an.[16] Andere beurteilen lediglich das Verpflichtungsgeschäft als nichtig.[17] Der BGH[18] und wiederum andere Teile des Schrifttums[19] nehmen weder Nichtigkeit des Erfüllungsgeschäfts noch des Verpflichtungsgeschäfts, sondern vielmehr Wirksamkeit beider Geschäfte an. Dieser Ansatz überzeugt, weil § 62 AktG für die Rechtsfolge eines Verstoßes gegen § 57 AktG eine vorrangige Spezialregelung enthält (vgl. auch § 134 BGB: „[…] wenn sich nicht aus dem Gesetz ein anderes ergibt“). Konkurrenzfragen zur Abwicklung nach §§ 812ff. BGB stellen sich daher nicht. K muss den Rechner PXY an B allein nach § 62 Abs. 1 Satz 1 AktG herausgeben. 21

d) Unmöglichkeit der Herausgabe nach § 275 Abs. 1 BGB

Da K den Rechner PXY nicht herausgeben kann, weil H die Herausgabe verweigert, ist K wegen Unmöglichkeit nach § 275 Abs. 1 BGB von dieser Verpflichtung befreit. 22

e) Ergebnis

B steht gegen K kein Anspruch auf Rückgewähr des Rechners PXY nach §§ 62 Abs. 1, 57 Abs. 1 Satz 1 AktG zu. 23

2. Herausgabe nach § 985 BGB

a) Anwendbarkeit

Dingliche Ansprüche können neben § 62 AktG bestehen.[20] 24

---

[14] KölnKomm/*Drygala* § 57 Rn. 133f. und § 62 Rn. 55ff.; *Hüffer/Koch* § 57 Rn. 8; vgl. auch *BGH* WM 2008, 161 Rn. 9 (zur GmbH).

[15] *Hüffer/Koch* § 62 Rn. 10; a. A. *K. Schmidt* § 29 II 2b, weil Vermögensbindung nicht auf Erhaltung bestimmter Gegenstände, sondern nur auf wertmäßigen Erhalt gerichtet sei.

[16] KölnKomm/*Drygala* § 57 Rn. 133f.; GroßKommAktG/*Henze* § 57 Rn. 203, *Strohn* S. 24f.

[17] *Geßler,* FS Fischer, 1979, S. 131, 142f.; *Flume* ZHR 144 (1980), 18, 23f.

[18] *BGH* WM 2013, 748 Rn. 12.

[19] MünchKommAktG/*Bayer* § 57 Rn. 227; KölnKomm/*Drygala* § 57 Rn. 133f.

[20] *Hüffer/Koch* § 62 Rn. 12.

b) Eigentum von B

aa) Ursprünglich

25 B müsste Eigentümerin des Rechners PXY sein. Ursprünglich war sie es.

bb) Kein Verlust des Eigentums

26 B könnte ihr Eigentum aber durch Übereignung nach § 929 Satz 1 BGB an H verloren haben. Ein solcher Eigentumsverlust wäre jedoch ausgeschlossen, wenn die Übereignung nach § 929 Satz 1 BGB wegen Verstoßes gegen ein gesetzliches Verbot nach § 134 BGB nichtig ist. Nach h.M. ist § 57 AktG ein Verbotsgesetz, da diese Regelung verdeckte Vermögensverlagerungen verhindern soll.[21] Ein Verstoß gegen § 57 AktG betrifft auch das Verfügungsgeschäft und nicht nur die schuldrechtliche Verpflichtung, da die verdeckte Vermögensverlagerung gerade in der Leistung von B und nicht schon im bloßen Versprechen der Leistung liegt. Die Übereignung von B, vertreten durch W, an H ist wegen des Verstoßes gegen § 57 Abs. 1 Satz 1 AktG aber nicht nach § 134 BGB nichtig (siehe Rn. 21). B verliert daher ihr Eigentum an dem Rechner PXY. Überlegungen zum Besitz von K erfolgen daher nur noch hilfsweise.

c) Besitz von K

27 K ist nicht im Besitz des Rechners PXY. Vielmehr besitzt H diesen Rechner. Sie übt Alleinbesitz aus. Denn der Rechner PXY befindet sich im Freizeitzimmer von H, zu dem nur sie die Schlüssel hat.

d) Ergebnis

28 B kann nicht von K nach § 985 BGB Herausgabe des Rechners PXY verlangen.

3. Herausgabe nach § 812 Abs. 1 Satz 1 Alt. 1 oder 2 BGB

29 Der schuldrechtliche Rückgewähranspruch nach § 62 Abs. 1 Satz 1 AktG verdrängt die §§ 812ff. BGB (vgl. auch Rn. 21, 26).[22] B kann daher nicht von K nach § 812 Abs. 1 Satz 1 Alt. 1 oder 2 BGB Herausgabe des Rechners PXY verlangen. Ein Anspruch von B gegen K nach § 812 Abs. 1 Satz 1 Alt. 1 BGB scheitert auch daran, dass B den Rechner PXY nicht an K, sondern an H zum Zwecke der Erfüllung einer vermeintlichen Verpflichtung aus Kaufvertrag leistet.

4. Schadensersatz nach §§ 280 Abs. 1 und 3, 283 BGB

a) Schuldverhältnis

30 § 62 Abs. 1 Satz 1 AktG, dessen Voraussetzungen hier erfüllt sind (siehe Rn. 21), begründet ein gesetzliches Schuldverhältnis.

b) Pflichtverletzung

31 Die Erfüllung der sich aus dem gesetzlichen Schuldverhältnis nach § 62 Abs. 1 Satz 1 AktG ergebenden Rückgewährpflicht ist K unmöglich i.S.d. § 275 Abs. 1

[21] *Hüffer/Koch* § 62 Rn. 10; a.A. *K. Schmidt* § 29 II 2b aa.

[22] *BGH* WM 2013, 748 Rn. 17; GroßkommAktG/*Henze* § 62 Rn. 9; KölnKomm/*Drygala* § 62 Rn. 74; *Flume* ZHR 144 (1980), 18, 27; a.A. *Hüffer/Koch* § 62 Rn. 12.

BGB (siehe Rn. 22). Darin liegt eine Pflichtverletzung des K i.S.d. §§ 280 Abs. 1, 283 Satz 1 BGB.

c) Vertretenmüssen

Das Vertretenmüssen der Pflichtverletzung des K ist zu vermuten (§ 280 Abs. 1 Satz 2 BGB). Anhaltspunkte für eine Widerlegung dieser Vermutung liegen nicht vor. 32

d) Schaden

Das Verhalten des K führt zu einem Schaden bei B in Höhe von 3000 EUR, da B für einen Rechner mit einem Marktwert von 5000 EUR lediglich eine Gegenleistung von 2000 EUR erhält. (Allerdings entfällt dieser Schaden von B, wenn B einen erfüllbaren und durchsetzbaren Anspruch gegen H auf Rückgewähr des Rechners PXY hat.) 33

e) Art und Umfang des Schadensersatzes nach §§ 249ff. BGB

K muss nach der Differenzhypothese an B Schadensersatz in Höhe von 3000 EUR leisten. 34

f) Ergebnis

B steht gegen K ein Anspruch auf Schadensersatz nach §§ 280 Abs. 1 und 3, 283 BGB in Höhe von 3000 EUR zu, wenn B keinen erfüllbaren und durchsetzbaren Anspruch gegen H auf Rückgewähr des Rechners PXY hat. 35

5. Schadensersatz nach § 317 Abs. 1 Satz 1 AktG

Die Tatbestandsmäßigkeit von § 317 Abs. 1 Satz 1 AktG setzt zunächst voraus, dass K herrschendes Unternehmen i.S.d. § 17 Abs. 1 AktG ist. Unternehmen ist jeder Gesellschafter ohne Rücksicht auf die Rechtsform. Hinzukommen muss aber wegen des Normzwecks von § 317 Abs. 1 Satz 1 AktG eine anderweitige wirtschaftliche Interessenbindung, die die realistische Gefahr begründet, der Gesellschafter könnte wegen dieser Bindung Einfluss auf die AG ausüben, der sich für die AG nachteilig auswirkt.[23] 36

K ist nicht Unternehmen in diesem Sinne. Denn für die Unternehmenseigenschaft bedarf es einer positiven Feststellung, die hier nicht möglich ist. Die Vermutungsregel des § 17 Abs. 2 AktG gilt nur für die Beherrschung. 37

B steht gegen K kein Schadensersatzanspruch nach § 317 Abs. 1 Satz 1 AktG zu. 38

6. Schadensersatz nach § 117 Abs. 1 Sätze 1 und 2 AktG

a) Anwendbarkeit

§ 117 Abs. 1 Sätze 1 und 2 AktG bezwecken die Integrität des Handelns von Vorstand und Verwaltungsrat, den Schutz des Gesellschaftsvermögens durch Scha- 39

[23] BGHZ 135, 107, 113: „ernsthafte Sorge".

densausgleich und den Schutz der Aktionäre vor einem Schaden, der nicht über das Gesellschaftsvermögen auszugleichen ist.[24] Es handelt sich um einen besonderen Tatbestand des Deliktsrechts, der Einflussnahmen auf die Gesellschaft, die sich für die Gesellschaft nachteilig auswirken, verhindern soll.[25] Die Anwendung von § 117 Abs. 1 Sätze 1 und 2 AktG setzt nicht einen Konzerntatbestand voraus. Kommt es zum Nachteilsausgleich auf Grund einer Konzernhaftung, ist die Haftung nach § 117 Abs. 1 Sätze 1 und 2 AktG wegen Vorrangs der konzernrechtlichen Haftung aber ausgeschlossen. Doch besteht hier keine konzernrechtliche Haftung von K nach § 317 Abs. 1 Satz 1 AktG, sodass § 117 Abs. 1 Sätze 1 und 2 AktG anwendbar ist.

b) Objektiver Tatbestand

aa) Einfluss auf die Gesellschaft

40 Einfluss auf die Gesellschaft i.S.d. § 117 Abs. 1 Satz 1 AktG ist jeder, nicht notwendig gesellschaftsrechtliche Einfluss, der nach Art und Intensität Führungspersonen der AG zu einem Verhalten veranlassen kann, das sich auf die AG schädigend auswirkt.[26]

41 Hier ist K mit 75% an B beteiligt und verfügt damit über eine erhebliche Machtstellung in der Gesellschaft, mittels derer er Führungspersonen wie W zu einem Verhalten veranlassen kann, das sich auf die AG schädigend auswirkt.

bb) Benutzung des Einflusses zur Bestimmung von Führungspersonen

42 Die Bestimmung einer der in § 117 Abs. 1 Satz 1 AktG genannten Personen unter Benutzung des Einflusses auf die Gesellschaft setzt voraus, dass ein Normadressat etwas von einer der in § 117 Abs. 1 Satz 1 AktG genannten Personen gerade im Hinblick auf seinen Einfluss auf die Gesellschaft verlangt. Es genügt jede Form der Benutzung des Einflusses, sofern sie für das Handeln einer der in § 117 Abs. 1 Satz 1 AktG genannten Personen ursächlich ist. Es genügt, dass der Normadressat die Handlung einer der in § 117 Abs. 1 Satz 1 AktG genannten Personen mitverursacht. Druck oder Zwang sind ebenso wenig erforderlich wie ein anstößiges Verhalten.[27]

43 In dem hier zu beurteilenden Fall übt K sogar Druck auf das Vorstandsmitglied W aus, indem er ihr erhebliche Nachteile – Verlust der Stellung als Vorstandsmitglied – in Aussicht stellt. Der Einfluss von K ist auch mitursächlich für das Verhalten von W, da K ankündigt, seine gesellschaftsrechtliche Stellung zur Verwirklichung des in Aussicht gestellten Nachteils einzusetzen.

cc) Handeln eines Vorstandsmitglieds zum Schaden der Gesellschaft

44 Das Handeln eines Vorstandsmitglieds zum Schaden der Gesellschaft liegt vor. Denn die hier von dem Vorstandsmitglied W vorgenommene verdeckte Vermögensverlagerung (Gewinnausschüttung) i.S.d. § 57 Abs. 1 Satz 1 AktG erfolgt stets zum Schaden der Gesellschaft.

---

[24] *Hüffer/Koch* § 117 Rn. 1; *Windbichler* § 27 Rn. 42.

[25] *BGH* NJW 1992, 3167, 3172.

[26] *Hüffer/Koch* § 117 Rn. 3.

[27] *Hüffer/Koch* § 117 Rn. 4.

c) Rechtswidrigkeit

Die Rechtswidrigkeit ist durch die Tatbestandsmäßigkeit nicht indiziert. Sie ist vielmehr positiv festzustellen.[28] Die Bestimmung eines Vorstandsmitglieds zu einer verdeckten Vermögensverlagerung (Gewinnausschüttung) i.S.d. § 57 Abs. 1 Satz 1 AktG ist jedoch stets rechtswidrig. **45**

d) Subjektiver Tatbestand

Der Normadressat des § 117 Abs. 1 Satz 1 AktG muss vorsätzlich handeln. Bedingter Vorsatz genügt. Bloße Fahrlässigkeit reicht nicht. **46**

Hier ist sogar die Absicht des K gegeben, W zur verdeckten Vermögensverlagerung (Gewinnausschüttung) i.S.d. § 57 Abs. 1 Satz 1 AktG zu bestimmen. K handelt daher vorsätzlich. **47**

e) Schaden

Das Verhalten des K führt zu einem Schaden bei B in Höhe von 3000 EUR (siehe Rn. 33). **48**

f) Art und Umfang des Schadensersatzes nach §§ 249ff. BGB

K muss den Schaden in Höhe von 3000 EUR ersetzen, wenn B keinen erfüllbaren und durchsetzbaren Anspruch gegen H auf Rückgewähr des Rechners PXY hat. **49**

g) Kein Ausschluss der Haftung nach § 117 Abs. 7 AktG

Ein Haftungsausschluss nach § 117 Abs. 7 AktG liegt nicht vor. **50**

h) Ergebnis

B steht gegen K ein Schadensersatzanspruch nach § 117 Abs. 1 Satz 1 AktG auf Zahlung von 3000 EUR zu, wenn B keinen erfüllbaren und durchsetzbaren Anspruch gegen H auf Rückgewähr des Rechners PXY hat. **51**

7. Schadensersatz nach § 826 BGB

§ 826 BGB ist, anders als § 823 Abs. 2 BGB, neben § 117 AktG anwendbar.[29] **52**

Die Voraussetzungen des § 826 BGB sind hier erfüllt. Denn es liegt ein sittenwidriges Handeln des K durch die Druckausübung auf W vor. **53**

B steht gegen K ein Schadensersatzanspruch nach § 826 BGB auf Zahlung von 3000 EUR zu, wenn B keinen erfüllbaren und durchsetzbaren Anspruch gegen H auf Rückgewähr des Rechners PXY hat. **54**

II. Ansprüche von B gegen H

1. Rückgewähr nach §§ 62 Abs. 1 Satz 1, 57 Abs. 1 Satz 1 AktG

Die hier tatbestandsmäßig gegebenen §§ 62 Abs. 1 Satz 1, 57 Abs. 1 Satz 1 AktG betreffen grundsätzlich allein die Haftung von Aktionären.[30] Nur ausnahmsweise **55**

[28] KölnKomm/*Mertens/Cahn* § 117 Rn. 22.
[29] *Hüffer/Koch* § 117 Rn. 14.
[30] *BGH* AG 1981, 227.

können Ansprüche nach §§ 62 Abs. 1 Satz 1, 57 Abs. 1 Satz 1 AktG auch gegen Nicht-Gesellschafter gerichtet sein. So ist dies in den Fällen der Leistung durch die Gesellschaft an einen Dritten wegen dessen früherer oder zukünftiger Aktionärsstellung.[31] Auch die Stellung als naher Angehöriger genügt bei analoger Anwendung der §§ 89 Abs. 3 Satz 1, 115 Abs. 2 AktG.[32]

56 B hat gegen H einen Anspruch auf Rückgewähr des Rechners PXY nach §§ 62 Abs. 1 Satz 1, 57 Abs. 1 Satz 1 AktG. Dem steht ein Anspruch von H gegen B auf Rückgewähr der bezahlten 2000 EUR nach § 812 Abs. 1 Satz 1 Alt. 1 BGB gegenüber. Eine Aufrechnung gegen den Anspruch von B ist mangels Gleichartigkeit der zu erbringenden Leistungen i.S.d. § 387 BGB und darüber hinaus wegen § 66 Abs. 2 Alt. 1, Abs. 1 Satz 2 AktG ausgeschlossen. Ein Zurückbehaltungsrecht zu Gunsten von H scheitert an § 66 Abs. 2 Alt. 1, Abs. 1 Satz 2 AktG.

2. Herausgabe nach § 985 BGB

a) Eigentum von B

57 H ist Eigentümerin des Rechners PXY (siehe Rn. 27.

b) Besitz von H

58 H ist Besitzerin des Rechners PXY (siehe Rn. 27).

c) Kein Recht zum Besitz nach § 986 BGB

59 Ein Kaufvertrag gewährt ein Recht zum Besitz. Der Kaufvertrag zwischen B und H ist trotz Verstoßes gegen § 57 Abs. 1 Satz 1 AktG nicht nach § 134 BGB nichtig (siehe Rn. 21). Daher hat H ein Recht zum Besitz.

d) Ergebnis

60 B steht gegen H kein Anspruch auf Herausgabe des Rechners PXY nach § 985 BGB zu.

3. Herausgabe nach § 812 Abs. 1 Satz 1 Alt. 1 BGB

61 Ein Anspruch von B gegen H auf Herausgabe des Rechners PXY nach § 812 Abs. 1 Satz 1 Alt. 1 BGB ist nicht gegeben. H erlangt zwar Besitz und Eigentum an dem Rechner durch Leistung von B. Doch geschieht dies nicht ohne Rechtsgrund, da der Kaufvertrag nicht wegen unzulässiger Einlagenrückgewähr nichtig ist (siehe Rn. 21). Da außerdem ein Anspruch auf Rückgewähr nach §§ 62 Abs. 1 Satz 1, 57 Abs. 1 Satz 1 AktG besteht, sind Ansprüche nach §§ 812ff. BGB verdrängt.

62 B steht gegen H kein Anspruch auf Herausgabe des Rechners PXY nach § 812 Abs. 1 Satz 1 Alt. 1 BGB zu.

---

[31] *OLG Koblenz* AG 1977, 231f.; *OLG Hamburg* AG 1980, 275, 278f.; MünchKommAktG/*Bayer* § 57 Rn. 105; KölnKomm/*Drygala* § 57 Rn. 119; *Canaris,* FS R. Fischer, 1979, S. 31, 32f.

[32] *Hüffer/Koch* § 62 Rn. 5.

4. Schadensersatzanspruch nach § 117 Abs. 3 AktG

a) Tatbestandsmäßigkeit von § 117 Abs. 1 AktG

Der Tatbestand des § 117 Abs. 1 AktG ist erfüllt (siehe Rn. 40ff.). **63**

b) Vorteil erlangt

H muss einen Vorteil erlangen, der ihre Mithaftung für einen Verstoß gegen § 117 Abs. 1 AktG rechtfertigt. Hierfür kommt jeder Vorteil in Betracht.[33] H kauft von B den Rechner PXY für einen gegenüber dem Marktwert um 3000 EUR geringeren Preis. Darin liegt ein Vorteil i. S. d. § 117 Abs. 3 AktG. **64**

c) Vorsätzliche Veranlassung der Beeinflussung

§ 117 Abs. 3 AktG gewährt einen Anspruch gegen den Nutznießer eines Verstoßes gegen § 117 Abs. 1 AktG, wenn er diesen Verstoß vorsätzlich veranlasst. Veranlassung ist weniger als Anstiftung. Erforderlich ist aber, dass der Nutznießer um die gegen § 117 Abs. 1 AktG verstoßenden Handlung weiß und diese will. Im Hinblick auf die Schadensfolgen genügt Fahrlässigkeit. **65**

Es bestehen keine Anhaltspunkte für eine Kenntnis der H von dem Verstoß des K gegen § 117 Abs. 1 AktG. Zum einen kennt H die Differenz zwischen verkehrsüblichem Preis und Kaufpreis nicht. Außerdem erfährt H erst nach Abschluss und Vollzug des Kaufvertrages, das K das Seine getan habe, um H günstig einen Rechner zu verschaffen. Diese Erklärung lässt inhaltlich nicht auf einen Verstoß gegen § 117 Abs. 1 AktG schließen, da sie sich auch auf ein rechtmäßiges Verhalten von K beziehen kann. **66**

d) Ergebnis

B steht gegen H kein Schadensersatzanspruch nach § 117 Abs. 3 AktG zu. **67**

III. Ansprüche von B gegen W

1. Schadensersatz nach § 93 Abs. 2 Satz 1, Abs. 3 Nr. 1 AktG

a) Vorstandsmitglied

W ist Mitglied des Vorstands. **68**

b) Pflichtverletzung

W begeht gegenüber B eine Pflichtverletzung nach § 93 Abs. 3 Nr. 1 AktG wegen verdeckter Vermögensverlagerung (Gewinnausschüttung) nach § 57 Abs. 1 Satz 1 AktG. **69**

c) Verschulden

Pflichtverstöße i. S. d. § 93 Abs. 2 Satz 1, Abs. 3 AktG müssen schuldhaft begangen sein.[34] Hier wusste W, dass sie mit dem Verkauf des Rechners PXY zu einem Preis **70**

---

[33] *Hüffer/Koch* § 117 Rn. 11.
[34] *Hüffer/Koch* § 93 Rn. 55, 68.

von 3000 EUR unter Marktpreis ihre Pflichten gegenüber B verletzte. W handelte daher vorsätzlich, sodass es auf den in § 93 Abs. 1 AktG festgelegten Sorgfaltsstandard nicht ankommt.

d) Schaden

71 § 93 Abs. 3 Nr. 1 AktG legt den Schaden in der Weise fest, dass bereits in Höhe des Werts der verdeckt verlagerten Vermögensgegenstände ein Schaden zu vermuten ist. Es bedarf daher keiner Gesamtvermögensbetrachtung unter Berücksichtigung realisierbarer Ansprüche auf Rückgewähr.[35] Gleichwohl begründet § 93 Abs. 2 Satz 1, Abs. 3 Nr. 1 AktG eine Haftung auf Schadensersatz. Der Einwand fehlenden Schadens ist daher erheblich. Er ist im Falle des § 93 Abs. 3 Nr. 1 AktG aber nur dann begründet, wenn der Schädiger das entzogene Vermögen tatsächlich zurückführt. Denn erst dann ist der Schutzzweck des § 57 AktG verwirklicht.

72 Der Verkauf des Rechners PXY für 3000 EUR unter Marktpreis stellt eine verdeckte Vermögensverlagerung dar. Eine Erfüllung des Anspruchs nach § 62 Abs. 1 Satz 1 AktG durch K ist unmöglich i.S.d. § 275 Abs. 1 BGB. Lediglich soweit H den Rechner PXY an B herausgeben würde, entfiele der Schaden auf Seiten von B. Zwar verweigert H die Herausgabe, doch steht B ein darauf gerichteter Anspruch zu (siehe Rn. 56). Sofern B diesen Anspruch gegen H durchsetzen kann, ist W nicht zum Ersatz der 3000 EUR Wertdifferenz verpflichtet.

e) Ergebnis

73 B steht gegen W ein Schadensersatzanspruch nach § 93 Abs. 2 Satz 1, Abs. 3 Nr. 1 AktG auf Zahlung von 3000 EUR zu, sofern B den Rechner PXY nicht von H zurückerlangt.

2. Schadensersatz nach § 117 Abs. 2 AktG

a) Tatbestandsmäßigkeit von § 117 Abs. 1 Satz 1 AktG

74 Der Tatbestand des § 117 Abs. 1 Satz 1 AktG ist erfüllt (siehe Rn. 40ff.).

b) Pflichtverletzung des Vorstands

75 Eine Pflichtverletzung des Vorstands – hier W – ist gegeben (siehe Rn. 69).

c) Art und Umfang des Schadensersatzes nach §§ 249ff. BGB

76 Der Schaden von B liegt in dem gegenüber dem Marktpreis um 3000 EUR geringeren Kaufpreis. Sofern B jedoch auf Grund ihres Rückgewähranspruchs nach §§ 62 Abs. 1 Satz 1, 57 Abs. 1 Satz 1 AktG gegen H den Rechner PXY zurückerlangt, entfällt dieser Schaden.

d) Kein Ausschluss der Haftung nach § 117 Abs. 7 AktG

77 Die Haftung von W nach § 117 Abs. 2 AktG ist nicht nach § 117 Abs. 7 AktG ausgeschlossen.

[35] KölnKomm/*Mertens/Cahn* § 93 Rn. 134; *Hüffer/Koch* § 93 Rn. 68.

e) Ergebnis

B steht gegen W ein Schadensersatzanspruch nach § 117 Abs. 2 AktG auf Zahlung von 3000 EUR zu, sofern B den Rechner PXY nicht von H zurückerlangt. **78**

3. Schadensersatz nach § 823 Abs. 2 BGB i.V.m. § 266 Abs. 1 StGB

a) Schutzgesetz

Schutzgesetz ist jede Rechtsnorm, die den Einzelnen gegen Verletzung seiner **79**
Rechtsgüter schützen soll.[36] § 266 StGB bezweckt Individualschutz vor Vermögensschädigung und ist daher Schutzgesetz.

b) Verstoß gegen das Schutzgesetz

W verwirklicht den Tatbestand der Untreue nach § 266 Abs. 1 StGB. **80**

c) Schaden

Der Schaden von B liegt in dem gegenüber dem Marktpreis um 3000 EUR gerin- **81**
geren Kaufpreis. Sofern B jedoch auf Grund ihres Rückgewähranspruchs nach §§ 62 Abs. 1 Satz 1, 57 Abs. 1 Satz 1 AktG gegen H den Rechner PXY zurückerlangt, entfällt dieser Schaden.

d) Ergebnis

B steht gegen W ein Schadensersatzanspruch nach § 823 Abs. 2 BGB i.V.m. § 266 **82**
StGB auf Zahlung von 3000 EUR zu, sofern B den Rechner PXY nicht von H zurückerlangt.

[36] Palandt/*Sprau* § 823 Rn. 56.

Fall 2. Wohin mit dem wertvollen Seehafen?

Nach BGHZ 83, 122 – Holzmüller und BGHZ 159, 30 – Gelatine.

Sachverhalt

Anton Austin (A) ist als Aktionär am Grundkapital der Holz AG (H) in Höhe von 3,2 Mio. EUR mit 250 000 EUR beteiligt. Unternehmensgegenstand von H ist nach § 2 Abs. 1 ihrer Satzung unter anderem der Betrieb einer Umschlag- und Lagerungsanlage für Holz und andere Güter sowie die Vermittlung, Durchführung und Finanzierung von Holzgeschäften. § 2 Abs. 2 Satz 1 der Satzung berechtigt H ferner, andere Unternehmen zu errichten und zu erwerben sowie sich an anderen Unternehmen zu beteiligen. H kann nach § 2 Abs. 2 Satz 2 der Satzung ihren Betrieb ganz oder teilweise solchen Gesellschaften überlassen. Die Regelung soll eine Ausgliederung des Seehafenbetriebes aus H und dessen Überführung in eine neu zu gründende GmbH ermöglichen, wobei H das den Seehafenbetrieb betreffende Anlagevermögen gegen Gesellschaftsanteile an der neuen GmbH eintauschen soll. Der Seehafenbetrieb hatte sich neben dem ursprünglich im Vordergrund stehenden Holzhandelsgeschäft zu einem organisatorisch selbständigen, von seinen Bindungen an die Holzwirtschaft weitgehend gelösten Unternehmensbereich entwickelt. Er bildet den wertvollsten Geschäftszweig von H. Der Vorstand von H gründet am 4.1.2013 die Hafenbetriebs-Beteiligungs AG (HB) und bringt wenig später satzungsgemäß den Seehafenbetrieb mit allen Aktiven und Passiven zum Buchwert gegen Übernahme von sämtlichen Anteilen der HB in diese ein. Das Holzhandelsgeschäft von H ist für eine weitere eigene Unternehmenstätigkeit geeignet und bestimmt. Darüber hinaus verfügt H über eine 100 %ige Beteiligung an der Martin GmbH (M), die auf Grund eines Ergebnisübernahmevertrages zur Abführung der Erträge an H verpflichtet ist. H erklärt, dass eine Kapitalerhöhung der HB nicht beabsichtigt sei, weil sie sich wirtschaftlich erübrige.

A erfährt am 1.2.2013 von den Maßnahmen des Vorstands. Er hält die Ausgliederung des Seehafenbetriebs ohne die Zustimmung der Hauptversammlung für unwirksam. Er erhebt aber erst am 1.3.2014 Klage durch seinen Rechtsanwalt beim zuständigen Landgericht und beantragt die Feststellung, dass alle Rechtsakte im Zusammenhang mit der Ausgliederung des Seehafenbetriebs nichtig sind. Hilfsweise beantragt A die Wiederherstellung des bisherigen Zustands (erster Hilfsantrag). Hilfsweise beantragt A zudem die Feststellung, dass H verpflichtet ist, zu allen Maßnahmen in der HB, denen die Hauptversammlung mit einer Mehrheit von drei Vierteln zustimmen muss, insbesondere zu Kapitalerhöhungen in der HB, die Zustimmung ihrer eigenen Hauptversammlung einzuholen (zweiter Hilfsantrag).

Ist die Klage des A erfolgreich?

Skizze

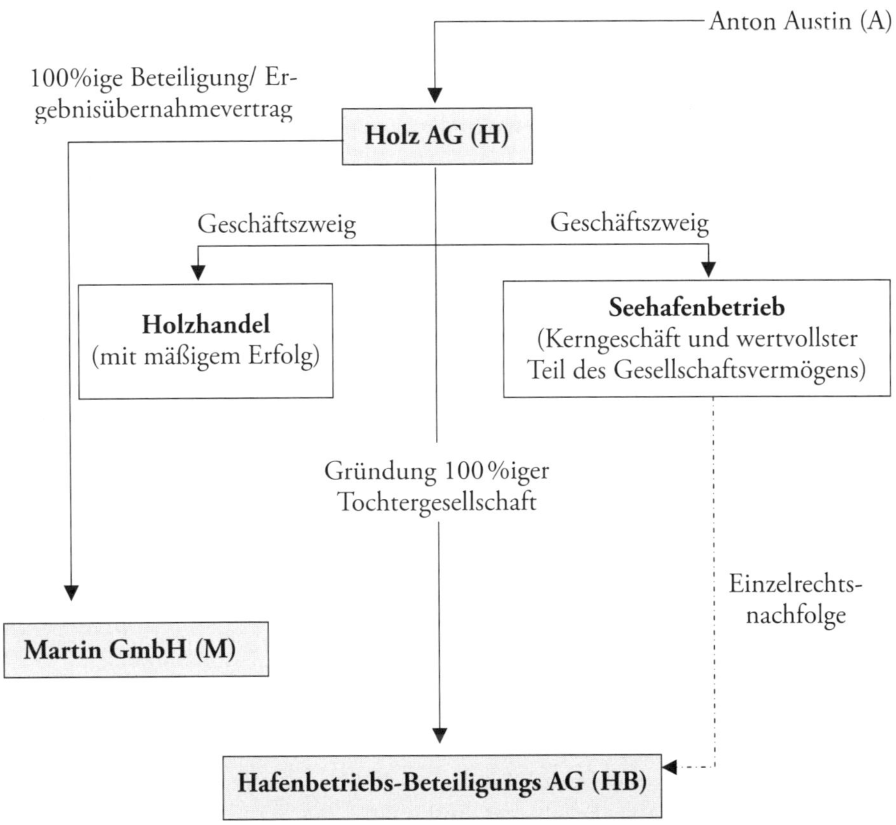

Gliederung

Lösung

Vorüberlegungen: Da nach den Erfolgsaussichten der Klage gefragt ist, sind Zulässigkeit und Begründetheit zu erörtern. Diese sind zweckmäßigerweise für die drei Klageanträge gesondert darzustellen. Daraus ergibt sich eine Dreiteilung der Prüfung. Ist bereits der Hauptantrag begründet, bedürfte es in einem Urteil nicht mehr der Entscheidung über die Hilfsanträge. Über den ersten Hilfsantrag ist nur zu entscheiden, wenn der Hauptantrag unzulässig oder unbegründet ist, über den zweiten Hilfsantrag ist nur zu entscheiden, wenn der erste Hilfsantrag unzulässig oder unbegründet ist. Im Gutachten, das zu allen aufgeworfenen Rechtsfragen Stellung zu nehmen hat, ist diese Abstufung indes ohne Bedeutung. Hier ist unabhängig von den jeweiligen Ergebnissen die Zulässigkeit und Begründetheit aller drei Anträge zu prüfen. Die Begründetheit des ersten Klageantrags ist hier nicht auf das Bestehen eines Anspruchs gerichtet. Vielmehr ist nach der Wirksamkeit des Vorstandshandelns gefragt. Hierfür kommt es entscheidend darauf an, ob für die zu beurteilenden Handlungen der Vorstand oder die Hauptversammlung zuständig ist. Der zweite Klageantrag ist darauf gerichtet, ob A Wiederherstellung des bisherigen Zustands verlangen darf. Insoweit ist ein Anspruch des A gegen H auf Rückübertragung des Seehafenbetriebs zu prüfen.

I. Erfolgsaussichten des Hauptantrags

1. Zulässigkeit

a) Statthafte Klageart

Bei der Frage nach der Zulässigkeit der Klage ist zunächst zu prüfen, ob A zu Recht Feststellungsklage i. S. d. § 256 Abs. 1 ZPO erhebt. 1

Der Klageantrag von A betrifft zwar kein Rechtsverhältnis zwischen den Parteien. Eine Klage nach § 256 Abs. 1 ZPO kann aber auch auf die Feststellung gerichtet sein, dass zwischen der beklagten Partei und einem Dritten ein Rechtsverhältnis besteht oder nicht besteht, wenn (1.) dies zugleich für die Rechtsbeziehungen der Parteien untereinander von Bedeutung ist, (2.) der Kläger an einer alsbaldigen Klärung dieser Frage ein rechtliches Interesse hat und (3.) das Aktienrecht für die Austragung eines solchen Streits keine abschließende Regelung enthält. 2

aa) Bedeutung für die Rechtsbeziehungen zwischen A und H

Die von A mit seiner Klage aufgeworfene Frage nach dem rechtlichen Bestand der Ausgliederung ohne Beteiligung der Hauptversammlung betrifft seine Stellung als Aktionär und damit sein Rechtsverhältnis zu H.[1] A hat deshalb ein eigenes Interesse an der Feststellung der Nichtigkeit der Ausgliederung. 3

bb) Rechtliches Interesse an alsbaldiger Klärung

Würde gerichtlich die Nichtigkeit der Ausgliederung festgestellt, wäre – insbesondere von A als Aktionär – zu erwarten, dass die Gesellschaftsorgane hieraus die not- 4

[1] BGHZ 83, 122, 126.

wendigen Folgerungen ziehen und den rechtswidrigen Zustand beseitigen.[2] Andernfalls könnte das Urteil für A konkrete Abwehrrechte oder Schadensersatzansprüche begründen.[3] Daraus ergibt sich das rechtliche Interesse des A i. S. d. § 256 Abs. 1 ZPO an der gewünschten Feststellung.[4]

cc) Keine entgegenstehenden besonderen aktienrechtlichen Gründe

5 Die §§ 241 ff. AktG stehen gewöhnlichen Feststellungsklagen, auch von Aktionären, bei Vorliegen eines rechtlichen Interesses nicht entgegen.[5] Dies gilt auch und gerade dann, wenn es – wie hier – an einem nach jenen Vorschriften angreifbaren Beschluss überhaupt fehlt.[6] Insbesondere ist ein Aktionär nicht darauf beschränkt, seine Mitspracherechte in Angelegenheiten der Gesellschaft nur durch Abstimmung in der Hauptversammlung auszuüben.[7] Dieses Argument geht gerade dann fehl, wenn es wie hier darum geht, ob Rechtsgeschäfte wegen unzulässiger Übergehung der Mitgliederversammlung nichtig sind. Ein Zuwarten bis zum Eintritt eines konkreten Vermögensschadens ist dem Aktionär nicht zuzumuten.[8] Ein Vorgehen gegen die Verantwortlichen nach § 117 AktG oder § 147 AktG ist angesichts von deren hohen Voraussetzungen ungewiss. Für ein begründetes Verlangen nach Einberufung der Hauptversammlung ist nach § 122 Abs. 1 Satz 1 AktG eine Mindestzahl von Aktionären erforderlich. Außerdem könnte ein solches Verlangen nur dazu führen, die Zustimmung der Hauptversammlung zur Vermögensübertragung zu beantragen (vgl. § 83 AktG).[9] Gerade das ist aber nicht das Anliegen von A. Eine materiell begründete Rechtsverfolgung muss gerade dann auch prozessual möglich sein, wenn die Rechtsbehelfe des AktG tatbestandsmäßig nicht eingreifen.[10]

dd) Zwischenergebnis

6 Hat der Vorstand einer AG bei einer Betriebsausgliederung die Zustimmung der Hauptversammlung nicht eingeholt, so kann ein Aktionär dieser AG auf Feststellung klagen, dass die Maßnahme wegen Verstoßes gegen Regelungen des AktG nichtig ist.

b) Zuständigkeit des Gerichts

7 Das angerufene Gericht ist nach dem Sachverhalt zuständig für die Klage des A.

c) Zwischenergebnis

8 Die von A gegen H erhobene Feststellungsklage ist zulässig.

2. Begründetheit

9 Der Hauptantrag des A ist begründet, wenn die Ausgliederung des Seehafenbetriebs auf die HB ohne Beteiligung der Hauptversammlung wegen Verstoßes gegen Regelungen des AktG nichtig ist.

---

[2] BGHZ 83, 122, 126.
[3] BGHZ 83, 122, 126.
[4] BGHZ 83, 122, 126.
[5] BGHZ 76, 191, 198; 83, 122, 126.
[6] BGHZ 83, 122, 127.
[7] BGHZ 83, 122, 127.
[8] BGHZ 83, 122, 127.
[9] BGHZ 83, 122, 127.
[10] BGHZ 83, 122, 127.

a) Verstoß gegen § 179a Abs. 1 Satz 1 AktG

aa) Übertragung des ganzen Gesellschaftsvermögens

§ 179a Abs. 1 Satz 1 AktG begründet die Zuständigkeit der Hauptversammlung für die Entscheidung über einen Vertrag, durch den sich eine Aktiengesellschaft zur Übertragung des ganzen Gesellschaftsvermögens verpflichtet. Diese Regelung betrifft die vertragliche Verpflichtung einer Aktiengesellschaft zur Vermögensübertragung, die nicht unter das UmwG fällt (sog. *Asset deal*). § 179a AktG schützt die Aktionäre davor, dass die Gesellschaft ohne vorherige Willensbildung das Gesellschaftsvermögen, das die Grundlage der satzungsmäßigen Tätigkeit der Gesellschaft bildet, aufgibt.[11] Es geht dabei auch um den Schutz vor unangemessener Vertragsgestaltung, insbesondere bei Vermögensübertragung auf den Mehrheitsaktionär.[12] Ist eine Zuständigkeit der Hauptversammlung wie in § 179a Abs. 1 Satz 1 AktG gesetzlich vorgeschrieben, ergibt sich aus dem zwingenden Charakter dieser Vorschrift, dass die Satzung von ihrer Einhaltung nicht entbinden kann (§ 23 Abs. 5 AktG). **10**

H überträgt aber nicht das ganze Gesellschaftsvermögen. Den Geschäftszweig Holzhandel betreibt sie weiterhin selbst. **11**

bb) Übertragung wesentlichen Gesellschaftsvermögens

Der Übertragung des ganzen Gesellschaftsvermögens ist der Fall gleichzustellen, dass im Verhältnis zum Ganzen nur unwesentliche einzelne Vermögensteile bei der Gesellschaft verbleiben.[13] Die Frage, was wesentlich und was unwesentlich ist, ist nicht durch Wertvergleich, sondern wegen des Normzwecks von § 179a AktG (siehe Rn. 10) danach zu bestimmen, ob die Gesellschaft mit dem ihr weiterhin zur Verfügung stehenden Vermögen ihren in der Satzung festgelegten bisherigen Unternehmensgegenstand – wenn auch in eingeschränktem Umfang – weiterverfolgen kann.[14] **12**

H behält das Holzhandelsgeschäft, das für eine weitere eigene Unternehmenstätigkeit geeignet und bestimmt ist. H gibt daher mit der Ausgliederung des Seehafenbetriebs auf HB nicht das Gesellschaftsvermögen als die Grundlage ihrer satzungsmäßigen Unternehmenstätigkeit völlig aus der Hand. Hinzu kommt die Beteiligung von H an M, die nach § 2 der Satzung zum Gesamtbild von H gehört. Zu berücksichtigen ist insoweit zum einen der Wert dieser Beteiligung als auch die von M an H auf Grund des Ergebnisübernahmevertrages abzuführenden Erträge. Schließlich ist auch die 100%ige Beteiligung von H an HB ein Vermögensgegenstand, der H zuzuordnen ist. Danach überträgt H nicht auf HB Gesellschaftsvermögen in einer Weise, die ihr die Verfolgung ihrer satzungsmäßigen Unternehmensziele unmöglich machte. **13**

cc) Zwischenergebnis

Ein Verstoß gegen § 179a Abs. 1 Satz 1 AktG liegt nicht vor. **14**

---

[11] BGHZ 83, 122, 128.
[12] *BVerfG* ZIP 2000, 1670, 1672.
[13] BGHZ 83, 122, 128; MünchKommAktG/*Stein* § 179a Rn. 17; *Hüffer/Koch* § 179a Rn. 4.
[14] BGHZ 83, 122, 128; *Hüffer/Koch* § 179a Rn. 4; a. A. *Mertens,* FS Zöllner, 1998, S. 385, 386ff.

b) Verstoß gegen § 179a Abs. 1 Satz 1 AktG analog

15 Das Schrifttum[15] befürwortet teilweise eine analoge Anwendung von § 179a Abs. 1 Satz 1 AktG bei Ausgliederung eines wesentlichen oder sogar den Schwerpunkt der bisherigen Unternehmenstätigkeit bildenden, aber das Betriebsvermögen nicht erschöpfenden selbständigen Vermögensteils. Dagegen spricht jedoch, dass der Gesetzgeber zwischen dem ganzen Vermögen und einem wesentlichen Teil des Vermögens unterscheidet (vgl. § 37 Abs. 1 Nr. 1 GWB). Hinzu kämen Abgrenzungsschwierigkeiten, die Rechtsunsicherheit zur Folge hätten.[16] § 179a AktG ist nach Wortlaut, Entstehungsgeschichte und Ausgestaltung nicht zur Konzernbildungskontrolle geeignet.

16 Die analoge Anwendung von § 179a Abs. 1 Satz 1 AktG ist ausgeschlossen. Ein Verstoß gegen § 179a Abs. 1 Satz 1 AktG liegt daher nicht vor.

c) Verstoß gegen § 179 Abs. 1 Satz 1 AktG

aa) Satzungsänderung

17 § 179 Abs. 1 Satz 1 AktG bestimmt die Zuständigkeit der Hauptversammlung für Satzungsänderungen.

18 Zu einer Satzungsänderung ist es hier nicht gekommen.

bb) Verstoß der Organe gegen die Satzung (sog. faktische Satzungsänderung)

19 Die Anwendung von § 179 Abs. 1 Satz 1 AktG kommt auch dann in Betracht, wenn der Vorstand durch sein Handeln gegen die Satzung verstößt, indem er beispielsweise mit der Gesellschaft eine Tätigkeit außerhalb von deren Unternehmensgegenstand verfolgt (sog. faktische Satzungsänderung).

20 Die Satzung von H deckt jedoch die Errichtung abhängiger Gesellschaften wie der HB mit gleichem Unternehmensgegenstand. Die so geschaffene neue Unternehmensverbindung ändert insofern nicht den Unternehmensgegenstand, als H mit M bereits einen Konzern bildet. Außerdem liegt die Ausgliederung auch eines so wichtigen Teilbetriebs wie des Seehafens noch im Anwendungsbereich von § 2 Abs. 2 der Satzung. Die weite Fassung dieser Klausel und ihr Zusammenhang mit dem zugleich geregelten Beteiligungserwerb stellen klar, dass der Begriff „überlassen“ nicht nur verhältnismäßig seltene „Betriebsüberlassungsverträge“ i. S. d. § 292 Abs. 1 Nr. 3 AktG betrifft, sondern gerade auch die Übertragung von Betriebsvermögen auf eine Tochtergesellschaft erfasst.[17]

cc) Zwischenergebnis

21 Ein Verstoß gegen § 179 Abs. 1 Satz 1 AktG liegt nicht vor.

d) Verstoß gegen § 119 Abs. 1 AktG

22 § 119 Abs. 1 AktG regelt die Zuständigkeiten der Hauptversammlung. Diese Regelung beschränkt die Zuständigkeit der Hauptversammlung auf bestimmte Fälle. Für

[15] Vgl. etwa *Timm* S. 115 ff., 165 ff.
[16] BGHZ 83, 122, 129.
[17] BGHZ 83, 122, 130.

die Geschäftsführung ist die Hauptversammlung grundsätzlich nicht zuständig. Dies ergibt sich aus § 119 Abs. 2 AktG und der eigenverantwortlichen Leitungsmacht des Vorstands nach § 76 Abs. 1 AktG.

Ein Fall von § 119 Abs. 1 AktG ist hier nicht gegeben. Es stellt sich aber die Frage, ob der Hauptversammlung ungeschriebene Mitwirkungsbefugnisse zustehen, die der Vorstand verletzt hat. **23**

e) Verletzung ungeschriebener Mitwirkungsbefugnisse der Hauptversammlung

aa) Rechtsgrundlage

(1) Frühere Rechtsprechung des BGH: § 119 Abs. 2 AktG

§ 119 Abs. 1 AktG regelt die Zuständigkeit der Hauptversammlung. Danach ist die Hauptversammlung insbesondere zuständig für Satzungsänderungen (§ 119 Abs. 1 Nr. 5 AktG). Soweit das Gesetz nichts anderes bestimmt, steht es im Übrigen grundsätzlich im Ermessen des Vorstands, ob er nach § 119 Abs. 2 AktG eine Entscheidung der Hauptversammlung herbeiführen will. Insbesondere kann er durch die Herbeiführung einer solchen Entscheidung seine Verantwortlichkeit mindern (vgl. § 93 Abs. 4 Satz 1 AktG). Selbst grundlegende Entscheidungen können durch die Außenvertretungsmacht des Vorstands, seine nach § 82 Abs. 2 AktG begrenzte Geschäftsführungsbefugnis wie auch durch den Wortlaut der Satzung formal noch gedeckt sein. Greifen solche Entscheidungen aber so tief in die Mitgliedsrechte der Aktionäre, dass es für den Vorstand ausgeschlossen erscheinen muss, er dürfe eine solche Entscheidung ausschließlich in eigener Verantwortung treffen, ohne die Hauptversammlung zu beteiligen, verletzt er seine Sorgfaltspflicht, wenn er von der Möglichkeit des § 119 Abs. 2 AktG keinen Gebrauch macht. Der Vorstand ist dann – nach früherer Rechtsprechung des BGH (sog. Holzmüller-Doktrin)[18] – also nicht nur berechtigt, sondern auch verpflichtet, nach § 119 Abs. 2 AktG eine Entscheidung der Hauptversammlung herbeizuführen.[19] Diese Anlehnung an § 119 Abs. 2 AktG macht deutlich, dass die Verpflichtung des Vorstands zur Herbeiführung einer Entscheidung der Hauptversammlung allein das Innenverhältnis zur Hauptversammlung betrifft, die uneingeschränkte Außenvertretungsmacht des Vorstands hiervon aber unberührt bleibt.[20] **24**

(2) Schrifttum: Analogie zu §§ 179a Abs. 1, 293 Abs. 2, 319 Abs. 1, 320 Abs. 1 AktG und §§ 13 Abs. 1, 125 UmwG

Die im Schrifttum[21] überwiegend befürwortete Analogie zu allen oder einzelnen aktienrechtlichen Vorschriften, die die Mitwirkung der Hauptversammlung bei bestimmten Maßnahmen anordnen (vgl. §§ 179a Abs. 1, 293 Abs. 2, 319 Abs. 1, 320 Abs. 1 AktG und §§ 13 Abs. 1, 125 UmwG), kann zwar tatbestandlich Fälle einer ungeschriebenen Hauptversammlungszuständigkeit eher festlegen. Gegen sie spricht aber, dass die Rechtsfolge der gesetzlich geregelten Fälle von Mitwirkungsbefugnissen der Hauptversammlung für die hier zu untersuchende Fallgestaltung nicht passen.[22] Denn sie beseitigen nicht nur die Geschäftsführungsbefugnis des **25**

---

[18] BGHZ 83, 122, 131.

[19] Dazu *Windbichler* § 27 Rn. 26 und § 29 Rn. 4f.

[20] BGHZ 159, 30, 41.

[21] Vgl. etwa GroßkommAktG/*Mülbert* § 119 Rn. 23.

[22] BGHZ 159, 30, 42.

Vorstands, sondern begründen die Nichtigkeit der von ihm getroffenen Maßnahmen wegen fehlender Vertretungsmacht.[23]

(3) Spätere Rechtsprechung des *BGH:* Offene Rechtsfortbildung

26 Der BGH[24] zieht es daher nunmehr vor, die Grundlagen für ein ungeschriebenes Mitwirkungsrecht der Aktionäre bei Geschäftsführungsmaßnahmen weder aus § 119 Abs. 2 AktG noch aus einer Gesetzesanalogie herzuleiten. Vielmehr will er die zutreffenden Elemente beider Ansätze – die auf das Innenverhältnis beschränkte Wirkung einerseits und die Orientierung an den gesetzlich festgelegten Mitwirkungsbefugnissen andererseits – miteinander verbinden. Die besondere Zuständigkeit der Hauptversammlung ergibt sich danach aus einer „offenen Rechtsfortbildung".[25]

bb) Voraussetzungen

(1) Grundsatz: Alleinige Zuständigkeit des Vorstands für Geschäftsführung

27 Recht und Pflicht zur eigenverantwortlichen, an objektiven Sorgfaltsmaßstäben orientierten Geschäftsführung weist das AktG allein dem Vorstand zu (§§ 76 Abs. 1, 93 Abs. 1 Satz 1 AktG). Dieser ist bei seinem Handeln der Überwachung durch den Aufsichtsrat unterworfen (§ 111 Abs. 1 AktG). Für die Hauptversammlung dagegen ist, von den gesetzlich geregelten Fällen abgesehen, keine Einflussnahme auf die Geschäftsführungsmaßnahmen vorgesehen. Der Gesetzgeber hat bewusst die früher zentrale Stellung der Hauptversammlung abgeschwächt, weil sie die ihr zugewiesene Aufgabe nicht sachgerecht erfüllen konnte.[26] Die Hauptversammlung ist nämlich für die Mitwirkung an der Leitung einer Aktiengesellschaft ungeeignet.[27] Denn ihre Zusammensetzung ist inhomogen und zufällig. Außerdem hat sie wenig Bezug zu den jeweils zu treffenden Geschäftsführungsmaßnahmen. Die Hauptversammlung verfügt allein über die Grundlagenkompetenz für die „Verfassung". Darüber hinaus muss der Vorstand in einer global vernetzten Wirtschaftsordnung flexibel handeln, sich bietende Chancen umgehend nutzen oder drohenden Gefahren sogleich begegnen können. Wäre der Vorstand zu eng an jeweils einzuholende Entscheidungen der nicht ständig präsenten, sondern regelmäßig nur mit erheblichem Aufwand an Zeit und Kosten einzuberufenden Hauptversammlung gebunden, käme es zu einer Lähmung der Gesellschaft.[28]

(2) Ausnahmen

28 Aus den soeben dargestellten Gründen kommt eine ungeschriebene Mitwirkung der Hauptversammlung bei Geschäftsführungsmaßnahmen des Vorstands nur in engen Grenzen in Betracht.[29] Gegen bestimmte Eingriffe bietet das AktG den Aktionären des herrschenden Unternehmens nur unzureichenden Schutz. Zwar ist ihm die Sicherung auch der Gesellschafter des herrschenden Unternehmens gegen rechtliche und wirtschaftliche Nachteile auf Grund konzernmäßiger Verflechtungen

[23] BGHZ 159, 30, 42.
[24] BGHZ 159, 30, 42.
[25] BGHZ 159, 30, 42.
[26] BGHZ 159, 30, 43.
[27] BGHZ 159, 30, 44.
[28] BGHZ 159, 30, 44.
[29] BGHZ 159, 30, 44.

nicht fremd. So muss nach § 293 Abs. 2 AktG einem Beherrschungs- oder Gewinnabführungsvertrag auch die Hauptversammlung der Muttergesellschaft zustimmen, wenn sie eine AG oder KGaA ist. Dieser Schutz versagt jedoch bei einem Konzernverhältnis auf Grund bloßer Beteiligung wie es hier zwischen H und HB besteht.

(a) Ansatz des Schrifttums

Zur Lückenschließung spricht sich ein Teil des Schrifttums[30] dafür aus, der Haupt- 29
versammlung der Muttergesellschaft „ungeschriebene Mitwirkungsbefugnisse" einzuräumen, wenn die Aktionäre durch die Auswirkungen strukturändernder Maßnahmen in einer abhängigen Gesellschaft zugleich in ihrer eigenen Rechtsstellung betroffen sind. Damit sollen auch in einer Kapitalgesellschaft wie der Aktiengesellschaft – ungeachtet der dort geltenden strengen Zuständigkeitsordnung – unter bestimmten Voraussetzungen die Mitspracherechte der Aktionäre im Hinblick auf das abhängige Unternehmen „verlängert" sein. Die Aktionäre der Muttergesellschaft müssen deshalb an einer wichtigen Grundentscheidung in der Tochtergesellschaft, die sich nachhaltig auf ihre eigene Rechtsstellung auswirken kann, vor ihrer Verwirklichung in der Tochtergesellschaft in denselben Formen und mit denselben Mehrheiten intern beteiligt sein, wie es für entsprechende Entscheidungen in der Muttergesellschaft vorgesehen ist.[31]

(b) Ansatz des BGH

Der BGH[32] schließt sich dem jedenfalls für den Fall an, dass der Vorstand den bei 30
weitem wertvolleren Teil des Betriebsvermögens auf eine zu diesem Zweck errichtete, zu 100% beherrschte Tochtergesellschaft übertragen will und Rechtsakte in der Tochtergesellschaft sich auf die Mitgliedschaftsrechte, insbesondere Vermögensrechte, der Aktionäre in der Muttergesellschaft nachteilig auswirken können. Denn jedenfalls in einer solchen Lage sei ein Schutz der Aktionäre vor der Gefahr einer Mediatisierung des Aktionärseinflusses (vgl. dazu auch Rn. 33) erforderlich. Andernfalls könnte der Vorstand durch die Betriebsverlagerung leicht das gesetzlich gesicherte Recht der Aktionäre auf Mitwirkung in bestimmten wichtigen Angelegenheiten leerlaufen lassen. Deshalb haben die Aktionäre der Muttergesellschaft Anspruch darauf, bei grundlegenden, für ihre Rechtsstellung bedeutsamen Entscheidungen in der Tochtergesellschaft über ihre Hauptversammlung so beteiligt zu werden, wie wenn es sich um eine Angelegenheit der Muttergesellschaft selbst handelte. Dieser Anspruch steht jedem einzelnen Aktionär gegen die Gesellschaft zu.

Ein solcher Anspruch eines einzelnen Aktionärs besteht danach dann, wenn die 31
Geschäftsführungsmaßnahme die Kernkompetenz der Hauptversammlung, über die Verfassung der Gesellschaft zu bestimmen, betrifft. Die Geschäftsführungsmaßnahme muss also in ihren Auswirkungen einem Zustand nahezu entsprechen, den allein eine Satzungsänderung herbeiführen kann. Dies setzt voraus, dass der Bereich, auf den sich die Maßnahme erstreckt, in seiner Bedeutung so schwer wiegt, dass es zu einem tiefen Eingriff in die Mitgliedsrechte der Aktionäre, insbesondere deren im Anteilseigentum verkörpertes Vermögensinteresse, kommt.

[30] *Ulmer* AG 1975, 15f.
[31] *Timm* AG 1980, 172, 182ff.
[32] BGHZ 83, 122, 139; 159, 30, 45.

(c) Ausgliederung als Maßnahme, die einer Satzungsänderung nahe kommt

32 Ein so schwerwiegender Eingriff in die Rechte und Interessen der Aktionäre, der eine Herbeiführung der Entscheidung der Hauptversammlung durch den Vorstand rechtfertigt, könnte beispielsweise in der Ausgliederung eines wertvollen Betriebsteils wie des Seehafenbetriebs auf eine dazu gegründete Tochtergesellschaft (hier: HB) liegen. Denn diese Maßnahme betrifft den Kernbereich der Unternehmenstätigkeit, stellt den wertvollsten Geschäftszweig dar und ändert die Unternehmensstruktur von Grund auf. Sie geht damit über den gewöhnlichen Rahmen von Handlungen der Geschäftsleitung, zu denen gemeinhin auch die Gründung oder der Erwerb einer Tochtergesellschaft und deren Ausstattung mit dem notwendigen Kapital gehört, weit hinaus. Für die Rechtsstellung der Aktionäre ist eine solche Ausgliederung von erheblicher Bedeutung. Denn zum einen verlieren die Aktionäre Rechte zur Einflussnahme (Mediatisierung des Aktionärseinflusses, siehe Rn. 33), zum anderen besteht die Gefahr der Aushöhlung des Vermögenswerts der Mitgliedschaft (siehe Rn. 38f.).

(aa) Mediatisierung des Aktionärseinflusses

33 Überträgt eine Aktiengesellschaft wesentliche Teile ihres Betriebsvermögens auf eine Tochtergesellschaft, so kommt es zu einer Strukturänderung. Diese schwächt selbst dann, wenn die Muttergesellschaft (hier: H) sämtliche Anteile der Tochtergesellschaft (hier: HB) hält, die Rechtstellung ihrer Aktionäre. Denn diese können nicht mehr im Rahmen der nach § 119 AktG der Hauptversammlung vorbehaltenen Befugnisse den Einsatz des nunmehr abgespaltenen Betriebskapitals, das Risiko seines Verlusts und die Verwendung seiner Erträge unmittelbar beeinflussen.[33] Alle Gesellschafterrechte im Tochterunternehmen übt nämlich bei 100%iger Beteiligung allein der Vorstand der Muttergesellschaft aus. Wichtige Entscheidungen über das nunmehr übertragene Geschäftsvermögen sind damit von der Muttergesellschaft in die Tochtergesellschaft verlegt und der Zuständigkeit der Hauptversammlung der Muttergesellschaft entzogen.

Exkurs: Ein Mediatisierungseffekt kann wegen der hier ebenfalls eintretenden (weiteren) Machtverschiebung zu Lasten der Aktionäre der Muttergesellschaft auch bei Umstrukturierungen des Beteiligungsbesitzes auftreten. So, wenn die Muttergesellschaft eine Tochtergesellschaft in eine Enkelgesellschaft umstrukturiert.[34] Dies ergibt sich hier schon daraus, dass die Maßnahme eine weitere hierarchische Ebene schafft.

[33] BGHZ 83, 122, 136; 159, 30, 40.
[34] BGHZ 159, 30, 41.

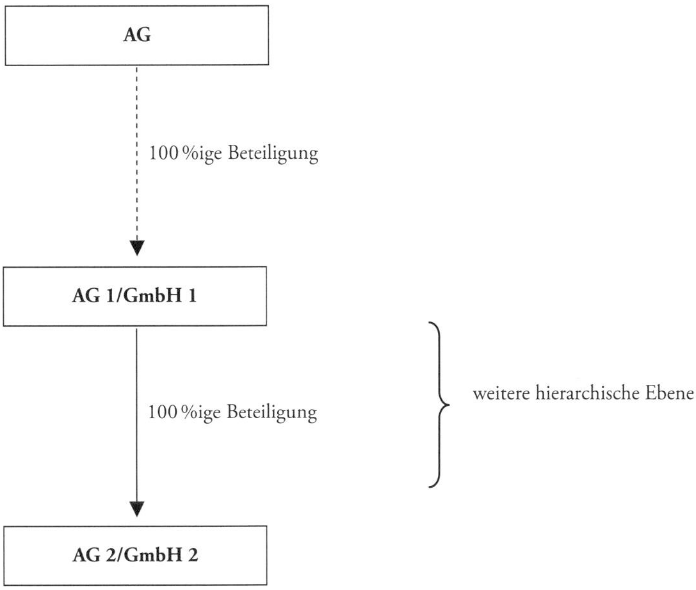

Infolgedessen nimmt der Einfluss der herrschenden Muttergesellschaft und deren Hauptversammlung auf die Führung der Geschäfte, aber auch auf die Entscheidung über die Gewinnverwendung und andere Maßnahmen dieses nunmehr zu einer Enkelgesellschaft gewordenen Unternehmens ab. Denn die Leitungsorgane dieser Gesellschaft erhalten den Rahmen für ihr Handeln nunmehr nicht mehr durch den von der Hauptversammlung kontrollierten Vorstand der Muttergesellschaft, sondern von dem organschaftlichen Vertreter der zwischengeschalteten Tochtergesellschaft vorgegeben. Der Vorstand der Enkelgesellschaft verdankt seine Berufung einer nach § 76 AktG getroffenen Entscheidung des Vorstandes der Muttergesellschaft.

Anders liegt es hingegen, wenn die Muttergesellschaft die Geschäftsanteile lediglich von einer 100 %igen Tochtergesellschaft auf eine andere ebenfalls 100%ige Tochtergesellschaft überträgt.

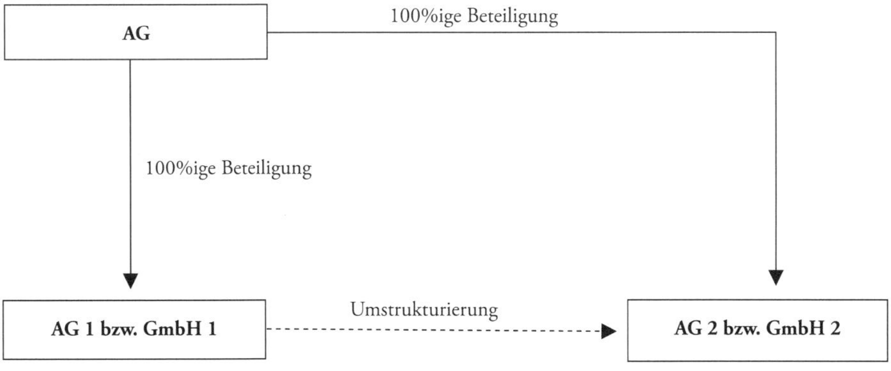

Denn dadurch entsteht mangels weiterer hierarchischer Ebene kein Mediatisierungseffekt.

(bb) Gefahr der Aushöhlung des Vermögenswerts der Mitgliedschaft

Es besteht die Gefahr, dass der Vorstand insbesondere durch Unternehmensverträge 34
mit einem Dritten oder durch Aufnahme fremder Gesellschafter – etwa im Wege

der Kapitalerhöhung – die Mitgliedschaftsrechte der Aktionäre in der Muttergesellschaft aushöhlt.[35]

(cc) Schlussfolgerung

35 Die Mediatisierung des Aktionärseinflusses und die Gefahr der Aushöhlung des Vermögenswerts der Mitgliedschaft machen es in dem Fall der Ausgliederung des wertvollsten Teils des Gesellschaftsvermögens erforderlich, dass die Hauptversammlung hieran mitwirkt. Damit ist den berechtigten Belangen der Aktionäre schon präventiv Rechnung getragen. An einem solchen präventiven Schutz fehlte es, wenn die Aktionäre allein auf Schadensersatzansprüche gegen den Vorstand wegen pflichtwidriger Ausübung seiner Leitungsmacht verwiesen würden.

Exkurs 1: Diese Grundsätze gelten auch für den Fall, dass der Vorstand Umstrukturierungen des Beteiligungsbesitzes wie die Umstrukturierung einer Tochtergesellschaft in eine Enkelgesellschaft vornimmt (vgl. Rn. 33), die die Ausmaße des hier zu beurteilenden Falles[36] erreicht.[37] An einem so schwer wiegenden Eingriff in die Mitgliedschaftsrechte der Aktionäre der Muttergesellschaft fehlt es jedoch, wenn die wirtschaftliche Bedeutung der für die Umstrukturierung maßgeblichen Kennziffern für Bilanzsumme, Eigenkapital, Umsatz und Ergebnis vor Steuern maximal 30 % der Muttergesellschaft ausmacht.[38]

Exkurs 2: Ist ausnahmsweise die Zustimmung der Hauptversammlung für eine Geschäftsführungsmaßnahme einzuholen, bedarf diese einer Drei-Viertel-Mehrheit des vertretenen Grundkapitals.[39] Einer Dreiviertel-Mehrheit bedarf es auch dann, wenn die Hauptversammlung nach der Satzung der Gesellschaft alle Beschlüsse mit einfacher Mehrheit fassen kann. Etwas anderes gilt nur dann, wenn das Gesetz zwingend anderes bestimmt. Angesichts der Schwere der möglichen Beeinträchtigung der Mitgliedschaftsrechte der Aktionäre kann daher die Satzung das Quorum für die Zustimmung zu der beabsichtigten Maßnahme nicht absenken. Vielmehr ist das Erfordernis einer qualifizierten Mehrheit hier nicht anders als z. B. in den Fällen der §§ 179a Abs. 1 Satz 2, 293 Abs. 1 Satz 3, 319 Abs. 2 Satz 3 AktG zwingend.

(dd) Zwischenergebnis

36 Der Vorstand von H verletzt mit seinem Verhalten die interne Pflicht zur Beteiligung der Hauptversammlung. Die Ausgliederung des Seehafens auf HB ist aber nur dann nichtig, wenn der Vorstand H bei dieser Ausgliederung nicht wirksam vertreten hat.

cc) Keine Wirksamkeit des Vorstandshandelns im Außenverhältnis

37 Die Verletzung einer internen Pflicht zur Beteiligung der Hauptversammlung könnte sich auf die Wirksamkeit der von A beanstandeten Maßnahmen auswirken. Doch ist nach § 82 Abs. 1 AktG die Vertretungsmacht des Vorstands nur durch das Gesetz beschränkbar. Einschränkungen dieses Grundsatzes auf Grund fehlenden Verkehrsschutzbedürfnisses wegen Kollusion (§ 138 Abs. 1 BGB) oder – für die andere Vertragspartei erkennbaren – Missbrauchs der Vertretungsmacht oder Abschlusses des Rechtsgeschäfts mit einer 100 %igen Tochtergesellschaft, scheiden aus. Denn das von A angegriffene Sacheinlageversprechen von H gegenüber HB bildet einen Bestandteil des Vertrages über die Errichtung einer AG. Nachdem dieser Gründungsvertrag vollzogen und die Gesellschaft mit ihrem satzungsmäßigen Grundkapital errichtet ist, berührt die Einbringungsverpflichtung von H nicht nur

[35] BGHZ 83, 122, 137.
[36] BGHZ 83, 122.
[37] BGHZ 159, 30, 41.
[38] BGHZ 159, 30, 48: „weit unter der erforderlichen Grenze".
[39] BGHZ 159, 30, 45; *Priester* ZHR 163 (1999), 187, 199 f.; *Joost* ZHR 162 (1999), 164, 172.

das Verhältnis zu HB, sondern auch den allgemeinen Rechtsverkehr und die Öffentlichkeit.[40] Eine Nichtigerklärung der Einbringung des Seehafenbetriebs in die HB oder auch nur der Verpflichtung hierzu scheidet daher aus.

3. Ergebnis

Der Hauptantrag ist zulässig, aber unbegründet. **38**

II. Erfolgsaussichten des ersten Hilfsantrags

1. Zulässigkeit

a) Keine Verweisung auf ein Vorgehen gegen den Vorstand

39 Die Klage eines Aktionärs auf Rückübertragung eines ausgegliederten Betriebsteils könnte aktienrechtlich ausgeschlossen sein. So könnte ein Aktionär auf eine Klage gegen den Vorstand verwiesen sein. Jeder Aktionär, also auch A, hat jedoch einen Anspruch darauf, dass die Gesellschaft seine Mitgliedschaftsrechte beachtet. Diesen Anspruch verletzt die Gesellschaft, wenn der Vorstand die Hauptversammlung bei einer mitwirkungsbedürftigen Entscheidung ausschließt.[41] A muss sich daher nicht auf eine Klage gegen den Vorstand verweisen zu lassen. Dies gilt umso mehr, als der Vorstand zu den Gesellschaftern in keinen unmittelbaren Rechtsbeziehungen steht.[42]

b) Kein Eingriff in einfache Geschäftsführungsangelegenheiten

40 Eine Aktionärsklage auf Unterlassung oder Wiederherstellung ist grundsätzlich ausgeschlossen, wenn ein nicht geschäftsführender Gesellschafter durch Weisungen oder Verbote gegenüber dem Vorstand, auch wenn diese auf ein pflichtgemäßes Verhalten gerichtet sind, persönlich in Geschäftsführungsangelegenheiten eingreift, die allein im Verantwortungsbereich des Vorstands liegen (§ 76 Abs. 1 AktG).[43] Denn damit würde systemwidrig in die aktienrechtliche Zuständigkeitsordnung (siehe Rn. 27) eingegriffen. In dem hier zu beurteilenden Fall geht es jedoch nicht um eine vom Vertretungsorgan allein zu verantwortende („gewöhnliche“) Geschäftsführungsmaßnahme. Vielmehr steht in Streit, dass der Vorstand die Aktionäre bei einer von ihnen mit zu entscheidenden Angelegenheit übergangen habe. Durch die Zulässigkeit einer Klage mit diesem Streitgegenstand ist die aktienrechtliche Zuständigkeitsordnung nicht berührt. Vielmehr soll die Klage des Aktionärs gerade die vom Vorstand verletzte Ordnung erhalten oder wiederherstellen.[44]

2. Begründetheit

a) Anspruch von A gegen H auf Rückübertragung des Seehafenbetriebs

41 Auf Grund seines Mitgliedschaftsrechts steht A gegen H ein Anspruch auf Rückübertragung des Seehafenbetriebs zu.

[40] BGHZ 83, 122, 132.
[41] BGHZ 83, 122, 134.
[42] BGHZ 83, 122, 134.
[43] BGHZ 83, 122, 134; 76, 160, 167f. (zur KG).
[44] BGHZ 83, 122, 134.

b) Keine missbräuchliche Geltendmachung des Anspruchs

42 Dem Anspruch des A auf Rückübertragung des Seehafenbetriebs darf nicht der Einwand des Missbrauchs entgegenstehen.[45] Denn der Aktionär schuldet der Gesellschaft seinerseits Rücksichtnahme.[46] Deshalb muss der Aktionär den Anspruch ohne unangemessene Verzögerung geltend machen. Hat die Hauptversammlung einer Maßnahme des Vorstands zugestimmt und ist der Beschluss gesetz- oder satzungswidrig oder auf Erlangung unzulässiger Sondervorteile gerichtet (§ 243 Abs. 2 Alt. 2 AktG), ist die Monatsfrist i. S. d. § 246 Abs. 1 AktG zu beachten.

43 Hier liegt zwischen der Kenntniserlangung des A und der Klageerhebung mehr als ein Jahr. Ein solcher Zeitraum erscheint als unangemessene Verzögerung und Verletzung der Pflicht zur Rücksichtnahme des A. Deshalb ist die Geltendmachung des Anspruchs durch A missbräuchlich. A steht daher gegen H zwar ein Anspruch auf Rückübertragung des Seehafenbetriebs zu, doch steht diesem der Einwand des Rechtsmissbrauchs entgegen.

3. Ergebnis

44 Der erste Hilfsantrag ist zulässig, aber unbegründet.

III. Erfolgsaussichten des zweiten Hilfsantrags

1. Zulässigkeit

45 Die Zulässigkeit der Klage ist gegeben. Die Voraussetzungen des § 256 ZPO liegen vor. Ob eine Kapitalerhöhung in der Tochtergesellschaft bereits beschlossen ist oder unmittelbar bevorsteht, ist unerheblich. Dasselbe gilt für eine Versicherung von H, gegenwärtig keine Kapitalerhöhung zu beabsichtigen, weil sie sich wirtschaftlich erübrige. Denn dies kann sich jederzeit ohne weiteres ändern und A mit einer erneuten Klage zu spät kommen. Er hat daher ein schutzwürdiges Interesse daran, schon jetzt die Frage der Zustimmungsbedürftigkeit von Kapitalerhöhungen in der HB gerichtlich zu klären.[47]

2. Begründetheit

46 Die Begründetheit des zweiten Hilfsantrags setzt voraus, dass ein einzelner Aktionär wie hier A einen Anspruch gegen die Gesellschaft hat, an bestimmten Entscheidungen beteiligt zu sein. Ein solcher Anspruch besteht (siehe Rn. 41). Fraglich ist aber dessen Umfang.

a) Alle Maßnahmen, die in der Tochtergesellschaft mit qualifizierter Mehrheit zu treffen sind

47 Die Begründetheit des zweiten Hilfsantrags setzt die Verpflichtung des Vorstands voraus, bei sämtlichen Maßnahmen, die in der Tochtergesellschaft mit qualifizierter Kapitalmehrheit zu treffen sind, die Zustimmung der Hauptversammlung der Mut-

---

[45] Weiterführend zum Missbrauch des Anfechtungsrechts *Windbichler* § 29 Rn. 52f.
[46] BGHZ 83, 122, 135.
[47] BGHZ 83, 122, 142.

tergesellschaft einzuholen. Zwar handelt es sich bei solchen Beschlüssen regelmäßig um Angelegenheiten von besonderer Bedeutung für die Aktionäre der Muttergesellschaft. Dies gilt insbesondere für Unternehmensverträge, Kapitalerhöhungen, die Weiterübertragung des Gesellschaftsvermögens nach § 179a AktG oder einen Auflösungsbeschluss (§§ 262 Abs. 1 Nr. 2, 289 Abs. 4 AktG). Es gibt aber auch Satzungsänderungen, die sich nur unwesentlich oder gar nicht auf die rechtlichen und wirtschaftlichen Verhältnisse der Muttergesellschaft und ihrer Aktionäre auswirken. Dazu gehört beispielsweise eine Sitzverlegung oder Firmenänderung. Insoweit kommt ein Eingriff in die eigenverantwortliche Leitungsmacht des Vorstands nicht in Betracht (§ 76 Abs. 1 AktG).[48]

Soweit A beantragt, bei *sämtlichen* Maßnahmen, die in der Tochtergesellschaft mit qualifizierter Kapitalmehrheit zu treffen sind, die Zustimmung der Hauptversammlung der Muttergesellschaft einzuholen, ist die Klage daher wegen des zu weit gefassten Antrags unbegründet. **48**

b) Kapitalerhöhungen

Es könnte die Verpflichtung des Vorstands bestehen, bei Kapitalerhöhungen in der Tochtergesellschaft die Zustimmung der Hauptversammlung der Muttergesellschaft einzuholen. Bei solchen Beschlüssen handelt es sich stets um Angelegenheiten von besonderer Bedeutung für die Aktionäre. Denn Kapitalerhöhungen in einer durch Ausgliederung wesentlicher Betriebsteile entstandenen Tochtergesellschaft können mittelbar zur Beeinträchtigung der Mitgliedschaft der Aktionäre der Muttergesellschaft, insbesondere zur Verwässerung des Werts der Beteiligung der Aktionäre der Muttergesellschaft und Aushöhlung der Bezugsrechte der Aktionäre der Muttergesellschaft führen.[49] Kapitalerhöhungen sind deshalb ein Hauptfall, in dem die Muttergesellschaft verpflichtet sein kann, die Zustimmung der Hauptversammlung einzuholen (siehe auch Rn. 34, 47).[50] Es muss deshalb der Entscheidung der bislang nicht beteiligten Hauptversammlung von H überlassen bleiben, ob H eine Kapitalerhöhung in der HB unter diesen Bedingungen durchführen oder ob der Vorstand etwa das Bezugsrecht von H ausschließen und es stattdessen den Aktionären von H in entsprechender Anwendung des § 186 Abs. 1, 2 und 5 AktG einräumen soll.[51] Für die danach notwendigen Zustimmungsbeschlüsse sind die Regeln und Mehrheiten zu beachten, die für entsprechende Kapitalbeschaffungsmaßnahmen bei H nach §§ 182ff. AktG gelten.[52] Da der Vorstand von H dies unterlässt, ist der zweite Hilfsantrag insoweit begründet. **49**

3. Ergebnis

Der zweite Hilfsantrag ist zulässig und teilweise begründet. **50**

[48] BGHZ 83, 122, 141.
[49] BGHZ 83, 122, 142.
[50] BGHZ 83, 122, 142.
[51] BGHZ 83, 122, 143.
[52] BGHZ 83, 122, 144.

Fall 3. Die Globalisierung hat nicht nur Freunde

Sachverhalt

Die Anderl-AG (A) stellt Automobile her. Zu ihren satzungsmäßigen Unternehmensgegenständen gehört die Entwicklung und der Vertrieb von Personenkraftwagen. Nach ihrer Satzung ist A außerdem berechtigt, andere Unternehmen zu errichten, zu erwerben sowie sich an ihnen zu beteiligen. Auf Grund der fortschreitenden Globalisierung erscheinen strategische Allianzen wünschenswert. Deshalb entscheidet sich der Vorstand mit Billigung des Aufsichtsrats dazu, sich an dem Unternehmen des Wettbewerbers Bunte-AG (B) zu beteiligen.

In der ordnungsgemäß einberufenen und vom Vorsitzenden des Aufsichtsrats, Carl Canton (C), geleiteten Hauptversammlung vom 10.7.2013 schlagen Vorstand und Aufsichtsrat hierzu folgende Vorgehensweise vor: Der Vorstand von A soll ermächtigt sein, das Kapital der A von bislang 15 Mio. EUR auf bis zu 20 Mio. EUR durch Ausgabe neuer Aktien gegen Bar- oder Sacheinlagen zu erhöhen. Außerdem soll der Vorstand von A befugt sein, hierbei das Bezugsrecht der Aktionäre von A auszuschließen. Denn dann könne der Vorstand von A den Aktionären von B im Tausch die aus der Kapitalerhöhung stammenden Aktien anbieten. Der Vorstand verweist auch auf seinen schriftlichen Bericht, der den Aktionären auf der Hauptversammlung vorliegt. Er umschreibt das Beteiligungsvorhaben allgemein. Der Einladung zur Hauptversammlung liegt dieser Bericht nicht bei; vielmehr gibt der Vorstand von A bei dieser Einladung lediglich eine Zusammenfassung der wesentlichen Punkte dieses Berichts. Der Erwerb einer weiteren Beteiligung fördert tatsächlich das Unternehmensinteresse von A. Auch ist der Erwerb einer Beteiligung regelmäßig nur im Wege des Aktientauschs möglich.

Nachdem der Vorstand von A seine Ausführungen beendet hat, erhalten die Aktionäre Gelegenheit zur Stellungnahme. Da etliche Wortmeldungen vorliegen und noch eine Vielzahl weiterer Tagesordnungspunkte zu behandeln ist, beschränkt C die Redezeit auf 20 Minuten, um die Hauptversammlung am selben Tag noch zu Ende bringen zu können. Aktionär Dieter Dorn (D) hält Aktien im Wert von 5000 EUR und damit lediglich 0,03% des auf der Hauptversammlung vertretenen Grundkapitals. D erhält von C das Wort erteilt. Da D ein überzeugter Globalisierungsgegner ist, gerät er bei seiner scharf gegen die Unternehmensbeteiligung gerichteten Rede so sehr in Rage, dass er vom Thema abschweift und sich nur noch mit der Globalisierung als solcher auseinander setzt. D wiederholt sich dabei ständig, findet kein Ende und überschreitet die festgesetzte Redezeit. C weist D darauf hin und gewährt ihm weitere fünf Minuten, nach deren Ablauf D das Wort entzogen werde. Da D auch nach dem Ablauf dieser fünf Minuten heftig erregt weiterspricht, lässt C den D von den Ordnern aus der Halle führen. D leistet keinen Widerstand, in der Halle entsteht keine Unruhe. C ordnet außerdem an, D bis zum Ende der Hauptversammlung aus der Halle zu verweisen. C befragt anschließend die Aktionäre, ob sie das Vorgehen gegen D billigen. In dem daraufhin gefassten Beschluss sprechen 89% der Aktionäre eine solche Billigung aus.

Nach der weiteren Diskussion des Tagesordnungspunktes „Beteiligung an B" stimmt die Hauptversammlung mit einer Mehrheit von 78% der Ermächtigung des Vorstands von A zu „Kapitalerhöhung und Bezugsrechtsausschluss in geeignetem Umfang" zu.

D erhebt am 1.8.2013 durch seinen Rechtsanwalt Anfechtungsklage beim Landgericht am Sitz der Gesellschaft und beantragt, die Redezeitbeschränkung und die Verweisung aus der Halle sowie die Billigung des Vorgehens von C durch die Aktionäre für nichtig zu erklären. Er sei in seinen Mitgliedsrechten willkürlich und deshalb völlig zu Unrecht beeinträchtigt. Außerdem beantragt er, den Beschluss über die Ermächtigung des Vorstands zu Kapitalerhöhung und Bezugsrechtsausschluss für nichtig zu erklären. Denn er habe nicht ausreichend gegen die beschlossenen Maßnahmen Stellung nehmen und von seinem Stimmrecht Gebrauch machen können. Der Ausschluss des Bezugsrechts sei auch in der Sache nicht erforderlich. A, der das Gericht die Klage am 15.8.2013 zustellt, erwidert auf die Klage durch Vorstand und Aufsichtsrat.

Vor dem Termin zur mündlichen Verhandlung vor dem Landgericht bietet D gegenüber dem Vorstand von A an, seine Anfechtungsklage zurückzunehmen, wenn A die Verfahrenskosten übernehme. Außerdem müsste A seine Aktien für 250 000 EUR übernehmen.

1. Hat die Klage von D Aussicht auf Erfolg?
2. Welche Handlungsmöglichkeiten bestehen für den Vorstand?

Bearbeitervermerk: Kapitalmarktrechtliche Fragen sind nicht zu behandeln.

Gliederung

Lösung

Frage 1

I. Zulässigkeit der Klage

1. Gegen die Maßnahmen des Versammlungsleiters

a) Statthafte Klageart

Für die Statthaftigkeit der Klageart kommt es entscheidend auf das Rechtsschutzziel 1
des D an. D verlangt die Nichtigerklärung der Maßnahmen des Versammlungsleiters C (Redezeitbeschränkung und Verweisung aus der Halle).

Hinweis: Es sind die Zulässigkeit und die Begründetheit der Klage von D zu untersuchen. Bei der Zulässigkeit der Klage stellt sich zunächst die Frage, ob die von D erhobene Anfechtungsklage überhaupt die Klageart ist, mit der D seine Rechtsschutzziele erreichen kann. Insoweit ist zu unterscheiden zwischen den Maßnahmen des Versammlungsleiters C (Redezeitbeschränkung/Verweisung aus der Halle), dem Beschluss über die Billigung dieses Vorgehens sowie dem Beschluss zur Ermächtigung des Vorstands zu Kapitalerhöhung und Bezugsrechtsausschluss. Bei der Bestimmung der statthaften Klageart ist grundsätzlich zu unterscheiden zwischen nichtigen und anfechtbaren Beschlüssen. Richtiger erscheint es freilich, von Nichtigkeitsgründen und Anfechtungsgründen zu sprechen, da ein Beschluss an mehreren Mängeln verschiedener Art leiden kann.[1] Daneben gibt es unwirksame Beschlüsse. Bei nichtigen Beschlüssen sind die Mängel derart schwer wiegend, dass sie *ipso iure* zur Nichtgeltung des Beschlusses führen. Die Nichtigkeitsgründe sind in § 241 AktG abschließend genannt. Gegen nichtige Beschlüsse stehen Rechtsbehelfe zur Verfügung. Nichtigkeitsklage nach § 249 Abs. 2 AktG können die in dieser Norm genannten Personen erheben. Für Dritte steht die allgemeine Feststellungsklage nach § 256 Abs. 1 ZPO zur Verfügung, wobei sich hier stets die Frage eines Feststellungsinteresses stellt. Ein lediglich anfechtbarer Beschluss ist gegeben, wenn ein Gesetzes- oder Satzungsverstoß (sog. Beschlussmangel) vorliegt, der einerseits nicht zur Nichtigkeit führt, andererseits nicht lediglich einen Verstoß gegen bloße Soll- und Ordnungsvorschriften darstellt. Ein anfechtbarer Beschluss ist bis zur Aufhebung durch Urteil zunächst wirksam.[2] Rechtsbehelf bei Vorliegen eines Anfechtungsgrundes ist die Anfechtungsklage nach §§ 243 ff. AktG. Da der erfolgreiche Kläger die Unwirksamkeit eines Beschlusses der Hauptversammlung und damit eine Änderung des materiellen Rechts herbeiführt, handelt es sich um eine Gestaltungsklage.[3] Bei unwirksamen Beschlüssen ist ihr Wirksamwerden von der Zustimmung durch die Gesellschaft, Dritte oder Behörden abhängig. Bis zur Erteilung einer solchen Zustimmung ist der Beschluss fehlerhaft, aber durch Erfüllung der erforderlichen Wirksamkeitsvoraussetzung heilbar. Den statthaften Rechtsbehelf gegen unwirksame Beschlüsse stellt die allgemeine Feststellungsklage nach § 256 Abs. 1 ZPO dar. Von der Fehlerhaftigkeit eines Beschlusses ist die Nichtigkeit oder Unwirksamkeit einzelner Stimmen zu unterscheiden. Solche Mängel können jedoch einen Anfechtungsgrund darstellen, wenn die Unwirksamkeit der Stimmen dazu führt, dass die für einen Beschluss erforderliche Mehrheit fehlt.

aa) Anfechtungsklage nach §§ 243 ff. AktG

2 Redezeitbeschränkung und Ausschluss aus der Halle sind nicht von der Hauptversammlung beschlossen. Vielmehr ordnet der Versammlungsleiter C diese Maßnahmen an. Es handelt sich deshalb lediglich um Ordnungsmaßnahmen des C. Die Anfechtungsklage nach §§ 243 ff. AktG setzt jedoch einen Beschluss der Hauptversammlung voraus. Sie ist für ein Vorgehen gegen die Maßnahmen des Versammlungsleiters (hier: C) daher nicht statthaft.[4] Das gilt auch für die allgemeine Beschränkung der Redezeit,[5] wie sie C hier auf 20 Minuten vorgenommen hat.

bb) Allgemeine Feststellungsklage nach § 256 Abs. 1 ZPO

3 Gegen die Maßnahmen des C ist eine allgemeine Feststellungsklage des D nach § 256 Abs. 1 ZPO die statthafte Klageart.

b) Rechtsschutzbedürfnis

4 Für eine Klage des D gegen A auf Feststellung der Nichtigkeit der Maßnahmen des Versammlungsleiters fehlt das Rechtsschutzbedürfnis. Denn zum einen ist kein gegenwärtiges Rechtsverhältnis betroffen. Zum anderen sind die Ordnungsmaßnah-

[1] *K. Schmidt* § 15 II 1c.
[2] *K. Schmidt* § 15 II 1b dd.
[3] *Hüffer/Koch* § 246 Rn. 8.
[4] BGHZ 44, 245, 250.
[5] *Hüffer/Koch* § 129 Rn. 24.

men inzident bei der Beschlussanfechtung – hier Klagebefugnis nach § 245 AktG – zu prüfen.[6] D kann daher die Maßnahmen des C nicht isoliert durch Klage angreifen.

c) Zwischenergebnis

Soweit D isoliert die Feststellung der Nichtigkeit der Maßnahmen des Versammlungsleiters C begehrt, ist die Klage unzulässig. 5

2. Gegen die Billigung der Maßnahmen des Versammlungsleiters

a) Statthafte Klageart

Die Befragung der Aktionäre, ob sie das Vorgehen gegen D billigen, stellt wegen der Zuständigkeit des Versammlungsleiters für die ergriffenen Maßnahmen lediglich eine unverbindliche Meinungsbefragung dar.[7] Sie ist nicht mit der Nichtigkeits- oder Anfechtungsklage angreifbar. Daher kommt lediglich eine allgemeine Feststellungsklage nach § 256 Abs. 1 ZPO in Betracht. 6

b) Rechtsschutzbedürfnis

Für eine Klage des D gegen A auf Feststellung der Nichtigkeit der Billigung der Maßnahmen des Versammlungsleiters durch die Aktionäre fehlt das Rechtsschutzbedürfnis. Denn es ist kein gegenwärtiges Rechtsverhältnis betroffen. 7

3. Gegen die Ermächtigung des Vorstands zu Kapitalerhöhung und Bezugsrechtsausschluss

a) Statthafte Klageart

Der Ermächtigung des Vorstands zu Kapitalerhöhung und Bezugsrechtsausschluss liegt ein Beschluss der Hauptversammlung zu Grunde (vgl. auch § 182 Abs. 1 Satz 1 AktG). Deshalb ist insoweit sowohl die Anfechtungsklage nach §§ 243 ff. AktG als auch die Nichtigkeitsklage nach § 249 AktG statthaft. 8

D erhebt ausdrücklich Anfechtungsklage und wählt damit eine statthafte Klageart. 9

b) Eröffnung des Zivilrechtswegs

Der Zivilrechtsweg nach § 13 GVG ist eröffnet. 10

c) Zuständigkeit des Gerichts

Das Landgericht (Kammer für Handelssachen, § 95 Abs. 2 Nr. 1 GVG) am Sitz der Gesellschaft (§ 14 AktG) ist nach § 246 Abs. 3 Sätze 1 und 2 AktG zuständig. 11

d) Richtige Beklagte nach § 246 Abs. 2 Satz 1 AktG

Eine Anfechtungsklage nach §§ 243 ff. AktG muss gegen die richtige Beklagte gerichtet sein. Eine Anfechtungsklage gegen eine andere als die in § 246 Abs. 2 Satz 1 12

[6] BGHZ 44, 245, 250.
[7] BGHZ 44, 245, 248.

AktG genannte Person ist mangels Parteifähigkeit unzulässig und nicht etwa mangels Passivlegitimation unbegründet.[8] Nach § 246 Abs. 2 Satz 1 AktG ist die Klage gegen die Gesellschaft zu richten.

13 Richtige Beklagte ist A. D erhebt seine Klage gegen A, also die richtige Beklagte.

e) Prozessfähigkeit der Aktiengesellschaft nach § 246 Abs. 2 Satz 2 AktG

14 Vorstand und Aufsichtsrat vertreten die Gesellschaft bei Klagen von Aktionären (§ 246 Abs. 2 Satz 2 AktG). Damit kommt es zu einer Doppelvertretung der Gesellschaft, um Missbräuche des Vorstands oder des Aufsichtsrats zu Lasten der Gesellschaft, die wegen des Dispositionsgrundsatzes insbesondere durch Geständnisse (§ 288 ZPO) und Anerkenntnisse (§ 307 ZPO) möglich sind, zu verhindern.[9]

15 Die nach § 246 Abs. 2 Satz 2 AktG erforderliche Doppelvertretung von A ist gewahrt, da Vorstand und Aufsichtsrat A vertreten.

f) Rechtsschutzbedürfnis

16 Eine Anfechtungsklage setzt kein Rechtsschutzbedürfnis voraus, da sie das vom Gesetz vorgesehene Mittel zur gerichtlichen Kontrolle des Organhandelns darstellt. Das Rechtsschutzbedürfnis fehlt deshalb nur in besonderen Fällen wie der nachfolgenden mangelfreien Beschlussbestätigung durch die Hauptversammlung. Anhaltspunkte für einen solchen besonderen Fall sind hier nicht gegeben.

g) Anfechtungsbefugnis nach § 245 AktG

17 Die Anfechtungsbefugnis nach § 245 AktG fehlt in den Fällen des Missbrauchs der Anfechtungsklage. Wer missbräuchlich handelt, begibt sich nämlich seines Rechts. Ein solcher Missbrauch kommt hier deshalb in Betracht, weil D Klagerücknahme gegen Erwerb seiner Anteile für 250 000 EUR anbietet, obwohl diese lediglich einen Verkehrswert von 5000 EUR haben. Darin liegt nämlich der Versuch, ungerechtfertigte Vorteile aus der mit der Anfechtungsklage für die Gesellschaft verbundenen Situation zu ziehen. Doch ist die Anfechtungsbefugnis i. S. d. § 245 AktG als subjektives Recht des Aktionärs nicht Zulässigkeits-, sondern Begründetheitsvoraussetzung.[10] Deshalb ist auch die Frage eines Missbrauchs der Anfechtungsklage bei der Begründetheit zu prüfen.[11] Zwar erwägen Teile des Schrifttums, die Frage des Missbrauchs der Anfechtungsklage beim Rechtsschutzbedürfnis und damit bei der Zulässigkeit der Klage zu prüfen.[12] Dies verdient indes keine Zustimmung, weil der Kläger beim Missbrauch der Anfechtungsklage nicht nur eine Rechtsschutzmöglichkeit, sondern die ihm durch die Anfechtungsbefugnis nach § 245 AktG zugewiesene materiell-rechtliche Befugnis zur Rechtsgestaltung missbraucht.[13]

---

[8] *Hüffer/Koch* § 246 Rn. 4.

[9] *Hüffer/Koch* § 246 Rn. 16.

[10] *Hüffer/Koch* § 245 Rn. 2.

[11] *BGH* AG 1992, 448, 449; *Hüffer/Koch* § 245 Rn. 30.

[12] *OLG Karlsruhe* WM 1991, 1755, 1757; GroßkommAktG/*K. Schmidt* § 245 Rn. 75 f.; *Teichmann* JuS 1990, 269, 271.

[13] *Hüffer/Koch* § 245 Rn. 30.

h) Anfechtungsfrist nach § 246 Abs. 1 AktG

Die Anfechtungsfrist nach § 246 Abs. 1 AktG von einem Monat ist ebenso wie die Anfechtungsbefugnis nach § 245 AktG keine Zulässigkeits-, sondern eine Begründetheitsvoraussetzung. 18

4. Zwischenergebnis

Die Klage des A ist nur gegen die Ermächtigung des Vorstands zu Kapitalerhöhung und Bezugsrechtsausschluss zulässig. 19

II. Begründetheit der Klage

1. Nichtigkeit des Beschlusses nach § 241 AktG

a) Kein Ausschluss der Prüfung von Nichtigkeitsgründen

Zwar erhebt A Anfechtungsklage. Doch sind auch bei Vorliegen einer Anfechtungsklage nicht nur Anfechtungsgründe, sondern auch Nichtigkeitsgründe zu untersuchen. Denn sowohl Anfechtungsklage als auch Nichtigkeitsklage sind auf dasselbe Ziel und infolgedessen auf denselben Streitgegenstand gerichtet.[14] Dieser Streitgegenstand ist auf die Frage gerichtet, ob der angegriffene Beschluss wegen Verstoßes gegen Gesetz oder Satzung im Hinblick auf seinen Gegenstand und Inhalt sowie des zur Beschlussfassung führenden Verfahrens mit Wirkung für und gegen jedermann nichtig ist.[15] Sämtliche Umstände, die der Entstehung des Beschlusses zugrunde liegen, stellen einen einheitlichen Lebenssachverhalt dar.[16] Infolgedessen verfolgen Anfechtungsklage und Nichtigkeitsklage dasselbe Ziel; es handelt sich nur um *eine* Klage, deren Begründetheit sich sowohl aus Nichtigkeits- als auch aus Anfechtungsgründen ergeben kann. 20

Zwar vertritt ein Teil des Schrifttums[17] die Auffassung, der Streitgegenstand umfasse das Begehren des Klägers, die Nichtigkeit eines bestimmten, im Einzelnen bezeichneten Hauptversammlungsbeschlusses allein auf Grund des dazu vorgetragenen Sachverhaltes klären zu lassen. Eine solche Unterteilung könnte indes die einheitliche Überprüfung des Beschlusses verhindern und zu Rechtsunsicherheit führen.[18] 21

Da danach eine umfassende Prüfung von Nichtigkeits- und Anfechtungsgründen unabhängig vom Klageantrag geboten ist, können sowohl Nichtigkeitsgründe als auch Anfechtungsgründe zur Begründetheit der Klage von A führen. 22

b) Nichtigkeitsgründe

Nichtigkeitsgründe i. S. d. § 241 AktG sind hier nicht gegeben. 23

2. Anfechtbarkeit des Beschlusses nach § 243 AktG

Die Anfechtungsklage gegen einen Beschluss der Hauptversammlung ist begründet, wenn dieser Beschluss Gesetz oder Satzung verletzt (§ 243 Abs. 1 AktG). Für einen 24

[14] BGHZ 152, 1, 5.
[15] BGHZ 152, 1, 5.
[16] BGHZ 152, 1, 5.
[17] MünchKommAktG/*Hüffer/Schäfer* § 246 Rn. 20; *Bork* ZIP 1995, 609, 612 f.
[18] BGHZ 152, 1, 5 f.

solchen Anfechtungsgrund kommt die Verletzung von Verfahrensvorschriften ebenso in Betracht wie die Verletzung materiellen Rechts.

a) Beschränkung des Teilnahme-, Rede- und Stimmrechts nach § 243 Abs. 1 AktG i.V.m. §§ 118 Abs. 1 Satz 1, 134 Abs. 1 AktG

aa) Rechtsgrundlagen und Beurteilungskriterien

25 Nach § 118 Abs. 1 Satz 1 AktG üben die Aktionäre ihre Rechte in den Angelegenheiten der Gesellschaft in der Hauptversammlung aus, soweit das Gesetz nichts anderes bestimmt. Zu den Rechten nach § 118 Abs. 1 Satz 1 AktG gehört z.B. das Teilnahmerecht, das Stimmrecht (§§ 12, 133ff. AktG), das Recht zur Stellung von Anträgen, das Recht zur Erklärung von Widerspruch nach § 245 Nr. 1 AktG, das Auskunftsrecht (§ 131 AktG) sowie das Recht, über Tagesordnungspunkte zu verhandeln (vgl. §§ 120 Abs. 3, 124 Abs. 4 Satz 2 AktG). Aus dem zuletzt genannten Recht ergibt sich das Rederecht des einzelnen Aktionärs.[19] Ein Eingriff in die Teilnahmerechte des Aktionärs bedarf stets eines sachlichen Grundes. Darüber hinaus haben Beschränkungen der Teilnahmerechte des Aktionärs den Grundsatz der Verhältnismäßigkeit zu wahren und § 53a AktG zu beachten. Die materielle Rechtmäßigkeit der Ergreifung von Ordnungsmaßnahmen als Bestandteil der Versammlungsleitung setzt danach voraus, dass die Maßnahme (1.) zur ordnungsgemäßen Durchführung der Hauptversammlung erforderlich (sachlicher Grund) ist, (2.) im Hinblick auf die Aktionärsrechte verhältnismäßig ist und (3.) § 53a AktG beachtet ist.[20]

26 Für das Vorliegen eines sachlichen Grundes ist nach Fallgruppen zu unterscheiden. So liegt ein sachlicher Grund dann vor, wenn der betroffene Aktionär (1.) nicht dem Tatbestand des Teilnahmerechts unterfällt, (2.) die tatbestandlichen Grenzen des Teilnahmerechts überschreitet oder (3.) zwar innerhalb der tatbestandlichen Grenzen des Teilnahmerechts bleibt, aber die Hauptversammlung dennoch ihre von Gesetzes wegen zugewiesenen Aufgaben nicht mehr innerhalb der zugelassenen Höchstdauer erfüllen könnte.[21] Da aber Beschränkungen des Teilnahmerechts tief in die Mitgliedschaft des einzelnen Aktionärs eingreifen, sind hieran strenge Anforderungen zu stellen.[22] Denn der Aktionär kann einen erheblichen Teil seiner Mitgliedschaftsrechte nur auf der Hauptversammlung ausüben. Insbesondere Redezeitbeschränkung, Wortentzug und Ausschließung aus der Hauptversammlung greifen tief in die Teilnahmerechte des Aktionärs ein. Bei der Ausschließung verliert der Aktionär sogar sein Stimmrecht. Da der Leiter der Hauptversammlung für die sachgemäße Erledigung ihrer Geschäfte zu sorgen hat, ergeben sich aus dieser Aufgabe seine Befugnisse und deren Grenzen.[23] Der Versammlungsleiter ist danach zu allen Maßnahmen berechtigt, die erforderlich sind, um einen ordnungsmäßigen Ablauf der Hauptversammlung zu gewährleisten.[24]

---

[19] *BVerfG* WM 1999, 2160, 2161; *BGH* NJW 1971, 2225.
[20] BGHZ 44, 245, 251ff.; *Hüffer/Koch* § 130 Rn. 23.
[21] GroßkommAktG/*Mülbert* Vor §§ 118–147 Rn. 137ff.
[22] BGHZ 44, 245, 255.
[23] BGHZ 44, 245, 248.
[24] BGHZ 44, 245, 248.

bb) Rederecht

Das Gesetz sieht die Möglichkeit zur Beschränkung des Rederechts nicht ausdrücklich vor. Das Rederecht ist aber Teil der Hauptversammlung, deren ordnungsgemäße Durchführung Einschränkungen erfordern kann. **27**

(1) Formelle Rechtmäßigkeit

Zuständig für die Festsetzung der Redezeit ist der Versammlungsleiter.[25] Dies gilt für die Festsetzung sowohl der allgemeinen Redezeit als auch der Redezeit eines einzelnen Aktionärs.[26] Denn der Leiter der Hauptversammlung hat die ordnungsgemäße Durchführung ihrer Geschäfte zu gewährleisten. Daher ist er auch für den Entzug des Rederechts zuständig.[27] Eines Beschlusses der Hauptversammlung bedarf es nicht. **28**

Versammlungsleiter C setzt die Redezeit zunächst allgemein fest, bestimmt die Redezeit des D und entzieht ihm schließlich das Wort. Daher sind diese Maßnahmen formell rechtmäßig. Zwar führt C hier zusätzlich noch einen Beschluss der Hauptversammlung herbei, der auf eine Billigung seines Vorgehens gegen D gerichtet ist. Dies ist zulässig, da sich der Versammlungsleiter der Zustimmung der Hauptversammlung versichern darf.[28] Auch wenn er von dieser Befugnis Gebrauch macht, bleibt er für die Anordnung der Maßnahme zuständig.[29] **29**

(2) Materielle Rechtmäßigkeit

(a) Allgemeine Redezeitbeschränkung

Zu den Ordnungsmaßnahmen, die ein Versammlungsleiter ergreifen kann und muss, um eine sachgerechte Behandlung der Versammlungsgegenstände zu ermöglichen, gehört insbesondere eine allgemeine Beschränkung der Redezeit.[30] Denn eine Hauptversammlung darf nicht übermäßig lange dauern. Einer Beschränkung der Redezeit bedarf es vor allem dann, wenn die Hauptversammlung angesichts einer Vielzahl von Wortmeldungen ohne eine solche Beschränkung nicht am Einberufungstag zu Ende zu führen ist. Dasselbe gilt bei übermäßiger zeitlicher Ausdehnung der Hauptversammlung auf etwa zehn bis zwölf Stunden einschließlich üblicher Pausen. **30**

Für die von C festgesetzte Redezeit von insgesamt 20 Minuten besteht angesichts der Vielzahl von Wortmeldungen ein sachlicher Grund. Außerdem ist diese Redezeit nicht unangemessen kurz, sodass ein schonenderer Eingriff in das Rederecht des D nicht möglich ist. Teilweise vertritt das Schrifttum[31] sogar die Auffassung, dass die Redezeit 15 Minuten nicht überschreiten sollte. Die von C festgesetzte allgemeine Redezeit ist daher materiell rechtmäßig. **31**

---

[25] Zur Funktion des Versammlungsleiters *Windbichler* § 29 Rn. 19.

[26] BGHZ 44, 245, 248: für Einschränkung der Redezeit eines einzelnen Aktionärs; MünchKomm-AktG/*Kubis* § 119 Rn. 143.

[27] BGHZ 44, 245, 248.

[28] BGHZ 44, 245, 248.

[29] BGHZ 44, 245, 248.

[30] *Hüffer/Koch* § 129 Rn. 24; dies ist verfassungsrechtlich zulässig; vgl. *BVerfG* NJW 2000, 349, 351; zur Möglichkeit einer Satzungsregelung, die den Versammlungsleiter zur zeitlich angemessenen Beschränkung des Frage- und Rederechts des Aktionärs ermächtigt, vgl. § 131 Abs. 2 Satz 2 AktG sowie dazu BGHZ 184, 239.

[31] *Hüffer/Koch* § 129 Rn. 24.

(b) Beschränkung der weiteren Redezeit des D

32 Die Beschränkung der weiteren Redezeit muss zur Gewährleistung des ordnungsgemäßen Ablaufs der Hauptversammlung erforderlich und im Hinblick auf die Mitgliedschaftsrecht der Aktionäre verhältnismäßig sein. Das Rederecht der Aktionäre besteht jedoch allein im Hinblick auf den jeweiligen Tagesordnungspunkt und die anschließende Beschlussfassung. Allerdings ist dies weit auszulegen, sodass auch politische Inhalte und zeitgeschichtliche Themen vom Rederecht erfasst sein können. Eine Überschreitung der tatbestandlichen Grenzen des Rederechts liegt jedoch dann vor, wenn überhaupt kein Bezug zum Tagesordnungspunkt erkennbar ist oder der Aktionär sich mehrfach wiederholt.[32]

33 Für eine Erforderlichkeit der Beschränkung der weiteren Redezeit des D ist anzuführen, dass D vom Thema abschweift, also nicht zum Tagesordnungspunkt spricht, und sich ständig wiederholt. Außerdem gewährt C zunächst weitere fünf Minuten Redezeit. Die Beschränkung der weiteren Redezeit des D ist darüber hinaus wegen der zahlreichen weiteren Wortmeldungen geboten, sodass ein schonenderer Eingriff in die Rechte des D nicht möglich ist. Die Beschränkung der weiteren Redezeit hat außerdem keine Beschränkung seines Fragerechts zum Inhalt. Auf die Grundrechte der Gleichbehandlung (Art. 20ff. GR-Charta, 3 Abs. 1 GG) und der Meinungsfreiheit (Art. 11 Abs. 1 GR-Charta, Art. 10 Abs. 1 EMRK, Art. 5 Abs. 1 GG) kann sich ein Aktionär nicht berufen, wenn er den ordnungsgemäßen Ablauf der Hauptversammlung stört.[33] Die Beschränkung der weiteren Redezeit des D ist daher materiell rechtmäßig.

(c) Wortentzug

34 Der Versammlungsleiter kann einem Redner das Wort entziehen, wenn dieser die Grenzen seines Rederechts überschreitet. Allerdings hat der Wortentziehung aus Gründen der Verhältnismäßigkeit regelmäßig eine Verwarnung vorauszugehen. Anders liegt es nur, wenn die Schärfe der Beleidigung oder Verleumdung eine sofortige Reaktion des Versammlungsleiters gebietet, um den geordneten Versammlungsablauf zu wahren.

35 Wegen der Verlängerung der Redezeit des D um fünf Minuten unter vorheriger Ankündigung des Wortentzugs ist D nicht vom Wortentzug überrascht. Der Wortentzug gegenüber D ist daher materiell rechtmäßig.

(3) Zwischenergebnis

36 Die Beschränkungen des Rederechts von D durch C erfolgen rechtmäßig.

cc) Teilnahmerecht

(1) Formelle Rechtswidrigkeit

37 Zuständig für Ordnungsmaßnahmen wie die Ausschließung von Aktionären aus der Hauptversammlung ist allein der Leiter der Versammlung und nicht etwa die Hauptversammlung.[34]

38 Hier verweist Versammlungsleiter C den D aus der Halle, sodass diese Maßnahme formell rechtmäßig ist.

---

[32] BGHZ 44, 245, 252; GroßkommAktG/*Mülbert* Vor §§ 118–147 Rn. 158.

[33] BGHZ 44, 245, 256.

[34] BGHZ 44, 245, 248.

(2) Materielle Rechtswidrigkeit

Der Verweis eines Aktionärs aus der Hauptversammlung ist nur insoweit materiell rechtmäßig, als dies sachlich gerechtfertigt und zur ordnungsgemäßen Durchführung der Hauptversammlung erforderlich ist.[35] Die Ausschließung eines Aktionärs muss daher *ultima ratio* sein.[36] Sie ist infolgedessen nur zulässig, wenn der bloße Wortentzug erfolglos bleibt. So, wenn ein Aktionär den ordnungsgemäßen Ablauf der Hauptversammlung stört und dem Versammlungsleiter kein milderes Mittel zur Beseitigung der Störung zur Verfügung steht.[37] Auf die Voraussetzungen der Notwehr – gegenwärtiger rechtswidriger Angriff auf Versammlungsteilnehmer – kommt es nicht an.[38] Auch ein anderes Verhalten kann nämlich den sachgemäßen Ablauf einer Hauptversammlung stören (z. B. sinnloses Lärmen, übermäßige Zurufe, Einschalten von Musik- oder Sprechapparaten). Da die Ausschließung *ultima ratio* sein muss, bedarf es jedoch regelmäßig der vorherigen Androhung der Ausschließung. 39

Ein sachlicher Grund für den Ausschluss des D ist gegeben, da D sich trotz einmaliger Verlängerung der Redezeit weigert, seine Rede abzuschließen. Er überschreitet damit die tatbestandlichen Grenzen seines – durch C wirksam beschränkten – Rederechts. Es stellt sich jedoch die Frage nach der Verhältnismäßigkeit des Ausschlusses von D. D leistet keine lautstarke Gegenwehr. Auch entsteht keine Unruhe im Saal, die den Fortgang der Versammlung hätte beeinträchtigen können. Es wäre daher ausreichend, D zu seinem Platz geleiten zu lassen. Schließlich ist auch keine vorherige Ankündigung der Ausschließung für den Fall der erneuten Missachtung der von C festgesetzten Redezeitbeschränkung erfolgt. C lässt daher zu Unrecht D nicht zur weiteren Diskussion und Abstimmung zu. 40

(3) Zwischenergebnis

Die Ausschließung des D von der weiteren Teilnahme an der Hauptversammlung erfolgt unrechtmäßig. 41

dd) Stimmrecht

Da die Ausschließung des D von der weiteren Teilnahme an der Hauptversammlung materiell unrechtmäßig erfolgt, ist der damit zugleich verbundene Ausschluss vom Stimmrecht ebenfalls materiell unrechtmäßig. 42

ee) Kausalität oder Relevanz des Verstoßes

Nicht jeder Verfahrensfehler kann die Anfechtbarkeit begründen. Der Wortlaut des § 243 Abs. 1 AktG ist einzuschränken, um Fehler auszuscheiden, die auf das Ergebnis der Beschlussfassung keinen Einfluss gehabt haben. 43

(1) Ansatz 1: Potenzielle Kausalität

Nach früher h. M.[39] soll es auf die potenzielle Kausalität des Fehlers für das Beschlussergebnis ankommen. Danach muss die Gesellschaft auf Grund der ihr obliegenden Darlegungs- und Beweislast die Möglichkeit eines Ursachenzusammenhangs zwischen Normverletzung und Beschlussergebnis ausräumen. 44

[35] BGHZ 44, 245, 255.
[36] BGHZ 44, 245, 255.
[37] BGHZ 44, 245, 251.
[38] BGHZ 44, 245, 251.
[39] Vgl. nur BGHZ 86, 1, 3.

45 An der potenziellen Kausalität zwischen Rechtsverstoß (unrechtmäßige Ausschließung des D durch C von der Hauptversammlung, dadurch unberechtigte Ausschließung des D vom Stimmrecht) und Beschlussergebnis fehlte es hier, da die erforderliche Mehrheit auch bei einer Abstimmung des D gegen die Beschlussgegenstände gegeben wäre.

(2) Ansatz 2: Relevanz

46 Nach anderer Auffassung ist die Kausalität unerheblich. Entscheidend ist vielmehr allein die Relevanz des Verfahrensverstoßes für das Mitgliedschaftsrecht des Aktionärs im Sinne eines dem Beschluss anhaftenden Legitimationsdefizits.[40] Dieses muss bei einer wertenden, am Schutzzweck der verletzten Norm orientierten Betrachtung die Rechtsfolge der Anfechtbarkeit rechtfertigen. Danach kommt es entscheidend darauf an, ob es möglich ist, dass sich der Gesetzes- oder Satzungsverstoß nachteilig auf das Beschlussergebnis ausgewirkt hat.[41] Dieser Ansatz überzeugt. Denn er findet in § 243 Abs. 4 AktG eine gesetzliche Grundlage, entspricht dem Wesen der Anfechtungsbefugnis, das ein Individualrecht des Aktionärs auf Rechtskontrolle begründet, und stärkt das Recht der Aktionäre auf eine sachgerechte Teilhabe an der Willensbildung der Gesellschaft.[42] Eingriffe in das Teilnahmerecht der Aktionäre sind regelmäßig ohne Rücksicht auf die Mehrheitsverhältnisse relevant.[43] Die unrechtmäßige Ausschließung eines Aktionärs aus der Hauptversammlung ist daher relevant für das Beschlussergebnis.[44]

47 Die unrechtmäßige Ausschließung des D aus der Hauptversammlung ist danach relevant für das Beschlussergebnis.

b) Ermächtigung des Vorstands zu Kapitalerhöhung und Bezugsrechtsausschluss nach § 243 Abs. 1 AktG i.V.m. §§ 203 Abs. 1 Satz 1, 186 Abs. 3 und 4 AktG

aa) Formelle Rechtmäßigkeit

(1) Erforderliche Mehrheit

48 Für eine Ermächtigung des Vorstands zu Kapitalerhöhung[45] und Bezugsrechtsausschluss[46] bedarf es nach §§ 203 Abs. 1 Satz 1, 186 Abs. 3 Satz 2 AktG mindestens einer Mehrheit von drei Viertel des vertretenen Grundkapitals.

(2) Bericht des Vorstands nach § 186 Abs. 4 Satz 2 AktG

49 Der formellen Rechtmäßigkeit des Beschlusses könnte entgegenstehen, dass der Vorstand den von ihm zu erstattenden Bericht über den Grund für den Ausschluss des Bezugsrechts (§ 186 Abs. 4 Satz 2 AktG) nicht der Einberufung zur Hauptversammlung beilegt, sondern hierbei lediglich die wesentlichen Punkte dieses Berichts bekannt gibt. Doch genügt es, dass der Vorstand der Hauptversammlung den Bericht zugänglich macht (§ 186 Abs. 4 Satz 2 Hs. 1 AktG). Hierfür ist es ausreichend, wenn der Vorstand den Bericht in irgendeiner Form vorlegt (z.B. auch

[40] BGHZ 149, 158, 163f.; BGHZ 160, 253, 255f.
[41] BGHZ 149, 158, 164 (zu § 131 AktG).
[42] *Hüffer/Koch* § 243 Rn. 13.
[43] MünchKommAktG/*Hüffer/Schäfer* § 243 Rn. 35.
[44] GroßkommAktG/*K. Schmidt* § 243 Rn. 33.
[45] Zur Kapitalerhöhung allgemein *Windbichler* § 32 Rn. 18ff.
[46] Dazu *Windbichler* § 32 Rn. 23, 32.

durch elektronische Information über Monitore).[47] Diesem Erfordernis ist hier entsprochen, da der Bericht den Aktionären auf der Hauptversammlung vorliegt.

bb) Materielle Rechtmäßigkeit

(1) Bezugsrechtsausschluss als solcher

(a) Materielle Rechtmäßigkeit nach § 186 Abs. 3 Satz 4 AktG

Nach § 186 Abs. 1 Satz 1 AktG muss bei einer Kapitalerhöhung jeder Aktionär grundsätzlich einen seiner bisherigen Beteiligung entsprechenden Anteil an dem erhöhten Kapital zu denselben Bedingungen wie die anderen Aktionäre erwerben können. Dieses Recht kann die Hauptversammlung nach § 186 Abs. 3 Satz 1 AktG im Kapitalerhöhungsbeschluss allerdings ganz oder zum Teil (mit Drei-Viertel-Mehrheit, § 186 Abs. 3 Satz 2 AktG) ausschließen. Nach § 186 Abs. 3 Satz 4 AktG ist ein Ausschluss des Bezugsrechts insbesondere (Beispiel) dann zulässig, wenn die Kapitalerhöhung gegen Bareinlagen 10% des Grundkapitals nicht übersteigt und der Ausgabebetrag den Börsenpreis nicht wesentlich unterschreitet. **50**

Hier soll der Vorstand jedoch ermächtigt sein, das Kapital von A von 15 Mio. EUR auf 20 Mio. EUR zu erhöhen. Die Voraussetzungen des § 186 Abs. 3 Satz 4 AktG liegen daher nicht vor. **51**

(b) Materielle Rechtmäßigkeit im Übrigen

Im Übrigen nennt § 186 Abs. 3 und 4 AktG keine materiellen Voraussetzungen für einen Bezugsrechtsausschluss, sondern fordert lediglich eine Drei-Viertel-Mehrheit (§ 186 Abs. 3 Satz 2 AktG). Da eine Erhöhung des Grundkapitals den Zweck der Gesellschaft und damit deren Interessen betrifft, muss auch ein mit ihr verbundener Bezugsrechtsausschluss im Gesellschaftsinteresse sachlich gerechtfertigt sein (ungeschriebene sachliche Wirksamkeitsvoraussetzung).[48] Denn ein Bezugsrechtsausschluss, also der Entzug des Vorrechts der Aktionäre, Kapital in „ihr“ Unternehmen investieren zu können, stellt einen schweren Eingriff in die Mitgliedschaft dar.[49] **52**

An die sachliche Rechtfertigung eines Bezugsrechtsausschlusses sind umso strengere Anforderungen zu stellen, je schwerer der Eingriff in die Mitgliedschaft der ausgeschlossenen Aktionäre wiegt.[50] **53**

Für die sonach gebotene Interessenabwägung kommt es entscheidend auf die Verhältnismäßigkeit von Mittel und Zweck an.[51] Eine sachliche Rechtfertigung des Bezugsrechtsausschlusses setzt daher zunächst voraus, dass das mit der Kapitalerhöhung verfolgte Ziel auf dem gesetzlichen Weg, d. h. mit einem Bezugsrecht für alle Aktionäre, nicht erreichbar ist. Die Verhältnismäßigkeit von Mittel und Zweck ist dann gegeben, wenn die Hauptversammlung annehmen darf, der Bezugsrechtsausschluss sei angemessen und am besten geeignet, überwiegende Gesellschaftsinteressen zu verfolgen.[52] **54**

---

[47] *Hüffer/Koch* § 186 Rn. 23.
[48] BGHZ 71, 40, 44; 120, 141, 145f.; 125, 239, 241.
[49] BGHZ 71, 40, 44.
[50] BGHZ 71, 40, 45.
[51] BGHZ 71, 40, 46; 120, 141, 145f.; 125, 239, 241.
[52] BGHZ 83, 319, 321, 125, 239, 244.

Exkurs: Eine Kapitalerhöhung durch Sacheinlagen ist – bei angemessener Bewertung von Leistung und Gegenleistung – zulässig, wenn (1.) nach vernünftigen kaufmännischen Überlegungen ein dringendes Interesse der Gesellschaft am Erwerb des Gegenstands besteht und (2.) anzunehmen ist, der damit angestrebte Nutzen wiege den verhältnismäßigen Beteiligungs- und Stimmrechtsverlust der vom Bezugsrecht ausgeschlossenen Aktionäre auf.[53]

Für die Zulassung der Aktie einer größeren Aktiengesellschaft zum Handel an der ausländischen Börse besteht grundsätzlich ein sachliches Interesse der Gesellschaft.[54]

(2) Bezugsrechtsausschluss bei Kapitalerhöhung aus genehmigtem Kapital

(a) Formelle Rechtmäßigkeit

55 Für den – hier gegebenen – Bezugsrechtsausschluss bei einer Kapitalerhöhung aus genehmigtem Kapital[55] nach § 202 Abs. 1 AktG ist eine Mehrheit von drei Vierteln des vertretenen Grundkapitals erforderlich (§ 202 Abs. 2 Satz 2 AktG).

56 In der Hauptversammlung stimmen 78% des vertretenen Grundkapitals für die Ermächtigung des Vorstands zu Kapitalerhöhung und Bezugsrechtsausschluss. Der Beschluss ist daher formell rechtmäßig.

(b) Materielle Rechtmäßigkeit

57 § 202 AktG bezweckt die Erleichterung der Kapitalbeschaffung bei genehmigtem Kapital.[56] Die Gesellschaft soll in die Lage versetzt sein, unter Einsatz von Gesellschaftsanteilen Marktchancen zum Vorteil der Gesellschaft rasch und flexibel auszunutzen. Deshalb sind hier an die Ermächtigung des Vorstands zum Bezugsrechtsausschluss bei einer Kapitalerhöhung geringere Anforderungen im Hinblick auf die sachliche Rechtfertigung zu stellen. Andernfalls liefe die Möglichkeit der Ermächtigung und das unternehmerische Ermessen des Vorstands weitgehend leer. Wäre die Entscheidungsbefugnis des Vorstands generell und zwingend eingeschränkt, würde die Geschäftsführungsverantwortung des Vorstands (§§ 76 Abs. 1, 204 Abs. 1 Satz 1 AktG) und das dem Aufsichtsrat obliegende Kontrollrecht (§§ 111 Abs. 1, 204 Abs. 1 Satz 2 AktG) beschnitten.[57] Kapitalmaßnahmen im Interesse der Gesellschaft und der Aktionäre wären mangels Flexibilität der zuständigen Organe zum Nachteil des Unternehmens erschwert.[58] Hinzu kommt, dass die Benennung konkreter Anhaltspunkte für das Erfordernis und die Verhältnismäßigkeit des Bezugsrechtsausschlusses bei Erwerb von Unternehmensbeteiligungen u.a. wegen notwendiger Geheimhaltung solcher Vorgänge kaum praktikabel ist.[59] Daher genügt es, dass der Vorstand die Maßnahme *allgemein* umschreibt und mit diesem Inhalt der Hauptversammlung bekannt gibt.[60] Ein Beschluss über eine Ermächtigung zu Kapitalerhöhung aus genehmigtem Kapital und Bezugsrechtsausschluss setzt danach keine detaillierten Angaben über die sachliche Rechtfertigung einer Ermächtigung zum Ausschluss des Bezugsrechts voraus.[61]

---

[53] BGHZ 71, 40, 46.
[54] BGHZ 125, 239, 240.
[55] Dazu *Windbichler* § 32 Rn. 29ff.
[56] *Hüffer/Koch* § 202 Rn. 1.
[57] BGHZ 125, 239, 248.
[58] BGHZ 125, 239, 248.
[59] BGHZ 136, 133, 136.
[60] BGHZ 136, 133, 139.
[61] BGHZ 125, 239, 246.

Eine wirksame Ermächtigung des Vorstands, von dem genehmigten Kapital Bezugsrechtsausschlüsse für die Kapitalerhöhung mit Sacheinlagen vorzunehmen, setzt zudem materiell voraus, dass die Maßnahme im Interesse der Gesellschaft liegt.[62] Sind der Gesellschaft – wie hier – außer der abstrakt umschriebenen Maßnahme bei der Beschlussfassung keine weiteren Tatsachen bekannt, ist die Prüfung der Hauptversammlung auf die Prüfung der abstrakt umschriebenen Umstände gerichtet.[63] 58

Wenn die Hauptversammlung den Vorstand – wie hier – zum Ausschluss des Bezugsrechts ermächtigt hat, muss der Vorstand eigenverantwortlich prüfen, ob (1.) die Realisierung des Vorhabens in Übereinstimmung mit dem nach der Satzung vorgeschriebenen Unternehmensgegenstand steht, (2.) die zu Grunde liegenden konkreten Tatsachen der abstrakten Umschreibung des Vorhabens entsprechen und (3.) aus unternehmerischer Sicht der Ausschluss des Bezugsrechts der Aktionäre im wohlverstandenen Interesse der Gesellschaft liegt. Sind diese Voraussetzungen erfüllt, kann der Vorstand von der Ermächtigung Gebrauch machen. Die Einhaltung dieser Bindungen unterliegt der Kontrolle des Aufsichtsrats (vgl. § 204 Abs. 1 Satz 2 AktG) und der Hauptversammlung. Verletzt der Vorstand diese Pflichten, kommt eine Haftung auf Schadensersatz nach § 93 Abs. 2 Satz 1 AktG in Betracht. 59

Der Vorstand von A gibt die Maßnahme, zu deren Durchführung die Ermächtigung dienen soll, allgemein der Hauptversammlung bekannt. Außerdem entspricht der Erwerb der Beteiligungen an B auch dem satzungsmäßigen Unternehmensgegenstand und liegt im wohlverstandenen Unternehmensinteresse. Die Voraussetzungen für eine wirksame Ermächtigung des Vorstands zu Kapitalerhöhung aus genehmigtem Kapital und Bezugsrechtsausschluss sind daher erfüllt. 60

(3) Zwischenergebnis

Die Ermächtigung des Vorstands zu Kapitalerhöhung und Bezugsrechtsausschluss ist rechtmäßig. 61

3. Anfechtungsbefugnis nach § 245 AktG

§ 245 AktG umschreibt verschiedene Tatbestände, deren Erfüllung die Anfechtungsbefugnis begründet. 62

a) § 245 Nr. 1 AktG

aa) Kein Widerspruch

Eine Anfechtungsbefugnis des D ergibt sich nicht aus § 245 Nr. 1 AktG. Zwar ist D schon vor der Bekanntmachung der Tagesordnung Aktionär und erscheint zur Hauptversammlung. Doch erklärt er gegen den Beschluss der Hauptversammlung zur Ermächtigung des Vorstands zu Kapitalerhöhung und Bezugsrechtsausschluss keinen Widerspruch. Allerdings ist D zum Zeitpunkt der Beschlussfassung nicht mehr zur Hauptversammlung zugelassen, da C ihn der Halle verweist. Möglicherweise führt dies zur Entbehrlichkeit des Widerspruchs. 63

[62] BGHZ 136, 133, 136.
[63] BGHZ 136, 133, 139.

bb) Entbehrlichkeit des Widerspruchs

64 Bei unberechtigter Verweisung könnte § 245 Nr. 2 Alt. 1 AktG anwendbar sein. Dies hätte zur Folge, dass ein Widerspruch entbehrlich ist, weil der Aktionär nicht während der Hauptversammlung frei über den Widerspruch entscheiden kann.[64]

65 Erfolgt die Verweisung zu Recht, ist nach einer Auffassung im Schrifttum[65] ein Widerspruch nach § 245 Nr. 1 AktG erforderlich. Denn dieser Fall sei mit einem freiwilligen vorzeitigen Verlassen der Hauptversammlung vergleichbar. Bei freiwilligem vorzeitigem Verlassen der Hauptversammlung kann sich ein Aktionär aber nicht darauf berufen, er habe mangels Anwesenheit in der Hauptversammlung keinen Widerspruch erklären können. Nach anderer Auffassung[66] ist die Antragsbefugnis bei unberechtigter Verweisung stets nach § 245 Nr. 2 Alt. 1 AktG zu beurteilen. Denn durch späteren Ausschluss aus der Hauptversammlung sei das Teilnahmerecht des Aktionärs in gleicher Weise verletzt wie durch Nichtzulassung.

66 Angesichts der unterschiedlichen Rechtsfolgen kommt es darauf an, ob die Verweisung des D aus der Halle durch C zu Recht erfolgt ist.

cc) Rechtmäßigkeit des Verweises von D durch C

67 Die Verweisung von D durch C aus der Halle erfolgt unberechtigt (siehe Rn. 40).

b) § 245 Nr. 2 Alt. 1 AktG

aa) Unberechtigte Nichtzulassung

68 Nach § 245 Nr. 2 Alt. 1 AktG ist jeder in der Hauptversammlung nicht erschienene Aktionär anfechtungsbefugt, wenn er zu der Hauptversammlung zu Unrecht nicht zugelassen worden ist.

69 D ist zu Beginn der Hauptversammlung zugelassen. Erst im Verlauf der Hauptversammlung versagt C ihm die Zulassung. Der Wortlaut von § 245 Nr. 2 Alt. 1 AktG ist daher nicht erfüllt.

bb) Unberechtigter Ausschluss

(1) Gleichstellung mit unberechtigter Nichtzulassung

70 Der unberechtigte Ausschluss ist jedoch der unberechtigten Nichtzulassung gleichzustellen. Denn es ist kein wesentlicher Unterschied, ob das Teilnahme- und Rederecht durch die Nichtzulassung oder spätere Verweisung aus dem Saal verletzt ist.[67]

(2) Rechtswidrigkeit des Ausschlusses

71 Der Verweis von D durch C ist unberechtigt (siehe Rn. 40).

c) Kein Missbrauch des Anfechtungsrechts

aa) Unerheblichkeit eines Eigeninteresses des Aktionärs

72 Die Anfechtungsklage setzt kein besonderes Rechtsschutzinteresse voraus, weil sie das gesetzlich vorgesehene Mittel zur Kontrolle der Gesetz- und Rechtmäßigkeit des

64 KölnKomm/*Zöllner* § 245 Rn. 48.
65 GroßkommAktG/*K. Schmidt* § 245 Rn. 24.
66 *Hüffer/Koch* § 246 Rn. 16.
67 BGHZ 44, 245, 250 ff.; *Hüffer/Koch* § 245 Rn. 18.

Organhandelns einer Aktiengesellschaft darstellt.[68] Auf ein Eigeninteresse des Aktionärs kommt es daher nicht an.

bb) Eigensüchtige Rechtsverfolgung

Trotz des Bestehens von Anfechtungsgründen ist eine Anfechtungsklage als unbegründet abzuweisen, wenn der Aktionär diesen Rechtsbehelf individuell missbraucht.[69] Denn die Anfechtungsbefugnis unterliegt ungeachtet ihrer Kontrollfunktion allgemeinen Regeln wie § 242 BGB. Der Kläger darf die Klage nicht individuell zu einem mit ihrer Kontrollfunktion unvereinbaren Zweck einsetzen. Ein rechtsmissbräuchliche Ausübung des Anfechtungsrechts liegt insbesondere dann vor, wenn der Aktionär die verklagte Gesellschaft in grob eigensüchtiger Weise zu einer Leistung veranlassen will, ohne darauf Anspruch zu haben oder billigerweise geltend machen zu können (illoyale und eigensüchtige Interessenverfolgung).[70] Der klagende Aktionär spekuliert auf die Gewährung dieser Leistung vielmehr nur deshalb, weil die Gesellschaft versucht, anfechtungsbedingte Schäden oder Nachteile möglichst gering zu halten.[71] Ob die Anfechtungsklage Aussicht auf Erfolg bietet, ist unerheblich. Die Geltendmachung einer nicht bestehenden Forderung in strafrechtlich erheblicher Weise (z.B. Nötigung oder Erpressung) ist nicht erforderlich.[72] Auch eines Rückgriffs auf die gesellschaftsrechtliche Treuepflicht bedarf es nicht.[73] Vielmehr handelt ein Aktionär, der einen Beschluss der Hauptversammlung anficht, schon dann missbräuchlich, wenn er sich den sog. Lästigkeitswert seiner Klage (jedenfalls faktisch bestehende Registersperre; vgl. auch § 21 Abs. 1 Satz 1 FamFG) durch ihm nicht zustehende Vorteile (sog. Sondervorteile) „abkaufen" lassen will.[74] Dies gilt auch dann, wenn sich der Kläger erst nach Klageerhebung entschließt, einen solchen Sondervorteil einzufordern.[75] 73

Das Verlangen des D nach Ersatz seiner Verfahrenskosten für den Fall der Klagerücknahme oder ein Verlangen von D zur Übernahme seiner Aktien zu einem angemessenen Kurs stellt noch keine grob eigensüchtige Interessenverfolgung dar. Das Verlangen des D nach Zahlung von 250000 EUR hingegen schon, da das Zahlungsverlangen in keinem Verhältnis zum Wert der Beteiligung von D in Höhe von 5000 EUR steht. Dies hat zur Folge, dass D die Anfechtungsbefugnis verliert. 74

d) Zwischenergebnis

D ist nicht klagebefugt nach § 245 Nr. 2 Alt. 1 AktG. Die Klage des D ist daher insgesamt unbegründet. 75

4. Anfechtungsfrist

Nach § 246 Abs. 1 AktG ist die Anfechtungsklage innerhalb eines Monats nach der Beschlussfassung zu erheben. Diese Monatsfrist ist eine materielle Frist (siehe 76

[68] BGHZ 107, 296, 308.
[69] BGHZ 107, 296, 310.
[70] *BGH* AG 2007, 625, 628; BGHZ 107, 296, 311.
[71] BGHZ 107, 296, 311.
[72] BGHZ 107, 296, 311.
[73] BGHZ 107, 296, 311.
[74] *Hüffer/Koch* § 245 Rn. 27.
[75] *BGH* NJW 1992, 569, 570; *Diekgräf* WM 1991, 613, 618.

Rn. 18). Sie ist eine Ausschlussfrist und keine Verjährungsfrist.[76] Eine Hemmung nach §§ 203ff. BGB kommt daher nicht in Betracht. Die Frist beginnt am 11.7.2013 (§ 187 Abs. 1 BGB) und endet am 10.8.2013, 24.00 Uhr (§ 188 Abs. 2 Alt. 1 BGB). Die Zustellung der Klage an A erfolgt zwar erst am 15.8.2013 und damit nach Fristablauf. Doch genügt die rechtzeitige Einreichung der Klage und ist die spätere Zustellung der Klage bei A nach § 167 ZPO unschädlich, sofern diese Zustellung – wie hier am 15.8.2013 – demnächst erfolgt.[77]

III. Ergebnis

77 Die Klage des D auf Feststellung der Nichtigkeit der Maßnahmen des Versammlungsleiters C sowie gegen die Billigung der Maßnahmen des Versammlungsleiters ist unzulässig. Im Übrigen ist die Klage des D zulässig, aber unbegründet. Die Klage des D ist deshalb insgesamt abzuweisen.

Frage 2

I. Herbeiführung der Eintragung trotz des Anfechtungsprozesses

78 Das Registergericht kann nach § 21 Abs. 1 Satz 1 FamFG das Eintragungsverfahren im Fall der Anmeldung des Beschlusses über die Ermächtigung zur Ausgabe neuer Aktien als Satzungsänderung (§§ 202 Abs. 2 Satz 1, 181 Abs. 1 und 3 AktG) zunächst aussetzen. Damit ist die Durchführung des Zwecks der Kapitalerhöhung gefährdet. Das Registergericht kann aber bereits vor Beendigung des Anfechtungsverfahrens eintragen, wenn die Anfechtungsklage zweifelsfrei ohne Erfolgsaussicht ist.

79 Diese Voraussetzung ist hier im Hinblick auf den evidenten Missbrauch des D erfüllt. A sollte daher beim Registergericht den Missbrauch des Anfechtungsrechts durch D vortragen und hierfür ausreichende Nachweise erbringen. Auch dann liegt allerdings die Entscheidung über die Aussetzung des Eintragungsverfahrens bzw. die Durchführung der Eintragung trotz der anhängigen Anfechtungsklage im Ermessen des Registergerichts.

II. Bestätigungsbeschluss nach § 244 Satz 1 AktG

80 Wenn die Anfechtungsklage als begründet zu beurteilen wäre, sollte der Vorstand eine Bestätigung der Beschlussfassung nach § 244 Satz 1 AktG in Betracht ziehen, um der Anfechtungsklage die Grundlage zu entziehen. Durch den Bestätigungsbeschluss nach § 244 Satz 1 AktG erkennt die Hauptversammlung den Erstbeschluss als gültige Regelung der betreffenden Gesellschaftsangelegenheit an und beseitigt mit Wirkung für die Zukunft dessen behauptete oder tatsächliche Anfechtbarkeit.[78] Einer Neuvornahme des seinerzeit gefassten Beschlusses bedarf es nicht,[79] sodass im Zeitpunkt der Bestätigung auch die materiellen Voraussetzungen für den Erstbeschluss nicht mehr erfüllt sein müssen. So legt schon der Wortlaut „die Anfechtung

[76] *Hüffer/Koch* § 246 Rn. 21.

[77] BGHZ 32, 318, 322.

[78] BGHZ 157, 206, 210f.; GroßkommAktG/*K. Schmidt* § 244 Rn. 5.

[79] BGHZ 157, 206, 209.

kann nicht mehr geltend gemacht werden" nahe, dass es nicht der Neuvornahme des seinerzeit gefassten Beschlusses bedarf. Voraussetzung für die Bestätigungswirkung ist allein, dass der Bestätigungsbeschluss die behaupteten oder tatsächlich bestehenden Mängel beseitigt.[80] Eine wirksame Bestätigung hat materiellrechtliche Wirkung in der Weise, dass sie die gegen den Erstbeschluss gerichtete Anfechtungsklage unbegründet macht.[81] Hierfür spricht nicht nur der Wortlaut des § 244 AktG, sondern auch dessen Sinn und Zweck. Er ist darauf gerichtet, es der Gesellschaft zu ersparen, den angefochtenen Beschluss erneut ohne Mängel zu fassen.[82] Der betroffene Aktionär soll zwar einen mit Mängeln behafteten Beschluss nicht gegen sich gelten lassen müssen. Sein Interesse kann aber nur auf die Beseitigung dieser Mängel gerichtet sein. Zwar entfaltet ein Bestätigungsbeschluss keine Wirkung *ex tunc*.[83] Erst die wirksam beschlossene Bestätigung macht die Anfechtungsklage gegen den Erstbeschluss unbegründet.[84] Die fehlende Rückwirkung der Bestätigung macht es jedoch nicht erforderlich, dass im Zeitpunkt der Bestätigungsbeschlussfassung (noch) sämtliche Voraussetzungen für den Erstbeschluss vorliegen.[85] Dafür spricht der Wortlaut von § 244 Satz 1 AktG sowie § 244 Satz 2 AktG.[86]

Es kommt danach nicht darauf an, ob sich zum Zeitpunkt des Bestätigungsbe- **81**
schlusses etwa die Umstände, die zur Ermächtigung des Vorstands von A zu Kapitalerhöhung und Bezugsrechtsausschluss berechtigten, verändern.

III. Zahlung der geforderten Summe mit etwaiger Rückforderung nach Klagerücknahme

1. Verstoß gegen den Gleichbehandlungsgrundsatz

Eine Zahlung an D, die dessen Verfahrenskosten übersteigt und ihm als Aktionär **82**
zufließt, ohne dass dem eine wertmäßig entsprechende Gegenleistung (Drittgeschäft) gegenüber steht, verstößt gegen den Gleichbehandlungsgrundsatz i.S.d. § 53a AktG. Allerdings kommt der Versuch der Abwendung von hohen Schäden für die AG als sachlicher Grund für die Ungleichbehandlung in Betracht.

2. Unzulässige Einlagenrückgewähr nach §§ 62 Abs. 1 Satz 1, 57 Abs. 1 Satz 1 AktG

a) Tatbestandsmäßigkeit von § 57 Abs. 1 Satz 1 AktG

Die Leistung der von D verlangten Summe könnte, soweit sie die Aufwendungen **83**
des D übersteigt, eine nach § 57 Abs. 1 Satz 1 AktG verbotene Einlagenrückgewähr (dazu im Einzelnen **Fall 1**) darstellen. Der Gesellschaft stünde dann ein Anspruch auf Rückgewähr nach § 62 Abs. 1 Satz 1 AktG zu.[87]

---

80 BGHZ 157, 206, 210.
81 BGHZ 157, 206, 210.
82 BGHZ 157, 206, 210.
83 BGHZ 157, 206, 211.
84 GroßkommAktG/*K. Schmidt* § 244 Rn. 16.
85 BGHZ 157, 206, 211.
86 BGHZ 157, 206, 211.
87 MünchKommAktG/*Bayer* § 57 Rn. 78; *Hüffer/Koch* § 245 Rn. 30.

aa) Leistung der AG

84 A würde durch Zahlung von 250 000 EUR an D eine Leistung an D erbringen.

bb) Entgegen § 57 Abs. 1 Satz 1 AktG

(1) Keine zulässige Verteilung des Bilanzgewinns i. S. d. § 57 Abs. 3 AktG

85 Im Aktienrecht besteht eine umfassende, nicht auf das Grundkapital beschränkte Vermögensbindung. Danach ist nur die Verteilung des Bilanzgewinns zulässig (§ 57 Abs. 3 AktG). Dies setzt einen Gewinnverwendungsbeschluss durch die Hauptversammlung voraus. Ein solcher Beschluss liegt hier aber nicht vor. Eine Geldleistung an D wäre daher nicht auf die Verteilung des Bilanzgewinns i. S. d. § 57 Abs. 3 AktG gerichtet. Es könnte sich deshalb um eine unzulässige Einlagenrückgewähr handeln.

(2) Unzulässige Einlagenrückgewähr

(a) Keine Rückgewähr der Einlage

86 Hier ist zwar keine Rückgewähr der Einlage erfolgt.

(b) Erweiterung des § 57 Abs. 1 Satz 1 AktG auf jede nicht angemessene Vermögensverlagerung

(aa) Angemessenheit der Vermögensverlagerung

87 Für die Anwendung des § 57 Abs. 1 Satz 1 AktG kommt es nicht darauf an, ob das Zurückgewährte die Einlage i. S. d. § 54 AktG ist. Denn der Wortlaut von § 57 Abs. 1 Satz 1 AktG ist zu eng. Entscheidend ist allein die wertmäßige Beeinträchtigung des Gesellschaftsvermögens.[88] Dieses Vermögen ist insoweit gebunden, als es für die Verwirklichung der Gesellschaftszwecke zur Verfügung stehen soll. Deshalb erstreckt sich § 57 Abs. 1 Satz 1 AktG auch auf Leistungen, die diesem Normzweck widersprechen. Ob das Zurückgewährte das Grundkapital beschränkt, ist unerheblich. § 57 Abs. 1 Satz 1 AktG erfasst deshalb auch sog. verdeckte Vermögensverlagerungen bzw. Gewinnausschüttungen. Doch führt nicht jedes Rechtsgeschäft zwischen Gesellschaft und Gesellschafter zu einer verbotenen Vermögensverlagerung. Andernfalls wäre ohne sachlichen Grund jegliches Geschäft zwischen Gesellschaft und Gesellschafter ausgeschlossen.

88 Eine gegen § 57 Abs. 1 Satz 1 AktG verstoßende Vermögensverlagerung liegt nur dann vor, wenn der Grundsatz der Vermögensbindung beeinträchtigt ist. Dies ist dann der Fall, wenn Gesellschaft und Gesellschafter das Geschäft gerade aufgrund der Gesellschafterstellung schließen *(causa societatis)*,[89] wenn also die Gesellschaft das Geschäft so nicht auch mit einem beliebigen Dritten abgeschlossen hätte. Ist das Geschäft hingegen *angemessen*, d. h. die Gesellschaft hätte es auch mit einer gesellschaftsfremden Person zu den gleichen Bedingungen abgeschlossen, liegt keine verbotene Vermögensverlagerung vor.[90] Daraus ergibt sich, dass die Gesellschaft mit ihren Gesellschaftern im Einklang mit § 57 Abs. 1 Satz 1 AktG Geschäfte machen darf, sofern diese Geschäfte nicht zu einer Bevorteilung eines Gesellschafters im Vergleich zu einem gesellschaftsfremden Dritten (Drittvergleich) führen. Denn die

[88] MünchKommAktG/*Bayer* § 57 Rn. 9; KölnKomm/*Drygala* § 57 Rn. 16.
[89] *Hüffer/Koch* § 57 Rn. 6 ff.
[90] *K. Schmidt* § 29 II 2 a.

Leistung der Gesellschaft ist dann durch die Gegenleistung, die ein Aktionär wie ein Dritter erbringt, vermögensmäßig ausgeglichen. Anders liegt es, wenn zwischen der Leistung der Gesellschaft und der Gegenleistung des Gesellschafters ein objektives Missverhältnis besteht. So kann etwa der Verkauf unter Marktpreis ein solches Missverhältnis darstellen, wenn er nicht durch betriebliche Gründe gerechtfertigt ist.[91]

Dritte hätten für eine Leistung der Gesellschaft in Höhe von 250 000 EUR eine Gegenleistung mit einem Wert in dieser Höhe leisten müssen. Erbringt ein Aktionär überhaupt keine oder nur geringer wertige Leistung, liegt ein Missverhältnis zwischen Leistung der Gesellschaft und Gegenleistung des Gesellschafters vor. Bei einem solchen Missverhältnis zwischen Leistung und Gegenleistung ist eine verbotene Einlagenrückgewähr gegeben. Sie erfolgte hier verdeckt, da sie für den „Abkauf" der Anfechtungsklage vorgenommen würde und durch Aktienabkauf verdeckt wäre.[92] **89**

(bb) Erfordernis subjektiver Elemente?

Teile des Schrifttums[93] verlangen neben dem objektiven Missverhältnis subjektive Elemente der Beteiligten insbesondere in der Weise, dass die Gesellschaft ihre Leistung bewusst nur wegen der Gesellschafterstellung des Empfängers *(causa societatis)* erbringt. Solche Elemente sind zwar meist gegeben. Rechtlich erforderlich sind sie indes nach zutreffender Auffassung[94] nicht. Denn das AktG verfolgt mit der Vermögensbindung nach § 57 Abs. 1 Satz 1 AktG objektive Zwecke. **90**

b) Vorgehensweise des Vorstands

Für verbotene Einlagenrückgewähr haften die Vorstandsmitglieder persönlich (§ 93 Abs. 3 Nr. 1 AktG). Eine Ausnahme hiervon kommt in Betracht, wenn sie unverhältnismäßige Nachteile von der Gesellschaft abwenden wollen.[95] Teile des Schrifttums empfehlen Zahlung und anschließende Rückforderung.[96] Auch hierbei kommt es zu einem Verstoß gegen das Verbot der Einlagenrückgewähr. Der Rückforderungsanspruch nach § 62 Abs. 1 Satz 1 AktG bleibt davon jedoch trotz Nachteilsabwendung unberührt. Dieser verdrängt Ansprüche nach §§ 812 ff. BGB,[97] sodass sich auch das Problem des § 814 BGB nicht stellt. Andere halten ein solches Vorgehen für unzulässig.[98] Auf die bestehenden Risiken ist in der Rechtsberatung hinzuweisen. Der Vorstand muss dann selbst entscheiden, ob er das Risiko des Eingehens auf die Forderung und möglicher Nichtrealisierbarkeit des Rückforderungsanspruchs eingehen will. **91**

[91] *BGH* NJW 1987, 1194, 1195 (zur GmbH).

[92] MünchKommAktG/*Bayer* § 57 Rn. 78; KölnKomm/*Drygala* § 57 Rn. 74.

[93] GroßkommAktG/*Henze* § 57 Rn. 3; *Geßler*, FS R. Fischer, 1979, S. 131, 136 f.

[94] *BGH* NJW 1987, 1194, 1195 und NJW 1996, 589, 590 (beide zur GmbH); MünchKommAktG/*Bayer* § 57 Rn. 57 f.; KölnKomm/*Drygala* § 57 Rn. 55 ff.; *Fiedler* S. 8 f.

[95] *K. Schmidt* § 28 IV 5 f.

[96] So z. B. *Hirte* BB 1988, 1469, 1473 f. und *Martens* AG 1988, 118, 121, 126.

[97] *Hüffer/Koch* § 57 Rn. 32.

[98] So z. B. *Lutter*, FS 40 Jahre Der Betrieb, 1988, S. 196 ff.; einschränkend auch *Hommelhoff/Timm* AG 1989, 169, die nur eine Zahlung einer Aufwandsentschädigung für zulässig halten.

Fall 4. Freunde fürs Leben

Sachverhalt

Anton Ahrens (A) gelingt es, das Studium der Medizin mit Bestnoten abzuschließen. Sein Freund Berthold Baier (B) betreibt schon längere Zeit eine Arztpraxis für Allgemeinmedizin und Schönheitschirurgie. Da immer mehr Patienten zu B kommen, bietet B dem A an, sich mit ihm ab 1.2.2013 zur gemeinsamen Berufsausübung zusammenzuschließen. A nimmt dieses Angebot gerne an. A und B vereinbaren, dass B seine bisherigen Patienten weiterhin im eigenen Namen und für eigene Rechnung behandeln soll. Außerdem soll B alleinvertretungsberechtigt sein. Ab dem 1.2.2013 in die Praxis kommende und von A oder B behandelte neue Patienten wollen A und B gemeinsam abrechnen. Nachdem die Praxis nicht zuletzt wegen des guten Rufs von A noch mehr Zulauf hat, beschließen A und B, zum 1.7.2013 Carlos Cancellotti (C) als weiteren Arzt in ihre Arztpraxis aufzunehmen. Wegen eines persönlichen Zerwürfnisses zwischen B und C entscheidet sich C jedoch schon am 28.7.2013 dazu, die Zusammenarbeit mit A und B zu beenden. An dessen Stelle tritt Dieter Dorn (D) zum 1.8.2013 in die Arztpraxis ein.

B hatte dem Patienten Ernst Ensthaler (E) am 15.11.2012 aus Versehen eine falsche Injektion gespritzt. Um die Folgen hiervon zu beseitigen, muss E 1 000 EUR für Medikamente aufwenden. E will wissen, ob und von wem er den Schaden ersetzt verlangen kann.

B schließt am 4.7.2013 namens der zusammengeschlossenen Ärzte einen Vertrag mit Frederike Freigeist (F) über die Durchführung einer Schönheitsoperation an der Nase. B greift dabei auf das stets von der Arztpraxis für Verträge über Schönheitsoperationen verwendete Vertragsformular zurück. B weist F, die vom Inhalt dieses Formulars Kenntnis erhält, ausdrücklich darauf hin. In diesem Formular ist die persönliche Haftung der jeweiligen Mitglieder der Arztpraxis ausgeschlossen. B unterläuft bei der Operation am 30.7.2013 ein Fehler in der Weise, dass er F eine Schnittwunde auf der Stirn zufügt. Zwar handelt es sich um eine Routineoperation, doch ist B gerade deshalb nicht ausreichend konzentriert. Zur ordnungsgemäßen Behandlung der Schnittwunde muss F 3 000 EUR aufwenden. F will wissen, ob und von wem sie diesen Schaden ersetzt verlangen kann.

Skizze

Zeittabelle

15.11.2012:	B gibt E falsche Injektion
1.2.2013:	Eintritt des A
1.7.2013:	Eintritt des C
4.7.2013:	Behandlungsvertrag „Ärzte“ – F
28.7.2013:	Austritt des C
30.7.2013:	Schnittwunde bei F
1.8.2013:	Eintritt des D

Gliederung

Lösung

I. Anspruch des E auf Zahlung von 1 000 EUR

1. Anspruch gegen B nach § 280 Abs. 1 BGB, § 823 Abs. 1 BGB und § 823 Abs. 2 BGB i. V. m. §§ 223 Abs. 1, 229 StGB

1 Zwischen B und E kommt ein Vertrag jedenfalls dadurch zu Stande, dass sich E in Behandlung durch B begibt. Der Vertrag zwischen B und E als Schuldverhältnis i. S. d. § 280 Abs. 1 BGB stellt einen Arztbehandlungsvertrag i. S. d. § 630a Abs. 1 BGB dar. Die Behandlung hat nach den zum Zeitpunkt der Behandlung bestehenden, allgemein anerkannten fachlichen Standards zu erfolgen (§ 630a Abs. 2 BGB). Auf einen solchen Behandlungsvertrag sind regelmäßig die Vorschriften über das Dienstverhältnis anzuwenden (§ 630b BGB). Denn eine vertragliche Verpflichtung zur Herbeiführung eines Heilungserfolgs, der von vielen Faktoren wie der Konstitution des Patienten abhängig ist, will ein Arzt aus der Sicht eines objektiven Erklä-

rungsempfängers regelmäßig nicht eingehen. B trifft aber aus diesem Vertrag gegenüber E die Pflicht, *lege artis,* d.h. sachverständig zu handeln. Danach ist B gegenüber E verpflichtet, die richtige Injektion zu verabreichen und den Patienten nicht an dessen Rechtsgütern, insbesondere dessen Gesundheit zu schädigen (§ 241 Abs. 2 BGB). Diese Pflicht verletzt B durch die Injektion einer falschen Flüssigkeit (Behandlungsfehler). Da dies „aus Versehen" geschieht, hat B die Pflichtverletzung auch zu vertreten. Im Übrigen wäre das Vertretenmüssen der Pflichtverletzung widerleglich zu vermuten (§ 280 Abs. 1 Satz 2 BGB). Da bei E ein Schaden in Höhe von 1000 EUR eintritt, ist dieser Schaden von B nach § 280 Abs. 1 BGB i.V.m. § 249 Abs. 2 Satz 1 BGB zu ersetzen (nach einem Anspruch auf Schmerzensgeld nach § 253 Abs. 2 BGB ist hier nicht gefragt). Darüber hinaus kann E von B nach § 823 Abs. 1 BGB (Körperverletzung) und § 823 Abs. 2 BGB i.V.m. §§ 223 Abs. 1, 229 StGB jeweils i.V.m. § 249 Abs. 2 Satz 1 BGB Zahlung von 1000 EUR verlangen. Die Einwilligung von E in den ärztlichen Eingriff erstreckt sich jedenfalls nicht auf die Verabreichung einer falschen Injektion. Ansprüche aus vertraglicher Pflichtverletzung und Delikt stehen in echter Anspruchskonkurrenz.

2. Anspruch gegen eine oHG nach § 280 Abs. 1 BGB, §§ 28 Abs. 1 Satz 1, 124 Abs. 1 HGB

Möglicherweise ist durch den Eintritt des A in die Arztpraxis des B eine oHG ent- 2
standen, die für die nach § 280 Abs. 1 BGB, § 823 Abs. 1 BGB und § 823 Abs. 2 i.V.m. §§ 223 Abs. 1, 229 StGB entstandene Altverbindlichkeit nach § 28 Abs. 1 Satz 1 HGB haften muss. Dies setzt zunächst voraus, dass B als Arzt das Geschäft eines Einzelkaufmanns betrieben hat.

a) Geschäft eines Einzelkaufmanns: Istkaufmann nach § 1 HGB

Einzelkaufmann i.S.d. § 28 Abs. 1 Satz 1 HGB ist eine natürliche Person, die 3
Kaufmann i.S. einer der Tatbestände der §§ 1ff. HGB ist. Da Anhaltspunkte für eine Kaufmannseigenschaft des B nach §§ 2, 3, 5 oder 6 Abs. 2 HGB fehlen, ist zu prüfen, ob B Kaufmann i.S.d. § 1 HGB ist. Kaufmann i.S.d. § 1 HGB ist, wer ein Handelsgewerbe betreibt (§ 1 Abs. 1 HGB). Das Tatbestandsmerkmal des Handelsgewerbes definiert § 1 Abs. 2 HGB als „jeden Gewerbebetrieb, es sei denn, dass das Unternehmen nach Art oder Umfang einen in kaufmännischer Weise eingerichteten Geschäftsbetrieb nicht erfordert".

aa) Voraussetzungen

Kaufmann i.S.d. § 1 HGB ist also – anders gewendet – jeder, der (1.) ein Gewerbe 4
(2.) betreibt, das (3.) nach Art und Umfang einen in kaufmännischer Weise eingerichteten Geschäftsbetrieb erfordert.[1] Diese drei Merkmale müssen kumulativ erfüllt sein, wobei § 1 Abs. 2 HGB eine widerlegbare Vermutung für den Betrieb eines Handelsgewerbes enthält („jeder Gewerbebetrieb, es sei denn"). Grundsätzlich ist daher davon auszugehen, dass jeder Gewerbetreibende Kaufmann ist.[2] Auf eine Eintragung in das Handelsregister kommt es dann von vornherein nicht an. Ent-

[1] Dem Tatbestandsmerkmal des Unternehmens kommt keine eigenständige Bedeutung zu, da im Falle der Erforderlichkeit eines in kaufmännischer Weise eingerichteten Gewerbebetriebs stets auch ein Unternehmen vorliegt.

[2] *Mönkemöller* JuS 2002, 30.

scheidend ist nämlich allein, ob jemand die Voraussetzungen des § 1 HGB erfüllt. Er ist dann *ipso iure* Kaufmann und unterliegt insbesondere den Regelungen über den Handelsstand (§§ 8–104a HGB) und über Handelsgeschäfte (§§ 343–475h HGB). Man spricht deshalb vom Istkaufmann oder Musskaufmann. Die – durch das Registergericht ggf. durch die Festsetzung eines Zwangsgelds zu erzwingende (§ 14 HGB) – Eintragung in das Handelsregister (§ 29 HGB) ist für einen Istkaufmann nur von deklaratorischer Bedeutung.

bb) Insbesondere Betrieb eines Gewerbes

5 Das HGB definiert den Begriff des Gewerbes nicht, sondern setzt ihn voraus. Er ist nicht notwendig im gleichen Sinne zu verstehen wie in anderen Gesetzen (z.B. UWG oder GewO). Gewerbe i.S.d. § 1 HGB ist eine selbständige, entgeltliche, auf eine Vielzahl von Geschäften gerichtete, nach außen in Erscheinung tretende Tätigkeit auf wirtschaftlichem Gebiet.[3]

6 Selbständig ist, wer über die Gestaltung, Einteilung und Dauer der Tätigkeit entscheiden kann, ohne rechtlichen – insbesondere arbeitsvertraglichen – Einschränkungen zu unterliegen. Diese Voraussetzung ist bei einer freiberuflich tätigen Person wie einem Arzt ohne weiteres erfüllt. B ist daher selbständig tätig.

7 Die Tätigkeit des B erfolgt gegen Bezahlung, also entgeltlich.

8 Die Tätigkeit B ist außerdem auf eine unbestimmte Vielzahl von Behandlungen gerichtet, da er berufsmäßig als Arzt tätig ist und nicht lediglich vereinzelt oder bei Gelegenheit Patienten behandelt.

9 Die Tätigkeit als Arzt ist eine nach außen, d.h. auf dem Markt in Erscheinung tretende Tätigkeit.

10 Fraglich ist aber, ob die freiberufliche Tätigkeit des B auf wirtschaftlichem Gebiet liegt. § 1 HGB steht nämlich mit dem Begriff des Gewerbes in auffälligem Gegensatz zu § 14 Abs. 1 BGB, der sowohl eine gewerbliche als auch eine selbständige berufliche Tätigkeit nennt. Außerdem ist für freiberuflich tätige Personen teilweise ausdrücklich festgelegt, dass sie kein Gewerbe betreiben (vgl. § 1 Abs. 2 BundesärzteO, § 2 Satz 3 BNotO, § 2 Abs. 2 BRAO, § 32 Abs. 2 Satz 2 StBerG, § 1 Abs. 2 Satz 2 WPO). Sie können sich deshalb nicht in der – den Betrieb eines Gewerbes voraussetzenden – Rechtsform der oHG (§ 105 Abs. 1 und 2 HGB) oder KG (§§ 161 Abs. 2, 105 Abs. 1 und 2 HGB) zusammenschließen. Freiberufliche Tätigkeiten sind nämlich – jedenfalls nach traditioneller, auf historischen Gründen beruhender, wenn auch durchaus fragwürdiger Auffassung – in erster Linie regelmäßig auf eine individuelle höchstpersönliche Leistung gerichtet. So ist das Rechtsverhältnis zwischen einem Rechtsanwalt und seinem Mandanten durch die persönliche und eigenverantwortliche anwaltliche Dienstleistung geprägt.[4] Das einem Rechtsanwalt erteilte Mandat ist in besonderem Maße an die Person des beauftragten Rechtsanwalts geknüpft. Denn der Erfolg der Interessenwahrnehmung hängt auch von den persönlichen Kenntnissen und Fähigkeiten dieser Person ab. Hinzu kommt, dass ein Rechtssuchender für das Gelingen der Interessenwahrnehmung häufig persönliche Umstände offenbaren muss. Dasselbe gilt für das Verhältnis zwi-

[3] Vgl. auch BT-Drs. 13/8444 S. 24; MünchKommHGB/*K. Schmidt* § 1 Rn. 26; *Canaris* § 2 Rn. 16.
[4] *BVerfG* NJW 2003, 2520; BGHZ 157, 361, 366f.

schen einem Arzt und seinem Patienten, jedenfalls sofern es um eine ärztliche Heilbehandlung geht. Die Leistungen von Gewerbetreibenden beruhen hingegen vornehmlich auf einer organisierten Wirtschaftseinheit, also dem Einsatz von Produktionsmitteln und fremder Arbeitskraft. Die Person des Gewerbetreibenden ist hier für die Marktgegenseite regelmäßig weitaus weniger bedeutsam als bei den freien Berufen.

Danach betreibt der freiberuflich als Arzt tätige B kein Gewerbe. **11**

b) Ergebnis

B ist nicht Kaufmann i.S.d. HGB. Die von ihm betriebene Arztpraxis ist daher **12**
kein Geschäft eines Einzelkaufmanns. Infolgedessen fehlt es an einer Voraussetzung des § 28 Abs. 1 Satz 1 HGB, sodass nur eine analoge Anwendung dieser Norm in Betracht zu ziehen ist.

3. Anspruch gegen den Zusammenschluss von Ärzten nach § 280 Abs. 1 BGB, §§ 28 Abs. 1 Satz 1 HGB analog, 124 Abs. 1 HGB analog

a) Zusammenschluss von Freiberuflern als Schuldner eines Schadensersatzanspruchs

aa) Entstehung einer Gesellschaft

Der Abschluss des Gesellschaftsvertrages zwischen A und B sowie der Eintritt des A **13**
in die Arztpraxis des B führt zur Entstehung einer Personengesellschaft mit dem Zweck der gemeinsamen Berufsausübung (§ 705 BGB). Es handelt sich dabei um eine Gesellschaft bürgerlichen Rechts (GbR). Die Entstehung einer oHG scheidet aus, da die Arztpraxis kein Gewerbe betreibt, sondern eine freiberufliche Tätigkeit ausübt. Wegen der Rechtsbeziehungen zu Dritten, insbesondere Patienten und Lieferanten, handelt es sich um eine Außengesellschaft. Denn die Arztpraxis nimmt am Rechtsverkehr durch ihre für die Gesellschaft handelnden Organe teil. Der Eintritt und das Ausscheiden des C sowie der Eintritt des D sind für das Bestehen der GbR unerheblich, da sie ohne Einfluss auf die Identität der Gesellschaft sind.

bb) Sozietät als Träger von Rechten und Pflichten?

(1) Ansatz 1: Traditionelle individualistische Theorie

Die traditionelle individualistische Theorie[5] geht davon aus, dass die GbR nur in **14**
vermögensrechtlicher Hinsicht verselbständigt sei. Das gemeinschaftliche Vermögen der Gesellschafter sei als Sondervermögen für die Zwecke der Gesellschaft gebunden und vor dem Zugriff einzelner Gesellschafter oder Privatgläubiger geschützt. Eine Außengesellschaft bürgerlichen Rechts sei ein auf vertraglicher Grundlage beruhendes Schuldverhältnis der Gesellschafter, denen das Gesellschaftsvermögen zur gesamten Hand zustehe. Gläubiger und Schuldner sei nicht die Gesellschaft. Gläubiger und Schuldner seien vielmehr immer nur die Gesellschafter. Die für die Gesellschaft tätigen Geschäftsführer seien Vertreter aller Gesellschafter (§ 714 BGB). Den Gesellschaftern sei das Gesellschaftsvermögen als gemeinschaftliches Vermögen

[5] Vgl. etwa *Zöllner*, FS Gernhuber, 1993, S. 563f.; *Hueck*, FS Zöllner, 1998, S. 275ff.

zugeordnet (§ 718 Abs. 1 BGB). Eine Klage sei gegen die Gesellschafter zu richten (mit der Vollstreckungsmöglichkeit nach § 736 ZPO). Auch ein Umkehrschluss aus § 124 HGB spreche dafür, dass die Außengesellschaft bürgerlichen Rechts nicht rechtsfähig und parteifähig sei.

(2) Ansatz 2: Rechtsfähigkeit der Gesamthand

15 Der BGH[6] und die überwiegende Auffassung im Schrifttum[7] nehmen zutreffend Rechtsfähigkeit der GbR an, soweit sie durch die Teilnahme am Rechtsverkehr eigene Rechte und Pflichten begründet (sog. Teilrechtsfähigkeit der GbR). Eine Außengesellschaft bürgerlichen Rechts kann danach auch Gläubiger und Schuldner sein und ist wie eine oHG zu behandeln (§ 124 Abs. 1 HGB). Denn ein einzelner Gesellschafter kann die Leistung wegen § 719 BGB nicht als Gesamtschuldner allein erbringen. Außerdem besteht bei Teilrechtsfähigkeit der Vorteil, dass ein Wechsel im Mitgliederbestand ohne Einfluss auf die mit der Gesellschaft bestehenden Rechtsverhältnisse ist. Die Abgrenzung zwischen oHG und GbR ist im Einzelfall schwierig (§ 1 HGB i. V. m. § 105 Abs. 1 HGB). Die Übergänge sind fließend, sodass eine Unterscheidung im Hinblick auf die Rechtsfähigkeit nicht gerechtfertigt erscheint. Außerdem finden sich gesetzliche Regelungen wie § 191 Abs. 2 Nr. 1 UmwG (GbR als „Rechtsträger neuer Rechtsform"), § 11 Abs. 2 Nr. 1 InsO, § 7 Nr. 3 MarkenG („rechtsfähige Personengesellschaften"), § 14 Abs. 2 BGB („rechtsfähige Personengesellschaften") und § 1059a Abs. 2 BGB, die auf die Rechtsfähigkeit einer Außengesellschaft bürgerlichen Rechts schließen lassen.

(3) Zwischenergebnis

16 Ein Zusammenschluss von Ärzten zum Zwecke der gemeinsamen Berufsausübung ist als solcher möglicher Schuldner eines Schadensersatzanspruches des E nach § 124 Abs. 1 HGB analog.

b) Analoge Anwendbarkeit von § 28 Abs. 1 Satz 1 HGB auf freiberuflich tätige Personen?

aa) Ansatz 1: Analoge Anwendung auf jeden Unternehmensträger

17 Teile des Schrifttums[8] erwägen eine analoge Anwendung von § 28 Abs. 1 Satz 1 HGB auf jeden Unternehmensträger, da § 28 HGB nicht eine speziell kaufmännische Regelung darstelle, sondern Ausdruck der Unternehmenskontinuität sei. Es genüge daher, wenn durch den Eintritt in das Geschäft des bisherigen Einzelunternehmers eine (das Unternehmen tragende) GbR entstünde. § 28 Abs. 1 Satz 1 HGB würde danach auch für den Eintritt in die Praxis eines Arztes gelten, obwohl dieser kein Einzelkaufmann i. S. d. § 28 Abs. 1 Satz 1 HGB ist.

bb) Ansatz 2: Keine analoge Anwendung auf jeden Unternehmensträger

18 Gegen eine analoge Anwendung von § 28 Abs. 1 Satz 1 HGB auf eine GbR spricht das Fehlen einer planwidrigen Regelungslücke, da § 28 Abs. 1 Satz 1 HGB ausdrücklich die Entstehung einer oHG oder KG voraussetzt. Der BGH[9] und das

[6] Vgl. dazu grundlegend BGHZ 142, 315 ff. und 146, 341 ff.

[7] Vgl. nur MünchKommBGB/*Ulmer/Schäfer* § 705 Rn. 301, 303; *Hadding* ZGR 2001, 712, 714; *Habersack* BB 2001, 477 ff.; *K. Schmidt* NJW 2001, 993.

[8] *K. Schmidt* § 8 III 1a bb.

[9] BGHZ 157, 361, 366 ff.

überwiegende Schrifttum lehnen zu Recht eine analoge Anwendung von § 28 Abs. 1 Satz 1 HGB jedenfalls im Hinblick auf einen Übergang der Verpflichtungen aus dem zwischen einem Rechtsanwalt als Einzelanwalt und seinem Mandanten begründeten Rechtsverhältnis auf die durch den Eintritt eines weiteren Rechtsanwalts entstandene Gesellschaft ab. Denn dieses Rechtsverhältnis ist in erster Linie durch die persönliche und eigenverantwortliche anwaltliche Dienstleistung geprägt. Daher ist der Einzelanwalt als Person und nicht als Unternehmen zum Berater und Vertreter des Mandanten bestimmt. In diesem Fall greift der Gedanke der Unternehmenskontinuität nicht.[10] Außerdem besteht für Rechtsanwälte nicht wie für die Gesellschafter einer oHG oder KG die Möglichkeit einer abweichenden Vereinbarung oder Mitteilung gegenüber Dritten i.S.d. § 28 Abs. 2 HGB.[11] Daher wären Nichtkaufleute schlechter gestellt als Kaufleute. Außerdem sollte eine GbR nicht zur Wahl der Rechtsform von oHG oder KG gezwungen sein.[12] Die von BGH und überwiegendem Schrifttum angestellten Erwägungen gelten in gleicher Weise für das Verhältnis zwischen Arzt und Patient, jedenfalls solange es um eine ärztliche Heilbehandlung geht.

cc) Zwischenergebnis

§ 28 Abs. 1 Satz 1 HGB ist nicht analog auf die freiberufliche Tätigkeit des B gegenüber seinem Patienten E anwendbar. 19

4. Anspruch gegen den Zusammenschluss von Ärzten nach § 280 Abs. 1 BGB, § 124 Abs. 1 HGB analog

a) Zusammenschluss von Ärzten als Schuldner eines Schadensersatzanspruchs

Ein Zusammenschluss von Ärzten zum Zwecke gemeinsamer Berufsausübung kann in analoger Anwendung von § 124 Abs. 1 HGB analog Schuldner eines Schadensersatzanspruchs sein (siehe Rn. 15). 20

b) Schuldverhältnis

Als Schuldverhältnis kommt der Arztbehandlungsvertrag zwischen B und E in Betracht. Dieser Vertrag ist hier aber vor der Gründung des Zusammenschlusses und daher allein zwischen B und E geschlossen. Allerdings könnte es zu einem Übergang der Rechte und Pflichten des E aus dem Vertrag mit B auf den am 1.2.2013 entstandenen Zusammenschluss zwischen A und B gekommen sein. Ein solcher Zusammenschluss führt grundsätzlich dazu, dass jeder Gesellschafter bisherige Arztbehandlungsverträge als Gesellschafterbeitrag (§§ 705 ff. BGB) einbringt. Die Zustimmung der Patienten ist hierfür nicht erforderlich, da sie lediglich weitere Erfüllungs- und Haftungsschuldner erhalten. Hier vereinbaren A und B aber, dass B vor dem 1.2.2013 begründete Arztbehandlungsverträge nicht in den Zusammenschluss einbringt. Dazu gehört auch der Arztbehandlungsvertrag mit E. Vertragspartner des E ist und bleibt allein B. E hat daher keine Ansprüche gegen den Zusammenschluss nach § 280 Abs. 1 BGB, § 124 Abs. 1 HGB analog. 21

[10] BGHZ 157, 361, 367.

[11] BGHZ 157, 361, 367.

[12] Koller/Kindler/Roth/Morck/*Roth* § 28 Rn. 5.

5. Ansprüche gegen A, C und D

22 E hat keine Ansprüche gegen A, C und D, da diese nicht seine Vertragspartner sind und E auch keine Ansprüche gegen den Zusammenschluss zustehen, für die A, C und D persönlich haften müssten.

6. Ergebnis

23 E kann von B Schadensersatz in Höhe von 1000 EUR verlangen, nicht aber von A, C und D.

II. Anspruch der F auf Zahlung von 3000 EUR

1. Ansprüche gegen den Zusammenschluss von Ärzten

a) Nach § 280 Abs. 1 BGB, § 124 Abs. 1 HGB analog

aa) Zusammenschluss von Freiberuflern als Schuldner eines Schadensersatzanspruchs

24 Der Zusammenschluss von Ärzten kann in analoger Anwendung von § 124 Abs. 1 HGB Schuldnerin eines Schadensersatzanspruchs nach § 280 Abs. 1 BGB sein (siehe Rn. 15).

bb) Schuldverhältnis

25 Als ein Schuldverhältnis i.S.d. § 280 Abs. 1 BGB könnte zwischen dem Zusammenschluss von Ärzten und F ein Vertrag zustande gekommen sein. Da dieser auf eine Schönheitsoperation gerichtet ist, handelt es sich um einen Behandlungsvertrag (§§ 630aff. BGB). Denn B hat keinen Erfolg in Aussicht gestellt. Voraussetzung für das Zustandekommen eines Vertrages zwischen dem Ärztezusammenschluss einerseits und F andererseits ist, dass B den Zusammenschluss der Ärzte beim Vertragsschluss mit F wirksam vertreten hat (§ 164 Abs. 1 BGB). B muss dazu (1.) in fremdem Namen handeln und (2.) Vertretungsmacht haben.

(1) Handeln in fremdem Namen

26 B handelt im Namen des Ärztezusammenschlusses, also in fremdem Namen.

(2) Vertretungsmacht

27 Grundsätzlich besteht in einer GbR Gesamtvertretung (§§ 714, 709 BGB). Hier ist aber B nach dem Gesellschaftsvertrag alleinvertretungsberechtigt und verfügt daher über Vertretungsmacht.

cc) Pflichtverletzung

28 Auf Grund des Vertrages sind die zusammengeschlossenen Ärzte verpflichtet, die Schönheitsoperation *lege artis* durchzuführen und den Patienten nicht an dessen Rechtsgütern, insbesondere dessen Körper zu verletzen (§§ 630a Abs. 2, 241 Abs. 2 BGB). Dies ist hier nicht geschehen, sodass eine Pflichtverletzung gegeben ist. Sie ist dem Ärztezusammenschluss nach § 31 BGB analog zuzurechnen.[13]

[13] Palandt/*Ellenberger* § 31 Rn. 3.

dd) Vertretenmüssen

Für das Vertretenmüssen einer Personengesellschaft kommt es auf das Vertretenmüssen einer für sie handelnden Person an. Denn ein Vertretenmüssen des B ist der Sozietät nach § 31 BGB analog zuzurechnen. Das Vertretenmüssen des B liegt hier in seiner nicht ausreichenden Konzentration auf die Operation. Im Übrigen ist das Vertretenmüssen des B widerleglich zu vermuten (§ 280 Abs. 1 Satz 2 BGB). 29

ee) Schaden und Schadensersatz (§§ 249 ff. BGB)

Da F infolge der Pflichtverletzung der zusammengeschlossenen Ärzte ein Schaden in Höhe von 3000 EUR entsteht, ist dieser von dem Zusammenschluss nach § 249 Abs. 2 Satz 1 BGB zu ersetzen. Der vereinbarte formularmäßige Haftungsausschluss erstreckt sich von vornherein nicht auf den Ärztezusammenschluss. 30

b) Nach § 823 Abs. 1 BGB und § 823 Abs. 2 BGB i.V.m. §§ 223 Abs. 1, 229 StGB

Neben dem Anspruch der F wegen vertraglicher Pflichtverletzung könnte F von dem Ärztezusammenschluss nach § 823 Abs. 1 BGB (Körperverletzung) und § 823 Abs. 2 BGB i.V.m. §§ 223 Abs. 1, 229 StGB, jeweils i.V.m. § 249 Abs. 2 Satz 1 BGB, Zahlung von 3000 EUR verlangen. Die Einwilligung von F in den ärztlichen Eingriff erstreckt sich jedenfalls nicht auf die Zufügung einer Schnittwunde auf der Stirn. Fraglich ist allein, ob dem Ärztezusammenschluss das deliktische Verhalten des B zuzurechnen ist. 31

In Betracht kommt eine Zurechnung nach § 31 BGB analog. Als alleinvertretungsberechtigter Gesellschafter des Ärztezusammenschlusses ist B zwar ein verfassungsmäßig berufener Vertreter i.S.d. § 31 BGB. Doch lehnt ein Teil des Schrifttums[14] eine Zurechnung nach § 31 BGB analog ab, weil es außerhalb des Anwendungsbereichs von § 831 BGB keine persönliche Haftung Dritter für deliktisches Handeln gebe. Dies ergebe ein Umkehrschluss aus § 831 BGB. Die überwiegende Auffassung[15] spricht sich demgegenüber zu Recht für eine analoge Anwendung von § 31 BGB auf die GbR aus. Denn auch und gerade für deliktische Ansprüche bildet die persönliche Haftung der Gesellschafter einen Ersatz für einen gesetzlich gesicherten Haftungsfonds. Ein solcher – bei Personengesellschaften fehlender – Haftungsfonds besteht etwa bei der Aktiengesellschaft in Gestalt des Grundkapitals. Müssten die Gesellschafter einer Personengesellschaft nicht persönlich für deliktische Ansprüche gegen die Gesellschaft einstehen, käme es zu einer systemfremden Ausnahme. Eine solche Ausnahme würde dem Schutzbedürfnis deliktischer Gläubiger, die sich ihren Schuldner nicht aussuchen können, nicht gerecht. Deshalb muss hier erst recht wie bei vertraglichen Verbindlichkeiten das Privatvermögen der Gesellschafter als Haftungsmasse zur Verfügung stehen. Außerdem gibt es keinen überzeugenden Grund, die Haftung bei der Gesellschaft bürgerlichen Rechts anders als bei der oHG zu regeln.[16] Bei der oHG ist aber die Haftung der Gesellschaft auch für ein zum Schadensersatz verpflichtendes Verhalten ihrer Gesellschafter und die analoge Anwen- 32

[14] *Flume,* FS H. Westermann, 1974, S. 119, 143; *Altmeppen* NJW 1996, 1017, 1021 ff.

[15] Vgl. nur BGHZ 154, 88, 94; MünchKommBGB/*Schäfer* § 714 Rn. 38; *K. Schmidt* NJW 2003, 1897, 1898 ff.

[16] BGHZ 154, 88, 94; *Habersack* BB 2001, 477, 481; *K. Schmidt* NJW 2003, 993, 998 f.; *Ulmer* ZIP 2001, 585, 597; *Wiedemann* JZ 2001, 661, 663.

dung des § 31 BGB allgemein anerkannt. Die ausnahmslose Haftung für gesetzliche Verbindlichkeiten ist zudem im Modell der akzessorischen Haftung angelegt; ohne sie bleibt die Rechtssubjektivität der Gesellschaft bürgerlichen Rechts unvollkommen. Die Haftung für deliktisches Handeln eines Gesellschafters, das nach § 31 BGB zuzurechnen ist, ist den übrigen Gesellschaftern auch zumutbar, weil sie regelmäßig entscheidenden Einfluss auf die Auswahl und Tätigkeit der Organmitglieder besitzen. Die Tathandlung des B ist daher dem Ärztezusammenschluss zuzurechnen. Handlungserfolg, Kausalität, Rechtswidrigkeit und Schaden sind gegeben. Der Ärztezusammenschluss hat F den Schaden in Höhe von 3000 EUR nach § 249 Abs. 2 Satz 1 BGB zu ersetzen. Danach besteht eine Gesellschaftsverbindlichkeit gegenüber F in Höhe von 3000 EUR auch nach § 823 Abs. 1 BGB und § 823 Abs. 2 BGB i.V.m. § 223 Abs. 1 StGB. Ansprüche aus vertraglicher Pflichtverletzung und Delikt stehen in echter Anspruchskonkurrenz.

2. Ansprüche gegen B

a) Nach § 280 Abs. 1 BGB

33 Eine Haftung des B nach § 280 Abs. 1 BGB setzt voraus, dass zwischen B persönlich und F ein Vertrag als Schuldverhältnis wirksam zu Stande gekommen ist. Hier hat B im Namen der zusammengeschlossenen Ärzte gehandelt. Es stellt sich daher die Frage, ob B daneben sich selbst persönlich verpflichtet hat. Die Theorie von der Doppelverpflichtung[17] geht davon aus, dass ein Handeln im Namen der Gesellschaft neben der Gesellschaft auch die Gesellschafter selbst verpflichtet. Danach wäre hier nicht nur zwischen den zusammengeschlossenen Ärzten und F, sondern auch zwischen dem Gesellschafter B und F ein Vertrag zu Stande gekommen. Danach müsste B mit seinem Privatvermögen haften, wenn er – wie hier – eine Pflicht aus dem Vertrag mit F schuldhaft verletzt. Die Theorie von der Doppelverpflichtung beruht aber zumindest teilweise auf fiktiven Willenserklärungen. Außerdem hat diese Theorie Schwierigkeiten bei der Begründung einer persönlichen Haftung der Gesellschafter für gesetzliche Verbindlichkeiten. Sie ist daher abzulehnen.[18] Mangels Schuldverhältnisses zwischen B und F scheidet daher ein Anspruch der F gegen B auf Zahlung von 3000 EUR nach § 280 Abs. 1 BGB aus.

b) Nach § 128 Satz 1 HGB analog

aa) Analoge Anwendung von § 128 Satz 1 HGB

34 Die h.M. geht zu Recht davon aus, dass das Außenrecht der GbR dem Recht der oHG zumindest angenähert ist. Zur Teilrechtsfähigkeit der GbR in analoger Anwendung von § 124 Abs. 1 HGB ist dies bereits oben herausgearbeitet. Diese Annäherung an das Recht der oHG setzt sich damit fort, dass die Gesellschafter einer GbR akzessorisch kraft Gesetzes für Gesellschaftsverbindlichkeiten persönlich mit ihrem Privatvermögen haften müssen (§ 128 Satz 1 HGB analog; Akzessorietätstheorie). Der BGH[19] begründete die persönliche Haftung der Gesellschafter für Gesellschaftsverbindlichkeiten mit dem „allgemeinen Rechtsprinzip", wonach

[17] So noch seinerzeit BGHZ 74, 240, 242; 79, 374, 377; 117, 168, 176.

[18] So auch BGHZ 142, 315, 320f.; MünchKommBGB/*Schäfer* § 714 Rn. 6.

[19] BGHZ 142, 315, 319; so jetzt auch *BGH* NJW 2007 Rn. 26.

derjenige, der allein oder zusammen mit anderen Geschäfte betreibe, auch mit seinem persönlichen Vermögen hafte, sofern er sich nicht auf eine vertraglich vereinbarte oder gesetzlich vorgesehene Haftungsbeschränkung berufen könne. Methodisch überzeugender erscheint jedoch eine analoge Anwendung von § 128 Satz 1 HGB, die jedoch der Begründung bedarf. Die Voraussetzungen für eine solche analoge Anwendung (planwidrige Regelungslücke und Vergleichbarkeit der Interessenlage) ergeben sich daraus, dass die §§ 705 ff. BGB wegen des die Gesamthand als Sondervermögen behandelnden, mittlerweile aber überholten Ansatzes auf eine Regelung der Mithaftung der Gesellschafter verzichten. Wegen des Fehlens besonderer Gläubigerschutznormen ist aber die persönliche Mithaftung der Gesellschafter erforderlich.[20] Das Verhältnis zwischen der Verbindlichkeit der Gesellschaft und der Haftung des Gesellschafters entspricht daher derjenigen bei der oHG.[21] Danach ist der jeweilige Bestand der Gesellschaftsverbindlichkeit auch für die persönliche Haftung maßgebend. Diese Haftung der Gesellschafter besteht nicht kraft Rechtsgeschäfts, sondern kraft Gesetzes, hier nach § 280 Abs. 1 BGB i. V. m. § 128 Satz 1 HGB analog. Diese Haftung setzt (1.) eine Verbindlichkeit der Gesellschaft und (2.) die Gesellschafterstellung des in Anspruch Genommenen voraus.

bb) Gesellschaftsverbindlichkeit

Eine Gesellschaftsverbindlichkeit besteht gegenüber F in Höhe von 3000 EUR wegen Pflichtverletzung nach § 280 Abs. 1 BGB (siehe Rn. 30), nach § 823 Abs. 1 BGB sowie nach § 823 Abs. 2 BGB i. V. m. §§ 223 Abs. 1, 229 StGB. Auch für eine deliktische Gesellschaftsverbindlichkeit haften die Gesellschafter einer GbR nach § 128 Satz 1 HGB analog. Denn die akzessorische Gesellschafterhaftung erstreckt sich grundsätzlich auf alle Gesellschaftsverbindlichkeiten, unabhängig von deren Rechtsgrund.[22] **35**

cc) Gesellschafterstellung des B

B ist Gesellschafter des Zusammenschlusses sowohl beim Abschluss des Vertrages zwischen dem Zusammenschluss und F als auch im Zeitpunkt der Pflichtverletzung als auch im Zeitpunkt des Schadenseintritts, sodass es nicht darauf ankommt, welcher Zeitpunkt maßgeblich ist. **36**

dd) Kein wirksamer Haftungsausschluss

B vereinbart mit F formularmäßig einen Ausschluss der persönlichen Haftung der Gesellschafter. Daher ist die persönliche Haftung des B ausgeschlossen, wenn dieser Haftungsausschluss wirksam ist. **37**

(1) § 128 Satz 2 HGB analog

§ 128 Satz 2 HGB analog steht der Wirksamkeit des vereinbarten Haftungsausschlusses nicht entgegen. Denn diese Regelung betrifft lediglich den Fall der gesellschaftsinternen Vereinbarung, also einer Vereinbarung, an der der Dritte nicht beteiligt ist. Hier ist jedoch der Haftungsausschluss mit der Dritten F vereinbart. **38**

[20] MünchKommBGB/*Schäfer* § 714 Rn. 36; *Casper* JZ 2002, 1112 f.; so jetzt auch *BGH* NJW 2007 Rn. 26.

[21] Grundlegend BGHZ 146, 341, 358.

[22] MünchKommBGB/*Schäfer* § 714 Rn. 37.

(2) § 309 Nr. 7 Buchst. a und b BGB

(a) Vorliegen allgemeiner Geschäftsbedingungen (§ 305 Abs. 1 BGB)

39 Da B bei Abschluss des Vertrages namens des Ärztezusammenschlusses auf ein Vertragsformular zurückgreift, das die Sozietät stets bei Verträgen über Schönheitsoperationen verwendet, liegen allgemeine Geschäftsbedingungen i. S. d. § 305 Abs. 1 BGB vor.

(b) Einbeziehung der allgemeinen Geschäftsbedingungen (§ 305 Abs. 2 BGB)

40 Die allgemeinen Geschäftsbedingungen des Ärztezusammenschlusses sind in den Vertrag zwischen diesem Zusammenschluss und F wirksam einbezogen. Die Voraussetzungen des § 305 Abs. 2 BGB liegen vor.

(c) Unwirksamkeit des Haftungsausschlusses

41 In dem für den Vertragsschluss verwendeten Formular findet sich ein Ausschluss der persönlichen Haftung der jeweiligen Mitglieder der Arztpraxis. Damit ist die Haftung generell auf das Vermögen der Gesellschaft (Ärztezusammenschluss) beschränkt. Da infolgedessen auch die Haftung der jeweiligen Mitglieder der Arztpraxis und insbesondere des behandelnden Arztes für Schäden aus der fahrlässigen Verletzung des Lebens, des Körpers oder der Gesundheit eingeschränkt ist, verstößt der Haftungsausschluss gegen § 309 Nr. 7 Buchst. a BGB und ist infolgedessen unwirksam. Daneben liegt ein Verstoß gegen § 309 Nr. 7 Buchst. b BGB vor.

Exkurs: Ein Verstoß gegen § 307 Abs. 1 und 2 BGB kommt von vornherein nicht in Betracht in den Fällen, in denen kraft Gesetzes vorformulierte Haftungsbeschränkungen zugelassen sind. So ist zu Gunsten der Angehörigen rechts- und wirtschaftsberatender Berufe die höhenmäßige Haftungsbeschränkung auf das Vierfache der Mindestversicherungssumme in Verträgen zwischen bestimmten Freiberuflern und ihren Mandanten (§ 52 Abs. 1 Satz 1 Nr. 2, Satz 2 BRAO, § 67a Abs. 1 Satz 1 Nr. 2, Satz 2 StBerG, § 54a Abs. 1 Nr. 2 WPO) zulässig. Dasselbe gilt für die formularmäßige Haftungskonzentration bei Schadensersatzansprüchen von Mandanten auf diejenigen Mitglieder der Freiberufler-Sozietät, die mit dem Mandat persönlich befasst sind (§ 52 Abs. 2 Satz 2 BRAO, § 67a Abs. 2 Satz 1 StBerG, § 54a Abs. 2 WPO). Für den hier zu beurteilenden Fall sind diese Regelungen indes ohne Bedeutung, da hier weder eine höhenmäßige Haftungsbeschränkung noch eine Haftungskonzentration auf bestimmte Sozietätsmitglieder, sondern generell ein Haftungsausschluss zu Gunsten aller Gesellschafter vereinbart ist.

Der BGH[23] führt aus, dass eine Haftungsbeschränkung auf das Gesellschaftsvermögen nur dann wirksam sei, wenn sie sich aus dem Gesetz ergebe oder die Parteien sie durch individuelle Absprache vereinbarten. Dies deutet darauf hin, dass vorformulierte, die AGB-Voraussetzungen i. S. d. § 305 Abs. 1 BGB erfüllende Haftungsbeschränkungen absolut, also stets ohne weiteres unwirksam sind.[24] Diesem Ansatz ist indes nicht zu folgen. Er steht bereits im Widerspruch zur gesetzlichen Zulassung bestimmter formularmäßiger Haftungsbeschränkungen für die Angehörigen rechts- und wirtschaftsberatender Berufe.[25] Der Rechtsprechung steht außerdem die Entwicklung absoluter Klauselverbote außerhalb des Anwendungsbereichs von § 309 BGB nicht zu. Zutreffend erscheint es vielmehr, die akzessorische Haftung der Gesellschafter nach § 128 Satz 1 HGB analog zu den Grundgedanken des Rechts der GbR zu zählen. Daraus ergibt sich eine gesetzliche Vermutung („im Zweifel") für die Unangemessenheit einer abweichenden Vereinbarung i. S. d. § 307 Abs. 2 Nr. 1 BGB.[26] Doch kann diese Vermutung durch Sachgründe etwa in Sonderkonstellationen nicht erwerbswirtschaftlicher Zweckverfolgung durch die GbR widerlegt sein.[27]

---

[23] BGHZ 142, 315, 319.

[24] *OLG Stuttgart* NZG 2002, 84, 85; *Goette* DStR 1999, 1979; *Henze* BB 1999, 2262.

[25] MünchKommBGB/*Schäfer* § 714 Rn. 65.

[26] MünchKommBGB/*Schäfer* § 714 Rn. 65; *Canaris,* FS P. Ulmer, 2003, S. 1073, 1075 ff., 1081.

[27] Vgl. etwa BGHZ 150, 1, 6 für geschlossenen Immobilienfonds (allerdings ohne Bezugnahme auf § 307 BGB).

c) Nach § 823 Abs. 1 BGB und § 823 Abs. 2 BGB i.V.m. §§ 223 Abs. 1, 229 StGB

F kann von B nach § 823 Abs. 1 BGB (Körperverletzung) und § 823 Abs. 2 BGB **42**
i.V.m. §§ 223, 229 Abs. 1 StGB, jeweils i.V.m. § 249 Abs. 2 Satz 1 BGB, Zahlung von 3000 EUR verlangen. Die Einwilligung von F in den ärztlichen Eingriff (Schönheitsoperation an der Nase) erstreckt sich jedenfalls nicht auf die Zufügung einer nicht für den Eingriff erforderlichen Schnittwunde auf der Stirn. Ansprüche aus vertraglicher Pflichtverletzung und Delikt stehen in echter Anspruchskonkurrenz.

d) Ergebnis

F kann von B nach § 128 Satz 1 HGB analog i.V.m. § 280 Abs. 1 BGB und § 128 **43**
Satz 1 HGB analog i.V.m. § 823 Abs. 1 BGB und § 823 Abs. 2 BGB i.V.m. §§ 223 Abs. 1, 229 StGB, aber auch nach § 823 Abs. 1 BGB und § 823 Abs. 2 BGB i.V.m. §§ 223 Abs. 1, 229 StGB Zahlung von 3000 EUR verlangen.

3. Anspruch gegen A nach § 128 Satz 1 HGB analog

Für die Haftung des A nach § 128 Satz 1 HGB analog gelten die zur Haftung des B **44**
angestellten Erwägungen in gleicher Weise.

4. Anspruch gegen C nach § 128 Satz 1 HGB analog i.V.m. § 280 Abs. 1 BGB

a) Gesellschaftsverbindlichkeit

Eine Gesellschaftsverbindlichkeit besteht gegenüber F in Höhe von 3000 EUR. **45**

b) Gesellschafterstellung des C

Zum Zeitpunkt des Vertragsschlusses zwischen dem Ärztezusammenschluss und F **46**
(4.7.2013), also zum Zeitpunkt der Entstehung der vertraglichen Pflichten des Ärztezusammenschlusses gegenüber F ist C Gesellschafter. C ist nämlich seit 1.7.2013 Mitglied der Arztpraxis. Würde man auf den Zeitpunkt des Vertragsschlusses abstellen, müsste C nach § 128 Satz 1 HGB analog haften. Die Pflichtverletzung der Sozietät ist jedoch erst nach seinem Ausscheiden (28.7.2013) begangen worden (30.7.2013). Würde dieser Zeitpunkt maßgeblich sein, würde C nicht nach § 128 Satz 1 HGB analog haften, da er zu diesem Zeitpunkt nicht mehr Gesellschafter ist und ein ausgeschiedener Gesellschafter nicht für Gesellschaftsschulden nach § 128 Satz 1 HGB analog haftet, die nach seinem Ausscheiden entstehen (vgl. aber § 736 Abs. 2 BGB i.V.m. § 160 HGB). Daher fragt sich, auf welchen Zeitpunkt es für die Gesellschafterstellung des C ankommen soll. Für ein Abstellen auf den Zeitpunkt der Pflichtverletzung spricht, dass die Schadensersatzpflicht erst durch die Pflichtverletzung entstanden ist. Zwar hatte C auf Grund seines Ausscheidens keine Möglichkeit, auf die Vermeidung der Verletzung von F hinzuwirken. Gleichwohl stellen Rechtsprechung und h.L. auf den Zeitpunkt ab, in dem der Rechtsgrund für die Verbindlichkeit der Gesellschaft gelegt ist, auch wenn weitere Voraussetzungen ihres Entstehens erst später eintreten.[28] Bei Vertragsverletzungen ist dies der Zeitpunkt,

[28] BGHZ 142, 324, 329; Baumbach/Hopt/*Roth* § 128 Rn. 29.

zu dem die Vertragspflicht begründet ist. Dafür spricht, dass das durch die zusätzliche persönliche Haftung der Gesellschafter nach § 128 Satz 1 HGB analog geschützte Leistungsinteresse des F bereits mit Vertragsabschluss entsteht. Danach haftet C auf Schadensersatz, weil er zum Zeitpunkt des Abschlusses des Vertrages zwischen dem Ärztezusammenschluss und F Gesellschafter ist.

c) Kein wirksamer Haftungsausschluss

47 Der zwischen dem Ärztezusammenschluss und F vereinbarte Ausschluss der persönlichen Haftung der Gesellschafter ist nach § 309 Nr. 7 Buchst. a und b BGB unwirksam (siehe Rn. 41). Er steht einer Inanspruchnahme des C nicht entgegen.

d) Ergebnis

48 F kann von C nach § 128 Satz 1 HGB analog i.V.m. § 280 Abs. 1 BGB und § 128 Satz 1 HGB analog i.V.m. § 823 Abs. 1 BGB und § 823 Abs. 2 BGB i.V.m. § 223 Abs. 1 StGB Zahlung von 3000 EUR verlangen.

5. Anspruch gegen D nach §§ 128 Satz 1, 130 HGB analog

a) Gesellschaftsverbindlichkeit

49 Eine Gesellschaftsverbindlichkeit besteht gegenüber F in Höhe von 3000 EUR.

b) Gesellschafterstellung des D

50 Zum Zeitpunkt des Vertragsschlusses, der Pflichtverletzung und Schadensentstehung ist D nicht Gesellschafter. Er würde aber gleichwohl für die vor seinem Eintritt begründete Gesellschaftsverbindlichkeit haften, wenn auf ihn § 130 HGB analog anwendbar wäre. Dies ist umstritten. Ein Teil des Schrifttums lehnt eine Haftung der Gesellschafter einer GbR analog § 130 HGB ab.[29] Die persönliche Haftung des eintretenden Gesellschafters nach § 130 HGB sei ein Einzelfall und lasse sich daher nicht auf die GbR übertragen. Die analoge Anwendung von § 130 HGB sei nicht notwendige Folge der analogen Anwendung von § 128 Satz 1 HGB. Die analoge Anwendung von § 130 HGB lasse sich auch nicht auf den wenig klaren Normzweck von § 130 HGB stützen. Eine so deutliche Haftungsverschärfung zu Lasten der Personen, die in eine GbR einträten, müsse dem Gesetzgeber vorbehalten bleiben. Nach der Rechtsprechung des BGH[30] und der überwiegenden Auffassung im Schrifttum[31] haftet der in eine GbR eingetretene Gesellschafter hingegen analog § 130 HGB auch für Altverbindlichkeiten. Dies sei lediglich die konsequente Folge der akzessorischen Haftung der Gesellschafter einer GbR. Auch die Regelung des § 736 Abs. 2 BGB deute auf die Strukturgleichheit der Haftung zwischen GbR und oHG hin. Der einzelne Gesellschafter erwerbe zudem durch seinen Eintritt Anteile am Gesellschaftsvermögen, sodass es nicht unangemessen sei, wenn er im Gegenzug auch für Altverbindlichkeiten hafte. Die besseren Gründe sprechen

[29] *Baumann* JZ 2001, 895, 901; *Wiedemann* JZ 2001, 661, 664; *Dauner-Lieb,* FS Ulmer, 2003, S. 78, 85.

[30] *BGH* NJW 2003, 1803.

[31] *K. Schmidt* NJW 2001, 993, 999; *Ulmer* ZIP 2003, 1113, 1115; *Habersack/Schürnbrand* JuS 2003, 739.

für die überwiegende Auffassung. Für sie ist auch anzuführen, dass bei den Personengesellschaften gläubigerschützende Vorschriften über Kapitalaufbringung und -erhaltung fehlen. Außerdem sind alle Gesellschafter verantwortlich für die ordnungsgemäße Erfüllung der von der Gesellschaft übernommenen Aufgaben. Daher ist § 130 HGB analog auf die persönliche Haftung eines in eine GbR eintretenden Gesellschafters anwendbar. Der in eine GbR eintretende Gesellschafter hat danach für die vor seinem Eintritt begründeten Verbindlichkeiten der Gesellschaft grundsätzlich auch persönlich und als Gesamtschuldner mit den Altgesellschaftern einzustehen. Dieser Grundsatz gilt auch für GbR, in denen sich Angehörige freier Berufe zur Berufsausübung zusammengeschlossen haben.[32] § 8 Abs. 1 PartGG zeigt, dass der Gesetzgeber keine Bedenken hat, die Angehörigen der freien Berufe grundsätzlich einer Haftung zu unterwerfen, die im Hinblick auf die Haftung für Altverbindlichkeiten der Haftung des Gesellschafters einer oHG gleicht.

c) Ergebnis

F kann von D nach §§ 128 Satz 1, 130 HGB analog i.V.m. § 280 Abs. 1 BGB und **51**
§§ 128 Satz 1, 130 HGB analog i.V.m. § 823 Abs. 1 BGB und § 823 Abs. 2 BGB i.V.m. §§ 223 Abs. 1, 229 StGB Zahlung von 3000 EUR verlangen.

[32] *BGH* NJW 2003, 1803, 1805.

Fall 5. Aller Anfang ist schwer

Sachverhalt

Anton Anders (A), Bettina Bungert (B) und Carl Cüspers (C) beschließen am 1.7.2013 mündlich wie folgt: Sie wollen ein Unternehmen gründen, das einen überregionalen Handel mit Glas betreibt. Dieses Unternehmen soll die „Anders Bungert Cüspers Glashandel GmbH & Co. KG" (ABC-KG) sein, die sie mit dem Abschluss eines Gesellschaftsvertrages am 3.10.2013 gründen wollen. Die KG soll verschiedenste Glassorten vertreiben und auf Dauer mehrere Millionen Euro Umsatz erzielen. Den Gesamtfinanzierungsbedarf veranschlagen A, B und C auf 3 Mio. EUR. Einzige persönlich haftende Gesellschafterin der ABC-KG soll die „Anders Bungert Cüspers GmbH" (ABC-GmbH) mit einem Stammkapital von 30000 EUR sein. Unternehmensgegenstand dieser GmbH soll allein die Beteiligung an der ABC-KG als persönlich haftende Gesellschafterin und die Vertretung dieser KG sein. An der ABC-GmbH sollen sich A, B und C mit einer Stammeinlage von jeweils 10000 EUR beteiligen. An der KG sollen A, B und C mit einer Einlage von jeweils 500000 EUR als Kommanditisten beteiligt sein. Als alleinvertretungsberechtigte Geschäftsführer der ABC-GmbH sollen B und C bestellt und vom Verbot des Selbstkontrahierens (§ 181 BGB) befreit werden.

Am 2.7.2013 kauft B unter Zustimmung von A und C von der Y-GmbH (Y) namens der ABC-GmbH in Gründung Büromöbel zum Preis von 8000 EUR. Y liefert im Anschluss daran diese Büromöbel, die die künftige ABC-GmbH für ihre Tätigkeit benötigt, ordnungsgemäß und mangelfrei. Weitere Geschäfte schließen A, B und C nicht und sind zur Vorbereitung der Gründung der ABC-GmbH auch nicht nötig.

Am 1.10.2013 schließen A, B und C den Gesellschaftsvertrag der ABC-GmbH in notariell beurkundeter Form. A, B und C leisten die Stammeinlagen. Einen Tag später bezieht C mit Zustimmung von A und B von Fridolin Freitag (F) namens der ABC-GmbH in Gründung EDV-Anlagen zu einem Preis von 2000 EUR. Am 3.10.2013 mietet C mit Zustimmung von A und B von Veit Vorndran (V) namens der ABC-GmbH in Gründung Büroräume zu einer Miete von 1500 EUR monatlich.

Am 4.10.2013 schließen A, B und C – wie vorgesehen – den KG-Vertrag. A und B zahlen die vereinbarte Kommanditeinlage in Höhe von 500000 EUR in voller Höhe bar ein. C bringt ein Grundstück nebst Fabrikhalle mit einem Verkehrswert von 200000 EUR als Kommanditeinlage ein. Am 5.10.2013 eröffnet B namens der ABC-KG ein Konto bei der Z-Bank AG (Z). Da A, B und C mit den Leistungen der Z nicht zufrieden sind, beenden sie die Geschäftsbeziehung zum 31. 1. 2014 ordnungsgemäß. Zu diesem Zeitpunkt weist der Saldo des von der ABC-KG bei der Z eröffneten Kontos einen Sollstand in Höhe von 10000 EUR auf, der durch eine Kontoüberziehung am 28.1.2014 entstanden war. Am 10.11.2013 tritt die ABC-KG mit Zustimmung von A, B und C auf einer Messe auf und kündigt ihre Lieferbereitschaft ab Dezember 2013 an.

Auf Grund eines persönlichen Zerwürfnisses zwischen A und B geben A, B und C am 15.2.2014 die Absicht auf, die Eintragung der KG und der GmbH herbeizuführen. Sie wickeln daraufhin die ABC-GmbH ab.

In einem Gutachten sind in der vorgegebenen Reihenfolge folgende Fragen zu beantworten:

1. Von wem kann Y Zahlung der ausstehenden und fälligen 8000 EUR verlangen?
2. Von wem kann Z Zahlung der ausstehenden und fälligen 10 000 EUR verlangen?

Skizze

Zeittabelle

1.7.2013:	Beschluss von A, B, C zur Unternehmensgründung
2.7.2013:	Kauf von Büromöbeln bei Y durch B für ABC-GmbH in Gründung (8000 EUR)
1.10.2013:	Abschluss Gesellschaftsvertrag der ABC-GmbH in notariell beglaubigter Form, Leistung der Stammeinlagen
2.10.2013:	Kauf von EDV-Anlage bei F durch C für ABC-GmbH in Gründung (2000 EUR)
3.10.2013:	Miete für Büroräume bei V durch C für ABC-GmbH in Gründung (1500 EUR monatlich)
4.10.2013:	Abschluss Gesellschaftsvertrag der ABC-KG
5.10.2013:	Kontoeröffnung bei Z für ABC-KG
10.11.2013:	Auftritt von ABC-KG auf Messe, Ankündigung der Lieferbereitschaft für Dezember 2013
28.1.2014:	Kontoüberziehung
31.1.2014:	Beendigung der Geschäftsbeziehung mit Z
15.2.2014:	Aufgabe der Absicht, ABC-KG und ABC-GmbH einzutragen

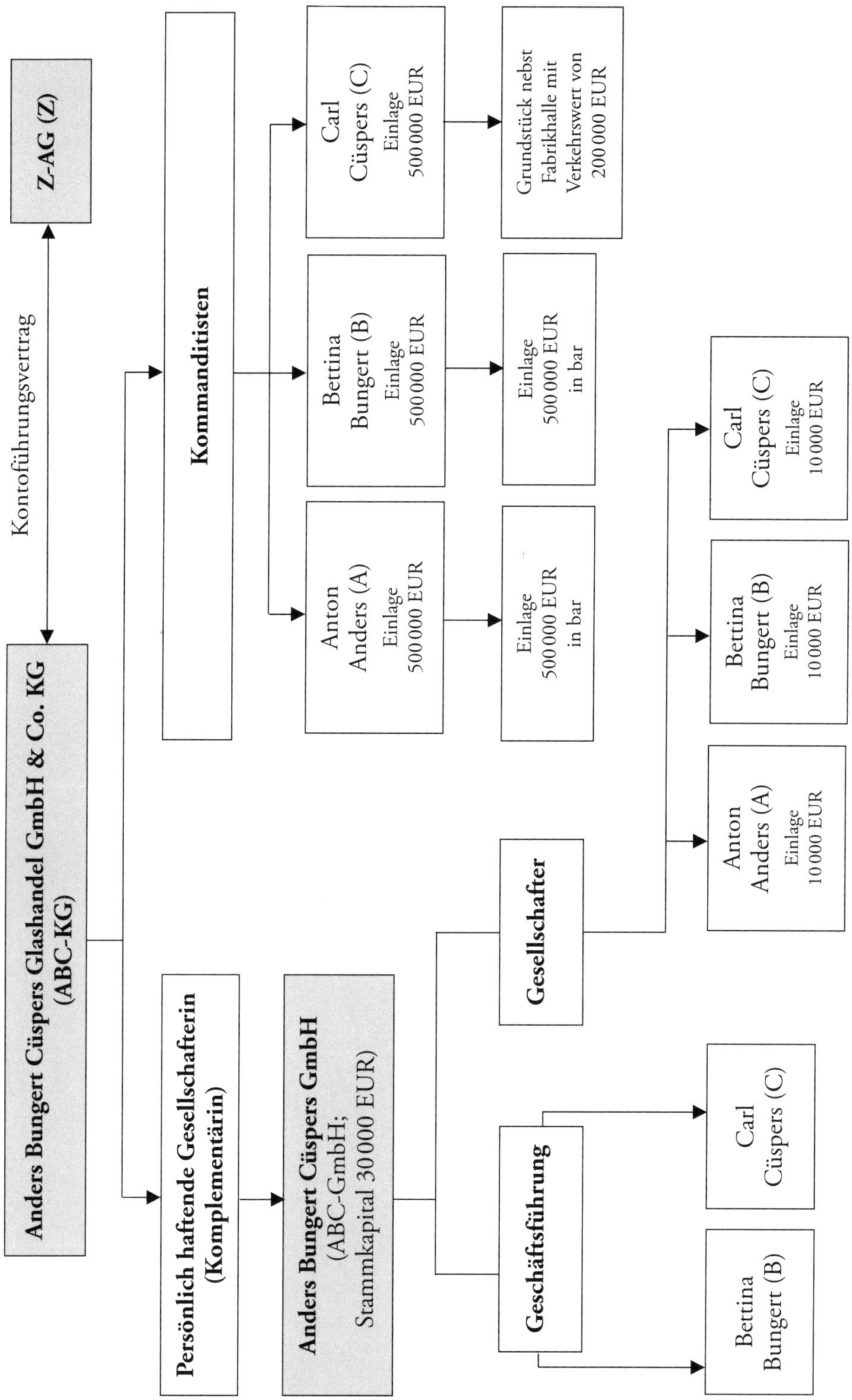
Z-AG (Z)
Kontoführungsvertrag
Anders Bungert Cüspers Glashandel GmbH & Co. KG (ABC-KG)
Kommanditisten
Anton Anders (A) Einlage 500 000 EUR
Bettina Bungert (B) Einlage 500 000 EUR
Carl Cüspers (C) Einlage 500 000 EUR
Einlage 500 000 EUR in bar
Einlage 500 000 EUR in bar
Grundstück nebst Fabrikhalle mit Verkehrswert von 200 000 EUR
Persönlich haftende Gesellschafterin (Komplementärin)
Anders Bungert Cüspers GmbH (ABC-GmbH; Stammkapital 30 000 EUR)
Gesellschafter
Anton Anders (A) Einlage 10 000 EUR
Bettina Bungert (B) Einlage 10 000 EUR
Carl Cüspers (C) Einlage 10 000 EUR
Geschäftsführung
Bettina Bungert (B)
Carl Cüspers (C)

Gliederung

Lösung

Frage 1

I. Anspruch von Y gegen die ABC-GmbH auf Zahlung von 8000 EUR nach § 433 Abs. 2 BGB, § 13 Abs. 1 GmbHG

1 Eine GmbH kann als juristische Person Träger von Rechten und Pflichten sein (§ 13 Abs. 1 GmbHG). Die Geschäftsführer vertreten die Gesellschaft (§ 35 Abs. 1 Satz 1 GmbHG). Danach könnte die Y-GmbH die ABC-GmbH auf Zahlung von 8000 EUR nach § 433 Abs. 2 BGB in Anspruch nehmen, wenn zwischen beiden wirksam ein Kaufvertrag zustande gekommen ist. Dies setzt voraus, dass die ABC-GmbH (1.) entstanden ist und (2.) ihre Geschäftsführer (§ 35 Abs. 1 Satz 1 GmbHG) sie wirksam beim Vertragsschluss mit Y vertreten. Vor der Eintragung besteht eine GmbH jedoch als solche nicht (§ 11 Abs. 1 GmbHG). Im Umkehrschluss ergibt sich daraus, dass die Entstehung einer GmbH deren Eintragung in das Handelsregister voraussetzt. Eine Eintragung der ABC-GmbH in das Handelsregister ist hier aber nicht erfolgt. Vielmehr geben A, B und C am 15.2.2014 die Eintragungsabsicht auf. Die ABC-GmbH ist daher nicht entstanden und kann infolgedessen nicht Schuldnerin eines Kaufpreisanspruchs sein.

II. Anspruch von Y gegen die ABC-GmbH in Gründung auf Zahlung von 8000 EUR nach § 433 Abs. 2 BGB

1. Rechtsnatur der Vor-GmbH

2 Mit dem Abschluss des notariellen Gesellschaftsvertrages entsteht die GmbH in Gründung, die so genannte Vor-GmbH. Dies führt zur Errichtung der GmbH. Ihrer Rechtsnatur nach ist die Vor-GmbH nicht eine BGB-Gesellschaft, ein nichtrechtsfähiger Verein oder (bei Betreiben eines vollkaufmännischen Handelsgewerbes) eine oHG. Vielmehr handelt es sich um ein gesellschaftsrechtliches Gebilde sui generis, dem zwar die Rechtsfähigkeit noch fehlt, auf das aber grundsätzlich die nach Registereintragung geltenden Regelungen des GmbHG anzuwenden sind, sofern diese nicht gerade die Eintragung voraussetzen.[1] Denn die Vor-GmbH entspricht bis auf die noch fehlende Rechtsfähigkeit (§§ 11 Abs. 1, 13 Abs. 1

[1] BGHZ 80, 212, 214; *K. Schmidt* § 34 III 3; *Windbichler* § 21 Rn. 18.

GmbHG) der künftigen GmbH als deren Vorstufe. Die Vor-GmbH kann Träger von Rechten und Pflichten, also auch Schuldnerin eines Kaufpreisanspruchs sein.[2] Die Vor-GmbH ist aber keine juristische Person, sondern Gesamthandsgemeinschaft, sodass das nach § 7 Abs. 2 und 3 GmbHG zu bildende Gesellschaftsvermögen den Gesellschaftern gemeinschaftlich als Sondervermögen zuzurechnen ist. Die Mindesteinlagepflicht vor Registeranmeldung (§ 7 Abs. 2 und 3 GmbHG) und die damit vorausgesetzte Rechtsträgerschaft zeigt nämlich, dass auch vor der Eintragung einer GmbH in das Handelsregister ein gesellschaftsrechtliches Gebilde besteht. Danach kann die Y-GmbH (§§ 13 Abs. 1, 35 Abs. 1 Satz 1 GmbHG) die „Anders Bungert Cüspers GmbH in Gründung" (Vor-GmbH) auf Zahlung von 8 000 EUR nach § 433 Abs. 2 BGB in Anspruch nehmen, wenn die ABC-GmbH in Gründung (1.) entstanden ist und (2.) ihre Geschäftsführer (§ 35 Abs. 1 Satz 1 GmbHG) sie wirksam beim Vertragsschluss mit Y vertreten.

Hinweis: Die Gesellschaftsform der GmbH & Co. KG ist dadurch gekennzeichnet, dass persönlich haftende Gesellschafterin und Vertretungsorgan eine GmbH ist. Für die hier aufgeworfenen Fragen nach der Haftung für Verbindlichkeiten gegenüber Dritten während der Gründungsphase einer GmbH kommt es entscheidend darauf an, in welchem Gründungsstadium eine Verbindlichkeit entstanden ist. Als erstes Gründungsstadium ist das Vorgründungsstadium zu nennen. Es dient dem Zweck, den Abschluss eines Gesellschaftsvertrages herbeizuführen. Die Vorgründungsgesellschaft ist grundsätzlich Innengesellschaft. Bei Aufnahme einer Geschäftstätigkeit ist sie (Außen-)Gesellschaft bürgerlichen Rechts, oHG oder Einzelkaufmann. Die Verbindlichkeiten der Vorgründungsgesellschaft gehen nicht auf die GmbH über. Soll die Vor-GmbH oder spätere GmbH verpflichtet sein, bedarf es der Einzelübertragung der Verbindlichkeiten als befreiende Schuldübernahme nach §§ 414, 415 BGB, die die Zustimmung des Gläubigers voraussetzt. Nach der Vorgründungsgesellschaft entsteht die Vor-GmbH mit Abschluss des Gesellschaftsvertrages. Sie ist rechtsfähig, die Vertretung erfolgt durch die Geschäftsführer. Schließlich entsteht mit der Eintragung der Gesellschaft die GmbH (§ 11 Abs. 1 GmbHG). Die GmbH ist mit der Vor-GmbH identisch. Die GmbH haftet daher für die Verbindlichkeiten der Vor-GmbH. Die drei Schritte der Entstehung einer GmbH – Ähnliches gilt für die Entstehung einer AG – lassen sie wie folgt veranschaulichen:

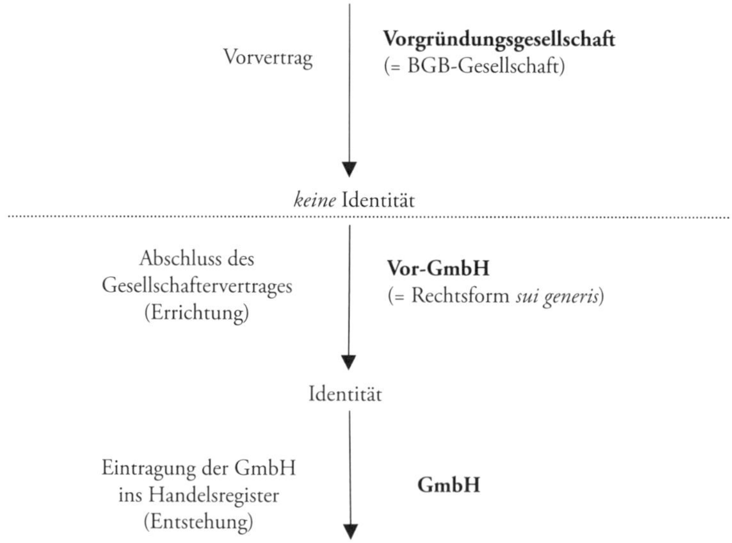

[2] *BGH* NJW 1998, 1079, 1080; BGHZ 80, 129ff.; 117, 323, 326.

2. Entstehung einer Vor-GmbH

a) Abschluss eines Gesellschaftsvertrages

Die Entstehung einer Vor-GmbH setzt den Abschluss eines wirksamen Gesellschaftsvertrages, das heißt die ordnungsgemäße Errichtung einer GmbH voraus. Die Gesellschafter müssen also formwirksam mit Rechtsbindungswillen Erklärungen abgeben, die hinreichend bestimmt die rechtliche Struktur der zu gründenden GmbH wie die Beteiligungsverhältnisse erkennen lassen (zur Gründung im vereinfachten Verfahren vgl. § 2 Abs. 1a GmbHG).[3] 3

Die Erklärungen von A, B und C sind mit Rechtsbindungswillen abgegeben, da ein objektiver Erklärungsempfänger diese Erklärungen insbesondere vor dem Hintergrund erheblicher finanzieller Verpflichtungen als rechtlich verbindlich verstehen darf (§§ 133, 157 BGB). Auch ist die rechtliche Struktur der zu gründenden GmbH hinreichend bestimmt. A, B und C legen die Höhe des Stammkapitals sowie die Beteiligungs- und Vertretungsverhältnisse ausdrücklich fest. 4

b) Formwirksamkeit des Gesellschaftsvertrages nach § 2 GmbHG

Ein GmbH-Vertrag ist nur dann formwirksam, wenn er den Anforderungen des § 2 GmbHG genügt. Nach § 2 Abs. 1 Satz 1 GmbHG bedarf der Gesellschaftsvertrag der notariellen Beurkundung. 5

Dies ist hinsichtlich des Beschlusses vom 1.7.2013 nicht geschehen. Daher ist zu diesem Zeitpunkt keine GmbH errichtet. Es ist also zum Zeitpunkt des Vertragsschlusses mit der Y-GmbH keine Vor-GmbH entstanden, die Y auf Zahlung von 8000 EUR nach § 433 Abs. 2 BGB in Anspruch nehmen könnte. Vielmehr befindet sich die ABC-GmbH zum Zeitpunkt des Vertragsschlusses mit Y noch im Stadium der Vorgründung. 6

c) Keine Identität zwischen Vorgründungsgesellschaft und Vor-GmbH

Auch wenn am 1.10.2013 (form-)wirksam ein GmbH-Vertrag zwischen A, B und C geschlossen und damit die ABC-GmbH ordnungsgemäß errichtet ist, führt dies nicht zur Haftung der seit diesem Zeitpunkt bestehenden Vor-GmbH gegenüber Y. Denn im Vorgründungsstadium entstandene Verbindlichkeiten gehen nicht automatisch auf die Vor-GmbH und mit der Handelsregistereintragung auf die GmbH über.[4] Hierzu bedarf es vielmehr rechtsgeschäftlicher Übertragung etwa durch eine Schuldübernahme. Denn zwischen Vorgründungsgesellschaft und Vor-GmbH besteht anders als zwischen Vor-GmbH und GmbH keine Identität.[5] 7

Für eine rechtsgeschäftliche Übertragung fehlen – das Bestehen einer Verbindlichkeit gegenüber Y in Höhe von 8000 EUR aus dem Vorgründungsstadium unterstellt – Anhaltspunkte. Daher kann Y nicht die am 1.10.2013 entstandene Vor-GmbH nach § 433 Abs. 2 BGB auf Zahlung von 8000 EUR in Anspruch nehmen. 8

---

[3] *K. Schmidt* § 34 III 2a.

[4] *BGH* NJW 1998, 1645, 1646; BGHZ 91, 148, 151; *Windbichler* § 21 Rn. 17.

[5] *BGH* NJW 1998, 1645, 1646; BGHZ 91, 148, 151.

III. Anspruch von Y gegen die oHG auf Zahlung von 8000 EUR nach § 433 Abs. 2 BGB, § 124 Abs. 1 HGB

9 Mit dem Abschluss eines Vorvertrages über die Gründung einer GmbH entsteht im Innenverhältnis die sog. Vorgründungsgesellschaft. Sie kann Gesellschaft bürgerlichen Rechts oder oHG sein.

1. Entstehung einer oHG

a) Abschluss eines Gesellschaftsvertrages

10 Eine oHG kann Träger von Rechten und Pflichten sein (§ 124 Abs. 1 HGB). Die Gesellschafter vertreten die oHG (§ 125 Abs. 1 HGB). Der Zusammenschluss zwischen A, B und C mit dem Zweck, eine GmbH zu gründen, stellt zumindest eine BGB-Gesellschaft (Innengesellschaft) i.S.d. § 705 BGB dar. Die Erklärungen von A, B und C sind mit Rechtsbindungswillen abgegeben, da ein objektiver Erklärungsempfänger die abgegebenen Erklärungen insbesondere vor dem Hintergrund erheblicher finanzieller Verpflichtungen als rechtlich verbindlich verstehen darf (§§ 133, 157 BGB). Auch ist die rechtliche Struktur der gemeinsam zu gründenden GmbH hinreichend bestimmt. A, B und C legen Höhe des Stammkapitals sowie die Beteiligungs- und Vertretungsverhältnisse ausdrücklich fest.

b) Formwirksamkeit des Gesellschaftsvertrages

11 Der Gesellschaftsvertrag könnte formunwirksam nach § 2 Abs. 1 GmbHG sein.

Exkurs: Ein Vorvertrag, in dem sich die Gesellschafter gegenseitig zur Gründung einer GmbH verpflichten, bedarf nach ganz überwiegender Auffassung wie der Gesellschaftsvertrag der notariellen Form des § 2 Abs. 1 Satz 1 GmbHG.[6] Denn insoweit seien die Gesellschafter in gleicher Weise schutzbedürftig wie beim Abschluss des GmbH-Vertrages selbst. Bei einem Formmangel sei der Vorvertrag nichtig nach § 125 Satz 1 BGB. Das Erfordernis der notariellen Form nach § 2 Abs. 1 Satz 1 GmbHG gelte aber nicht für bloße Vorbereitungshandlungen ohne bindende Verpflichtung zum Abschluss eines GmbH-Vertrages.[7] Dies sei insbesondere dann der Fall, wenn der Zusammenschluss lediglich zur Vorbereitung der Gründung einer GmbH erfolge. Sieht man die Vereinbarung zwischen A, B und C lediglich als eine solche Vorbereitungshandlung, ist hier trotz fehlender notarieller Beurkundung wirksam ein Gesellschaftsvertrag zu Stande gekommen. Gelangte man zur Nichtigkeit des Gesellschaftsvertrages, wäre die Gesellschaft nach den Grundsätzen über die fehlerhafte Gesellschaft bis zur Auflösung als bestehend zu behandeln. Unter Zugrundelegung der Auffassung, wonach selbst der Abschluss eines auf die Verpflichtung zur Gründung einer GmbH gerichteten Vorvertrages nicht der notariellen Form des § 2 Abs. 1 Satz 1 GmbHG bedarf, wäre der Gesellschaftsvertrag ohne weiteres wirksam.[8] Denn, so wird zur Begründung dieses Ansatzes ausgeführt, § 2 Abs. 1 GmbHG bezwecke nicht den Schutz der Gesellschafter, sondern diene allein der Rechtssicherheit. Dies werde dadurch bestätigt, dass selbst die Begründung einer unbeschränkten persönlichen Haftung durch den Beitritt als persönlich haftender Gesellschafter einer oHG oder KG nicht der notariellen Form bedürfe.

12 Ob der von A, B und C am 1.7.2013 geschlossene Gesellschaftsvertrag formnichtig ist, kann letztlich dahinstehen. Denn schließen die Gründer einer künftigen GmbH schon vor der ordnungsgemäßen Errichtung der GmbH gemeinsam unter der Be-

---

[6] *BGH* DB 1988, 223; MünchKommGmbHG/*J. Mayer*, § 2 Rn. 209; Baumbach/Hueck/*Fastrich* § 2 Rn. 29.

[7] MünchKommGmbHG/*J. Mayer* § 2 Rn. 209.

[8] *Flume*, FS F. Geßler, 1971, S. 18f.

zeichnung der in Wahrheit noch nicht errichteten GmbH („GmbH in Gründung") Rechtsgeschäfte ab, entsteht formlos, meist sogar stillschweigend auf Grund Rechtsformzwangs, unabhängig vom Vorhandensein einer vertraglich vereinbarten Gesellschaft eine Personengesellschaft.[9] Eine etwaige Formnichtigkeit des Gesellschaftsvertrages betrifft lediglich die Innengesellschaft, wohingegen unabhängig davon durch den Abschluss von Rechtsgeschäften mit Dritten wirksam eine Außengesellschaft entsteht.[10] Diese Außengesellschaft ist, wenn sie auf den Betrieb eines Handelsgewerbes i. S. d. § 105 Abs. 1 HGB i. V. m. § 1 Abs. 2 HGB gerichtet oder nach § 105 Abs. 2 Satz 1 HGB in das Handelsregister eingetragen ist, eine oHG, andernfalls eine BGB-Gesellschaft.

c) Betrieb eines Handelsgewerbes nach § 105 Abs. 1 HGB i. V. m. § 1 Abs. 2 HGB

Bei der Vorgründungsgesellschaft ist nicht nur auf den – neutralen – Zweck, eine GmbH zu gründen, abzustellen. Vielmehr ist bei der Prüfung der Voraussetzungen des § 105 Abs. 1 HGB auch der beabsichtigte Unternehmensgegenstand der künftigen GmbH zu berücksichtigen. Insoweit kommt es darauf an, ob die Vorgründungsgesellschaft diesen Unternehmensgegenstand bereits betreiben soll und ob dieser Unternehmensgegenstand auf den Betrieb eines Handelsgewerbes i. S. d. § 1 Abs. 2 HGB gerichtet ist. **13**

A, B und C gründen mit Beschluss vom 1.7.2013 eine oHG, wenn sie sich zu dem Zweck zusammenschließen, unter gemeinschaftlicher Firma ein Handelsgewerbe zu betreiben (§ 105 Abs. 1 HGB). Handelsgewerbe in diesem Sinne ist nach § 1 Abs. 2 HGB jeder Gewerbebetrieb, es sei denn, dass das Unternehmen nach Art oder Umfang einen in kaufmännischer Weise eingerichteten Geschäftsbetrieb nicht erfordert. Ein Gewerbe ist nach der Rechtsprechung jede selbständige, außengerichtete und planmäßige Tätigkeit mit Gewinnerzielungsabsicht.[11] Nach Auffassung des Schrifttums kommt es hingegen auf eine Gewinnerzielung nicht an.[12] **14**

aa) Stellung als persönlich haftender Gesellschafter

(1) Ansatz der Rechtsprechung und Teilen des Schrifttums

Ein Teil des Schrifttums sieht die persönlich haftenden Gesellschafter einer oHG oder KG ohne weiteres als ein Handelsgewerbe betreibende Kaufleute an, da sie die Geschäfte der Handelsgesellschaft betrieben. Sie würden also durch die Aufnahme des Geschäftsbetriebs seitens der oHG oder KG Kaufleute, da ihnen das von der oHG oder KG betriebene Handelsgewerbe als eigenes zuzurechnen sei.[13] **15**

Zum Zeitpunkt des Vertragsschlusses mit Y am 1.7.2013 ist die KG jedoch weder im Innenverhältnis noch im Außenverhältnis entstanden. Die Gründung der KG sollte nämlich erst am 3.10.2013 mit dem Abschluss des Gesellschaftsvertrages erfolgen. Auch ist die zu gründende KG zu keinem Zeitpunkt in das Handelsregister eingetragen (§ 123 Abs. 1 HGB), vielmehr geben A, B und C am 15.2.2014 die **16**

[9] *K. Schmidt* § 34 III 2b.

[10] *K. Schmidt* § 34 III 2b und § 11 II 2c.

[11] BGHZ 33, 321, 324; 74, 273, 276.

[12] Zum Begriff des Handelsgewerbes in § 1 HGB siehe im Einzelnen *Lettl* § 2 Rn. 5ff.

[13] BGHZ 34, 293, 296; 45, 282, 284; *Canaris* § 2 Rn. 20, insbesondere unter Hinweis auf die persönliche Haftung nach § 128 HGB.

Eintragungsabsicht auf. Schließlich beginnt die zu gründende KG nicht am 1.7.2013 oder vorher mit ihren Geschäften (§ 123 Abs. 2 HGB). Die Zurechnung eines von der zu gründenden KG betriebenen Handelsgewerbes kommt daher am 1.7.2013 von vornherein nicht in Betracht. Hinzu kommt, dass die bloße Stellung als persönlich haftende Gesellschafterin einer KG nicht zugleich die Kaufmannseigenschaft für diejenigen Rechtsgeschäfte begründet, die die persönlich haftende Gesellschafterin in ihrem eigenen Namen abschließt.[14] Das hier abgeschlossene Geschäft mit Y erfolgt nicht für die zu gründende KG, sondern für die ABC-GmbH in Gründung. Nach alledem betreibt die ABC-GmbH in Gründung nicht deshalb ein Handelsgewerbe, weil sie persönlich haftende Gesellschafterin einer KG gewesen wäre.

(2) Abweichender Ansatz

17 Ein abweichender Ansatz geht davon aus, dass lediglich die Gesellschaft selbst das Handelsgewerbe betreibt. Allein sie sei Kaufmann, nicht hingegen die persönlich haftenden Gesellschafter allein wegen ihrer Stellung als persönlich haftende Gesellschafter.[15] Die persönlich haftenden Gesellschafter seien nur dann ein Handelsgewerbe betreibende Kaufleute, wenn sie die Voraussetzungen für die Entstehung der Kaufmannseigenschaft nach §§ 1 ff. HGB erfüllten.

18 Danach betreibt die ABC-GmbH in Gründung hier von vornherein nicht deshalb ein Handelsgewerbe, weil sie persönlich haftende Gesellschafterin einer KG gewesen wäre.

(3) Zwischenergebnis

19 Nach beiden Ansätzen betreibt die ABC-GmbH in Gründung nicht schon deshalb ein Handelsgewerbe, weil sie persönlich haftende Gesellschafterin einer KG gewesen wäre. Sie könnte aber oHG sein, wenn sie selbst ein Handelsgewerbe i. S. d. § 1 Abs. 2 HGB betreibt.

bb) Eigene Tätigkeit der GmbH

20 Die Tätigkeit des Zusammenschlusses von A, B und C mit dem Zweck, die Gründung einer GmbH vorzubereiten, stellt kein Handelsgewerbe i. S. d. § 1 Abs. 2 HGB dar. Es fehlt schon am Betrieb eines Gewerbes, da dieses insbesondere marktorientiertes Tätigwerden wie das Angebot von Waren oder Leistungen voraussetzt. Dazu reicht es nicht aus, wenn die Gesellschaft – wie hier – lediglich den eigenen Bedarf deckt.[16] Außerdem sind neben dem Vertragsschluss mit Y keine weiteren Geschäfte mit Dritten geschlossen und zur Vorbereitung der Gründung der GmbH auch nicht nötig. Daher sind keine kaufmännischen Einrichtungen i. S. d. § 1 Abs. 2 HGB erforderlich. Der Zusammenschluss zwischen A, B und C betreibt also auch nicht selbst ein Handelsgewerbe i. S. d. § 1 Abs. 2 HGB.

d) Eintragung in das Handelsregister (§ 105 Abs. 2 HGB)

21 Eine Eintragung in das Handelsregister erfolgt nicht. Vielmehr geben A, B und C am 15.2.2014 die Eintragungsabsicht auf. Die Voraussetzungen nach § 105 Abs. 2 HGB sind daher nicht erfüllt.

---

[14] *BGH* NJW 1960, 1852, 1853; BB 1968, 1053 (zur oHG); Baumbach/Hopt/*Roth* § 105 Rn. 23.
[15] *K. Schmidt* § 56 II 3 f.
[16] Koller/Kindler/Roth/Morck/*Roth* § 1 Rn. 6.

e) Ergebnis

Es ist keine oHG entstanden, die Y auf Zahlung von 8000 EUR nach § 433 Abs. 2 BGB, § 124 Abs. 1 HGB in Anspruch nehmen könnte. 22

IV. Anspruch von Y gegen die BGB-Gesellschaft auf Zahlung von 8000 EUR nach § 433 Abs. 2 BGB, § 124 Abs. 1 HGB analog

1. Entstehung einer BGB-Gesellschaft

Durch den Zusammenschluss zwischen A, B und C mit dem Zweck, eine GmbH zu gründen, ist eine Gesellschaft entstanden (siehe Rn. 10). Da diese Gesellschaft keine oHG war (siehe Rn. 22), ist eine BGB-Gesellschaft entstanden. Y kann jene Gesellschaft aber nur dann nach § 433 Abs. 2 BGB auf Zahlung von 8000 EUR in Anspruch nehmen, wenn sie überhaupt selbst Schuldnerin eines Kaufpreisanspruchs sein kann. 23

2. Rechtsfähigkeit der BGB-Gesellschaft

Die §§ 705ff. BGB enthalten für die BGB-Gesellschaft keine dem § 124 Abs. 1 HGB entsprechende Regelung. Für die BGB-Gesellschaft hat es daher erhebliche Auswirkungen, ob man die Gesamthand selbst als Rechtssubjekt ansieht oder nur die Gesellschafter (in ihrer gesamthänderischen Verbundenheit). Nur in ersterem Falle könnte Y gegen die BGB-Gesellschaft ein Zahlungsanspruch zustehen. Zu der Frage, wer Rechtsträger einer BGB-Gesellschaft ist, bestehen verschiedene Theorien. 24

a) Traditionelle individualistische Theorie: keine Rechtsfähigkeit

Nach der traditionellen individualistischen Theorie ist die BGB-Gesellschaft nur in vermögensrechtlicher Hinsicht verselbständigt (vgl. dazu näher **Fall 4** Rn. 14). 25

Nach diesem Ansatz kann Y nur die Gesellschafter in Anspruch nehmen, nicht aber die Gesellschaft selbst. Demnach bestünde kein Anspruch von Y gegen die BGB-Gesellschaft auf Zahlung von 8000 EUR nach § 433 Abs. 2 BGB. 26

b) H.M.: Rechtsfähigkeit der Gesamthand

Nach der heute ganz überwiegend vertretenen Auffassung ist die (Außen-)BGB-Gesellschaft rechtsfähig, soweit sie durch Teilnahme am Rechtsverkehr eigene Rechte und Pflichten begründet (vgl. dazu schon **Fall 4** Rn. 15). 27

Wegen des Grundsatzes der Identität der Personengesellschaften müsse auch eine BGB-Gesellschaft die Fähigkeit besitzen, Träger von Rechten und Pflichten zu sein.[17] Betreibe nämlich eine BGB-Gesellschaft ein Handelsgewerbe, werde sie von Gesetzes wegen ohne weiteres zu einer oHG, sobald das Unternehmen nach Art und Umfang einen in kaufmännischer Weise eingerichteten Geschäftsbetrieb erfordere (§ 105 Abs. 1 HGB i.V.m. § 1 Abs. 2 HGB). 28

Da die Grenze zwischen BGB-Gesellschaft und oHG auf Grund dieses Kriteriums fließend sei, sei die Rechtssubjektsfähigkeit der BGB-Gesellschaft dieselbe wie die 29

[17] BGHZ 146, 341, 344.

der oHG.[18] Darüber hinaus lasse sich die Tatsache, dass sich nach dem Umwandlungsrecht Kapitalgesellschaften im Wege des identitätswahrenden Formwechsels in Personengesellschaften – auch in BGB-Gesellschaften – umwandeln könnten (§ 191 Abs. 1 Nr. 2 UmwG i.V.m. § 191 Abs. 2 Nr. 1 UmwG), befriedigend nur bei Annahme der Rechtssubjektivität der BGB-Gesellschaft erklären.[19] Schließlich unterstützten neuere Gesetze die Annahme der Rechtsfähigkeit der BGB-Gesellschaft. So erkläre § 11 Abs. 2 Nr. 1 InsO die Gesellschaft für insolvenzfähig. Weiter zeige § 14 Abs. 2 BGB, dass es auch Personengesellschaften geben müsse, die Rechtsfähigkeit besäßen.[20] Auch bei nachträglicher Aufgabe der Eintragungsabsicht bleibe die Vor-GmbH als Personengesellschaft rechtsfähig und daher insbesondere parteifähig i.S.d. § 50 Abs. 1 ZPO und prozessfähig i.S.d. § 51 Abs. 1 ZPO.[21] Sie sei abzuwickeln, bestehe aber während der Liquidation als rechtsfähige Gesellschaft fort. Diese Abwicklungsgesellschaft sei eine BGB-Gesellschaft, soweit der Gewerbebetrieb keinen in kaufmännischer Weise eingerichteten Geschäftsbetrieb erfordere. Unterbleibe die Abwicklung, bestehe die Vor-GmbH als rechtsfähige Gesellschaft fort.

30 Nach diesem Ansatz kann Y die BGB-Gesellschaft selbst nach § 433 Abs. 2 BGB, § 124 Abs. 1 HGB analog auf Zahlung von 8000 EUR in Anspruch nehmen, wenn zwischen beiden wirksam ein Kaufvertrag zu Stande gekommen ist.

c) Zwischenergebnis

31 Da die besseren Gründe für die h.M. sprechen, kommt es darauf an, ob zwischen Y und der BGB-Gesellschaft ein wirksamer Kaufvertrag zu Stande gekommen ist.

3. Kaufvertrag zwischen Y und der BGB-Gesellschaft

32 Voraussetzung für das Zustandekommen eines wirksamen Kaufvertrages zwischen Y und der BGB-Gesellschaft ist insbesondere, dass die BGB-Gesellschaft ordnungsgemäß vertreten ist. Dies setzt (1.) ein Handeln namens der BGB-Gesellschaft und (2.) Vertretungsmacht der handelnden B voraus (§ 164 Abs. 1 BGB).

33 B handelt namens der ABC-GmbH in Gründung. Da weder eine Vor-GmbH noch eine GmbH entstanden ist, bezeichnet B den Rechtsträger des Unternehmens, für das sie handelt, unzutreffend. In einem solchen Fall ist nach den Grundsätzen über das unternehmensbezogene Handeln[22] der wahre Rechtsträger aus dem betriebsbezogenen Geschäft berechtigt und verpflichtet.[23] Daher ist die von B abgegebene Erklärung als ein Handeln im Namen der BGB-Gesellschaft auszulegen. Berechtigt und verpflichtet ist daher allein die Vorgründungsgesellschaft.

34 Vertretungsmacht steht den Gesellschaftern einer BGB-Gesellschaft zwar grundsätzlich nur gemeinschaftlich zu (§ 714 BGB i.V.m. § 709 Abs. 1 BGB). Auf diese Zweifelsregelung kommt es hier indes nicht an, da B mit Zustimmung von A und C handelt.

---

[18] BGHZ 146, 341, 346.
[19] BGHZ 146, 341, 346.
[20] BGHZ 146, 341, 347.
[21] *BGH* WM 2008, 984 Rn. 6.
[22] Vgl. dazu *Lettl* § 6 Rn. 5.
[23] *BGH* NJW 1998, 1645; BGHZ 91, 148, 152.

B vertritt die BGB-Gesellschaft ordnungsgemäß. Daher ist ein Kaufvertrag zwischen Y und der BGB-Gesellschaft zu Stande gekommen. 35

Die rechtsgeschäftliche Haftung der BGB-Gesellschaft für Verbindlichkeiten, die sie vorweg für die erst noch zu gründende GmbH eingeht, endet mit der Errichtung oder Eintragung der GmbH in das Handelsregister nur, wenn das mit dem Gläubiger so vereinbart ist.[24] Das Handeln für eine nicht existierende „GmbH in Gründung" reicht hierfür nicht aus.[25] Eine Vereinbarung mit Y, wonach die BGB-Gesellschaft nicht mehr für den Zahlungsanspruch nach § 433 Abs. 2 BGB haften sollte, ist nicht ausdrücklich getroffen. Zwar kann sich eine solche Vereinbarung auch aus den Umständen ergeben. So, wenn der Gründungstatbestand für den Gläubiger deutlich erkennbar ist und ein besonderes Sicherungsbedürfnis für den Gläubiger angesichts erst später zu erwartender Verbindlichkeiten der GmbH nicht besteht.[26] Solche Umstände sind hier aber nicht gegeben. Insbesondere ist Y nicht bekannt, dass noch keine Vor-GmbH entstanden ist. 36

4. Ergebnis

Y steht gegen die BGB-Gesellschaft ein Anspruch auf Zahlung von 8000 EUR nach § 433 Abs. 2 BGB, § 124 Abs. 1 HGB analog zu. 37

V. Anspruch von Y gegen A, B und C als Gesellschafter der BGB-Gesellschaft auf Zahlung von 8000 EUR nach § 433 Abs. 2 BGB

Y steht gegen A, B und C ein Anspruch auf Zahlung von 8000 EUR nach § 433 Abs. 2 BGB zu, wenn A, B und C beim Vertragsschluss durch B wirksam vertreten worden sind. Voraussetzung dafür ist zunächst, dass der Vertreter in fremdem Namen handelt (§ 164 Abs. 1 BGB). Auch insoweit kommt es entscheidend darauf an, ob man die Gesellschaft als solche als Rechtssubjekt ansieht oder nicht. Betrachtet man mit der traditionellen Lehre die Gesellschaft als nur in vermögensmäßiger Hinsicht verselbständigt, vertritt der Handelnde nur die Gesellschafter. Vertragspartei sind dann nur die Gesellschafter persönlich. Versteht man hingegen mit der hier zu Grunde gelegten Auffassung die Gesellschaft selbst als Rechtssubjekt, vertritt der Handelnde die Gesellschaft selbst. Diese ist daher Vertragspartei. Umstritten ist aber, ob der Handelnde daneben auch im Namen der Gesellschafter auftritt (Theorie der Doppelverpflichtung) oder allein die Gesellschaft Vertragspartei ist (Akzessorietätstheorie). 38

1. Theorie der Doppelverpflichtung

Nach der Theorie von der Doppelverpflichtung ist die Gesellschaft als solche grundsätzlich neben allen Gesellschaftern verpflichtet. Die Gesellschaft müsse mit dem Gesellschaftsvermögen, die Gesellschafter mit dem Privatvermögen einstehen.[27] Danach haften sowohl die Gesellschaft selbst als auch die Gesellschafter auf Grund rechtsgeschäftlicher Vertretung. Ein Vertreter handele nämlich sowohl im Namen der Gesellschaft als auch im Namen aller Gesellschafter und begründete bei 39

[24] *BGH* NJW 1983, 2822.
[25] *BGH* NJW 1983, 2822, 2823.
[26] *BGH* NJW 1982, 932, 933.
[27] *Habersack* JuS 1993, 1 ff.; *Hommelhoff* ZIP 1998, 8 f.

entsprechender Vertretungsmacht sowohl eine Haftung der Gesellschaft (mit dem Gesellschaftsvermögen) als auch der Gesellschafter (mit dem Privatvermögen).

2. Akzessorietätstheorie

40 Nach der Akzessorietätstheorie entsteht primär eine Schuld der Gesellschaft, für die diese mit dem Gesellschaftsvermögen haftet. Für diese Schuld der Gesellschaft hafteten die Gesellschafter mit ihrem Privatvermögen akzessorisch kraft Gesetzes (analog § 128 Satz 1 HGB). Für die Vertretung der BGB-Gesellschaft bedeutet dies, dass der Handelnde lediglich die Gesellschaft vertritt. Die Haftung der Gesellschafter besteht daher nicht kraft Rechtsgeschäfts, sondern kraft Gesetzes.[28]

3. Stellungnahme und Ergebnis

41 Da die Lehre von der Doppelverpflichtung zum Teil auf fiktiven Willenserklärungen beruht, ist der Akzessorietätstheorie der Vorzug zu geben. A, B und C sind danach nicht kraft Rechtsgeschäfts Partei eines Kaufvertrages mit Y. Vielmehr haften sie grundsätzlich kraft Gesetzes akzessorisch (analog § 128 Satz 1 HGB) mit ihrem Privatvermögen für die Verbindlichkeiten der Gesellschaft (vgl. auch **Fall 4** Rn. 34).

VI. Anspruch von Y gegen A, B und C als Gesellschafter der BGB-Gesellschaft auf Zahlung von 8000 EUR nach § 128 Satz 1 HGB analog i.V.m. § 433 Abs. 2 BGB, § 124 Abs. 1 HGB analog

42 Da die Gesellschafter A, B und C grundsätzlich kraft Gesetzes akzessorisch (analog § 128 Satz 1 HGB) mit ihrem Privatvermögen für die Verbindlichkeiten der BGB-Gesellschaft haften (siehe Rn. 41) und eine solche Verbindlichkeit der BGB-Gesellschaft gegenüber Y in Höhe von 8000 EUR nach § 433 Abs. 2 BGB, § 124 Abs. 1 HGB analog besteht (siehe Rn. 37), kann Y neben der BGB-Gesellschaft auch A, B und C als Gesamtschuldner in Anspruch nehmen.

VII. Anspruch von Y gegen B auf Zahlung von 8000 EUR nach § 11 Abs. 2 GmbHG

43 § 11 Abs. 2 GmbHG gilt nicht im Vorgründungsstadium, sondern erst ab Entstehung der Vor-GmbH (für die AG vgl. § 41 Abs. 1 Satz 2 AktG).[29] Denn zwischen der Vorgründungsgesellschaft (hier: BGB-Gesellschaft) und der Vor-GmbH besteht keine Identität. Außerdem gibt es keine überzeugenden Gründe, die die Anwendung von § 11 Abs. 2 GmbHG im Vorgründungsstadium rechtfertigten. § 11 Abs. 2 GmbHG soll durch die unbeschränkte Haftung wenigstens einer natürlichen Person einen Ausgleich dafür schaffen, dass die (begrenzte) Kapitalgrundlage der Gesellschaft noch nicht in gleichem Maße wie bei der eingetragenen GmbH gerichtlich kontrolliert, bekannt gemacht und durch zwingende Kapitalaufbringungsvorschriften gesichert ist.[30] Eines solchen Ausgleichs bedarf es im Vorgründungsstadium nicht. Denn bei einem Handeln mit Vertretungsmacht besteht sowohl eine Haftung der Vorgründungsgesellschaft als auch eine persönliche Haftung der Ge-

[28] *BGH* NJW 2003, 1445, 1146f.; 2003, 1803, 1804; BGHZ 142, 315; 146, 341; 150, 1; *Altmeppen* NJW 2003, 1553ff.

[29] BGHZ 91, 148, 150ff.

[30] BGHZ 91, 148, 152.

sellschafter für die Verbindlichkeiten der Vorgründungsgesellschaft. Fehlt die Vertretungsmacht, haftet der Vertreter selbst nach § 179 BGB.

Da es nicht zur Entstehung einer Vor-GmbH kommt, sondern sich die Gründung der GmbH zum Zeitpunkt des Vertragsabschlusses mit Y am 1.7.2013 erst im Vorgründungsstadium befindet (siehe Rn. 6), ist § 11 Abs. 2 GmbHG von vornherein nicht anwendbar. 44

Frage 2

I. Anspruch von Z gegen die KG auf Zahlung von 10000 EUR nach § 488 Abs. 1 Satz 2 BGB, §§ 124 Abs. 1, 161 Abs. 2 HGB

1. Bestehen einer KG (§ 161 Abs. 1 HGB)

a) Zulässigkeit der Rechtsform einer GmbH & Co. KG

Die GmbH & Co. KG ist als Grundtypenvermischung von der Rechtsprechung seit langem anerkannt und vom Gesetzgeber bestätigt (vgl. §§ 19 Abs. 2, 125a Abs. 1 Satz 2, 130a Abs. 1 Satz 1, 172 Abs. 6 Satz 1 HGB). 45

b) Persönlich haftende Gesellschafter und Kommanditisten

Gesellschafter einer KG sind persönlich haftende Gesellschafter einerseits und Kommanditisten andererseits. 46

A, B und C sind Kommanditisten, während die von A, B und C zu gründende GmbH einzige persönlich haftende Gesellschafterin der künftigen KG sein sollte. 47

aa) GmbH als persönlich haftende Gesellschafterin

Eine GmbH kann persönlich haftende Gesellschafterin (Komplementärin) einer KG sein. Doch ist die GmbH hier nicht in das Handelsregister eingetragen. Nach § 11 Abs. 1 GmbHG besteht die GmbH vor Handelsregistereintragung als solche nicht. Da die GmbH hier mangels Eintragung in das Handelsregister als solche nicht entsteht, kann sie nicht persönlich haftende Gesellschafterin einer KG sein. 48

bb) Vor-GmbH als persönlich haftende Gesellschafterin

(1) Entstehung der Vor-GmbH

Eine Vor-GmbH kann die Stellung als persönlich haftende Gesellschafterin in einer KG übernehmen.[31] Denn sie ist körperschaftlich strukturiert und kann durch ihre Geschäftsführer als Rechtsträger nach außen auftreten.[32] Außerdem verfügt die Vor-GmbH nach Gesetz und Satzung zum Schutz der Gläubiger bereits über ein gebundenes Mindestkapital in Gestalt von Einlagen oder Einlageforderungen.[33] 49

A, B und C leisten ihre Einlagen in vollem Umfang. Mit dem formwirksamen Abschluss des GmbH-Vertrages zwischen A, B und C am 1.10.2013 ist die GmbH errichtet und die Vor-GmbH entstanden. 50

---

[31] BGHZ 80, 129, 132; *K. Schmidt* § 34 III 3; *Müller-Graff/Blank* JuS 1992, 493, 494.
[32] BGHZ 80, 129, 132.
[33] BGHZ 80, 129, 132.

(2) Wirksamer Beitritt der Vor-GmbH

51 Die Vor-GmbH ist wirksam beigetreten, wenn sie durch ihre Geschäftsführer ordnungsgemäß vertreten ist (§ 164 Abs. 1 BGB). Dies setzt ein Handeln im Namen des Vertretenen und Vertretungsmacht voraus. Fraglich ist, ob sich der Umfang der Vertretungsmacht der Geschäftsführer einer Vor-GmbH auch darauf erstreckt, einer KG als persönlich haftende Gesellschafterin beizutreten.[34]

(a) Ansatz 1: Beschränkte Vertretungsmacht der Geschäftsführer

52 Nach Auffassung der Rechtsprechung[35] und der h.M. im Schrifttum[36] ist die Vertretungsmacht der Geschäftsführer einer Vor-GmbH durch den Zweck der Vor-GmbH beschränkt. Dieser Zweck bestehe darin, auf der Vorstufe zur juristischen Person deren Entstehung zu fördern. Außerdem sei der Zweck der Vor-GmbH darauf gerichtet, das von den Gesellschaftern bereits eingebrachte Vermögen zu verwalten und zu erhalten. Die Vertretungsmacht der Geschäftsführer einer Vor-GmbH sei daher auf notwendige Gründungsgeschäfte wie den Empfang der Einlagen nach § 7 Abs. 3 GmbHG und die Herbeiführung der Eintragung in das Handelsregister beschränkt. Dies diene dem Schutz der Gründer vor zu weit gehenden Haftungsrisiken. Außerdem sei das Verkehrsschutzinteresse wegen § 11 Abs. 2 GmbHG und etwaiger Rechtsscheinhaftung geringer.

53 Weiter gehende Vertretungsmacht könnten aber die Gesellschafter etwa durch Zustimmung zu anderweitigen Geschäften einräumen.[37] Der Form des § 2 GmbHG bedürfe es hierzu nicht, da die Einschränkung der Organvertretungsmacht nur für die Dauer der Vorgesellschaft Bedeutung habe, nach der Eintragung hingegen § 37 Abs. 2 GmbHG gelte.[38]

(b) Ansatz 2: Unbeschränkte Vertretungsmacht der Geschäftsführer

54 Nach anderer Auffassung besteht die Vertretungsmacht der Geschäftsführer einer Vor-GmbH uneingeschränkt nach §§ 35, 37 GmbHG.[39] Denn der Zweck der Vor-GmbH sei nicht auf die Herbeiführung der Eintragung beschränkt, sondern mit dem Gesellschaftszweck der späteren GmbH identisch. Die Gesellschafter können danach nur die Geschäftsführungsbefugnis (Innenverhältnis) beschränken und müssten das Risiko einer Überschreitung der Vertretungsmacht bis auf die anerkannten Ausnahmefälle der Kollusion (§ 138 Abs. 1 BGB), des Missbrauchs der Vertretungsmacht (§ 242 BGB bzw. §§ 177ff. BGB analog) und des Verstoßes gegen das Verbot des Selbstkontrahierens (§ 181 BGB) selbst tragen.

(c) Zwischenergebnis

55 Da der Beitritt der Vor-GmbH mit Zustimmung von A, B und C erfolgt, kommt es auf den Meinungsstreit für das Ergebnis nicht an. Denn nach beiden Ansätzen ist die Vor-GmbH wirksam beigetreten. Insbesondere liegt kein Verstoß gegen das Verbot des Selbstkontrahierens (§ 181 BGB) darin, dass B und C zum einen als

[34] Zum Umfang der Vertretungsmacht in der Vor-GmbH siehe auch *Windbichler* § 21 Rn. 22.
[35] BGHZ 80, 129, 139f.
[36] Vgl. nur MünchKommGmbHG/*Merkt* § 11 Rn. 25.
[37] BGHZ 80, 129, 139.
[38] BGHZ 80, 129, 139.
[39] Vgl. nur *K. Schmidt* § 34 III 3b bb.

Kommanditisten im eigenen Namen und zum anderen als Vertreter der Vor-GmbH auftreten; denn sie sind vom Verbot des Selbstkontrahierens befreit.

cc) A, B und C als Kommanditisten

An der Gesellschaft sind A, B und C als Kommanditisten beteiligt. Ob A, B und C ihre jeweilige Verpflichtung zur Leistung der vereinbarten Kommanditeinlage ordnungsgemäß erfüllen, ist für ihre Stellung als Kommanditisten unerheblich. 56

dd) Zwischenergebnis

Es sind sowohl eine persönlich haftende Gesellschafterin (Vor-GmbH) als auch Kommanditisten an der Gesellschaft beteiligt. 57

c) Betrieb eines Handelsgewerbes

Der Handel mit Glas muss ein Handelsgewerbe i. S. d. § 1 Abs. 2 HGB darstellen (§§ 105 Abs. 1, 161 Abs. 2 HGB). Der Ausnahmetatbestand des § 1 Abs. 2 HGB liegt nicht vor, denn die KG soll verschiedenste Glassorten vertreiben und auf Dauer einen Umsatz von mehreren Millionen Euro erzielen. Hinzu kommt, dass der Gesamtfinanzierungsbedarf 3 Mio. EUR beträgt und die KG auf Grund der Einbringung durch C ein Betriebsgrundstück erwirbt. Die Gesamtbeurteilung dieser Umstände lassen in hinreichendem Maße auf eine Ausrichtung des Unternehmens schließen, die nach Art und Umfang einen in kaufmännischer Weise eingerichteten Geschäftsbetrieb erfordert. Deshalb liegt ein Handelsgewerbe i. S. d. § 1 Abs. 2 HGB vor.[40] 58

d) Unter gemeinschaftlicher Firma

Der Betrieb eines Handelsgewerbes soll unter gemeinschaftlicher Firma, nämlich unter der Firma ABC-KG erfolgen. 59

e) Zwischenergebnis

Im Innenverhältnis zwischen A, B und C ist die KG durch den Gesellschaftsvertrag vom 4.10.2013 entstanden. Sie müsste aber auch im Außenverhältnis wirksam entstanden sein, wenn Z gegen die KG ein Anspruch auf Zahlung von 10 000 EUR nach § 488 Abs. 1 Satz 2 BGB, §§ 124 Abs. 1, 161 Abs. 2 HGB zustehen soll. 60

f) Entstehung der KG im Außenverhältnis nach §§ 123, 161 Abs. 2 HGB

aa) §§ 123 Abs. 1, 161 Abs. 2 HGB

Nach §§ 123 Abs. 1, 161 Abs. 2 HGB tritt die Wirksamkeit einer KG im Verhältnis zu Dritten mit dem Zeitpunkt ein, in welchem die Gesellschaft in das Handelsregister eingetragen ist. 61

Zu einer Eintragung nach § 123 Abs. 1 HGB ist es nicht gekommen. Vielmehr geben A, B und C am 15.2.2014 die Eintragungsabsicht auf. 62

bb) §§ 123 Abs. 2, 161 Abs. 2 HGB

Die Wirksamkeit einer KG im Verhältnis zu Dritten tritt unabhängig von der Eintragung in das Handelsregister mit dem Zeitpunkt des Geschäftsbeginns ein, soweit 63

[40] Vgl. auch die Beispiele bei Baumbach/Hopt/*Roth* § 123 Rn. 11.

sich nicht aus § 2 oder § 105 Abs. 2 HGB ein anderes ergibt (§§ 123 Abs. 2, 161 Abs. 2 HGB). Eine Gesellschaft beginnt nicht erst dann nach außen ihre Geschäfte, wenn das den Gesellschaftszweck bildende Unternehmen in vollem Umfang in Betrieb gesetzt ist. Vielmehr macht schon die erste dem Gesellschaftszweck dienende, einem Dritten gegenüber vorgenommene Rechtshandlung, auch wenn es lediglich eine Vorbereitungshandlung ist, die Gesellschaft zur Handelsgesellschaft.[41] Für den Geschäftsbeginn i.S.d. §§ 123 Abs. 2, 161 Abs. 2 HGB genügt daher bereits die Vornahme von Handlungen gegenüber Dritten im Namen der Gesellschaft, wenn ausreichende Anhaltspunkte dafür vorliegen, dass das Unternehmen in Kürze eine auf den Betrieb eines Handelsgewerbes gerichtete Ausgestaltung und Einrichtung erfährt.[42] Hierfür muss die vorgenommene Vorbereitungshandlung im Einzelfall die Vermutung einer zeitnahen Aufnahme des vollständigen Geschäftsbetriebs begründen.[43]

64 Da die Gesellschaft auf den Betrieb eines Handelsgewerbes i.S.d. § 1 Abs. 2 HGB gerichtet ist (siehe Rn. 58), ergibt sich aus § 2 oder § 105 Abs. 2 HGB nicht ein anderes. Entscheidend ist daher, ob die Gesellschaft ihre Geschäfte begonnen hat. Dazu kann es ausreichen, wenn sie wie hier EDV-Anlagen bezieht, Büroräume mietet und ein Konto eröffnet.[44] Jedenfalls ist aber im Hinblick auf die Teilnahme an der Messe am 10.11.2013 unter Ankündigung der Lieferbereitschaft für Dezember 2013 ein Geschäftsbeginn i.S.d. §§ 123 Abs. 2, 161 Abs. 2 HGB anzunehmen. Da dies mit Zustimmung aller Gesellschafter erfolgt, kommt es auf die umstrittene Frage, ob die Rechtsfolgen des § 123 Abs. 2 HGB nur dann eintreten, wenn alle Gesellschafter dem Geschäftsbeginn zustimmen, nicht an.[45] Zumindest am 10.11. 2013 liegt also Geschäftsbeginn i.S.d. §§ 123 Abs. 2, 161 Abs. 2 HGB vor.

65 Zwar liegt der Zeitpunkt der Kontoeröffnung (5.10.2013) vor diesem Datum. Doch kommt es für die Entstehung des Anspruchs auf Rückzahlung des in Anspruch genommenen Kredits allein auf den Zeitpunkt der Kreditaufnahme durch die Überziehung des Kontos, die sich als konkludenter Abschluss eines Darlehensvertrages i.S.d. § 488 BGB darstellt, an. Die Überziehung des Kontos erfolgt aber erst am 28.1.2014 und daher nach Geschäftsbeginn. Zum Zeitpunkt der Kontoüberziehung ist die KG daher im Verhältnis zu Dritten nach §§ 123 Abs. 2, 161 Abs. 2 HGB jedenfalls durch die Messeteilnahme am 10.11.2013 und die Ankündigung der Lieferbereitschaft für Dezember 2013 entstanden. Ob bereits in der Kontoeröffnung am 5.10.2013 ein Geschäftsbeginn i.S.d. §§ 123 Abs. 2, 161 Abs. 2 HGB liegt, kann daher dahinstehen.

2. Handeln der KG

66 Vertretungsberechtigter Gesellschafter der KG ist die Vor-GmbH als persönlich haftende Gesellschafterin (§§ 125 Abs. 1, 126 Abs. 1, 161 Abs. 2 HGB). Die Vor-GmbH vertreten die Geschäftsführer (§ 35 Abs. 1 Satz 1 GmbHG). Kommanditisten sind zur Vertretung der KG nicht berechtigt (§ 170 HGB).

---

[41] *BGH* ZIP 2004, 1208, 1209f., besprochen von *Staake* JA 2004, 780.

[42] *BGH* ZIP 1990, 505, 507; 2004, 1208, 1210; BGHZ 10, 91, 96.

[43] *Staake* JA 2004, 780, 781.

[44] Baumbach/Hopt/*Roth* § 123 Rn. 10.

[45] Für das Erfordernis der Zustimmung aller Gesellschafter Baumbach/Hopt/*Roth* § 123 Rn. 12; a.A. MünchKommHGB/*K. Schmidt* § 123 Rn. 10.

Hier eröffnet der zur Alleinvertretung der Vor-GmbH berechtigte C das Konto bei Z, einer rechtsfähigen juristischen Person (vgl. § 1 Abs. 1 Satz 1 AktG), namens der ABC-KG. Er vertritt dabei die KG. Für einen Parteiwillen, wonach der Vertrag erst mit Eintragung der GmbH wirksam oder die jeweiligen Zahlungspflichten erst ab diesem Zeitpunkt fällig sein sollen, bestehen keine Anhaltspunkte. Daher ist das in Anspruch genommene Darlehen in Höhe von 10000 EUR nach der ordnungsgemäßen Beendigung der Geschäftsverbindung zum 1.2.2014 zur Rückzahlung durch die KG fällig. **67**

3. Ergebnis

Z steht gegen die KG ein Anspruch auf Zahlung von 10000 EUR nach § 488 Abs. 1 Satz 2 BGB, §§ 124 Abs. 1, 161 Abs. 2 HGB zu. **68**

II. Anspruch von Z gegen die Vor-GmbH auf Zahlung von 10000 EUR nach §§ 128 Satz 1, 161 Abs. 2 HGB i.V.m. § 488 Abs. 1 Satz 2 BGB, §§ 124 Abs. 1, 161 Abs. 2 HGB

Da die Vor-GmbH persönlich haftende Gesellschafterin einer KG ist, kann sie die „persönliche" Haftung nach §§ 128 Satz 1, 161 Abs. 2 HGB treffen. Denn die Vor-GmbH ist notwendige Vorstufe zu der mit der Eintragung entstehenden GmbH. Eine Verbindlichkeit der KG gegenüber Z besteht in Höhe von 10000 EUR. Für diese Verbindlichkeit haftet die Vor-GmbH akzessorisch nach §§ 128 Satz 1, 161 Abs. 2 HGB. Z steht daher gegen die Vor-GmbH ein Anspruch auf Zahlung von 10000 EUR nach §§ 128 Satz 1, 161 Abs. 2 HGB i.V.m. § 488 Abs. 1 Satz 2 BGB, §§ 124 Abs. 1, 161 Abs. 2 HGB zu. **69**

III. Anspruch von Z gegen A, B und C auf Zahlung von 10000 EUR

1. Haftung von A, B und C als Gründungsgesellschafter der Vor-GmbH für deren Verbindlichkeiten

a) Ansatz des BGH und von Teilen des Schrifttums

aa) Grundsatz: Unbeschränkte Innenhaftung

(1) Unbeschränkte Haftung der Gesellschafter für Verbindlichkeiten der Vor-GmbH

Die Haftung der Gründer einer Vor-GmbH muss nach Auffassung des BGH[46] deshalb unbeschränkt sein, weil nach allgemeinen Grundsätzen des bürgerlichen Rechts und des Handelsrechts jemand, der als Einzelperson oder mit anderen Personen Geschäfte betreibe, für die daraus entstehenden Verpflichtungen unbeschränkt hafte. Dieser Grundsatz könne durch Gesetz (z.B. §§ 171ff. HGB, § 1 Abs. 1 Satz 2 AktG, § 13 Abs. 2 GmbHG) oder Vereinbarung abgeändert sein. Deshalb bedürfe außerhalb der gesetzlich geregelten Fälle eine beschränkte Haftung der Begründung. **70**

---

[46] BGHZ 134, 333, 335; vgl. zu den Haftungsverhältnissen in der Vor-GmbH *Drygala* Jura 2003, 433ff.; *Langenbucher* JuS 2004, 387, 388f. und *Lutter* JuS 1998, 1073, 1075ff.

71 § 13 Abs. 2 GmbHG stehe der Annahme einer unbeschränkten Haftung nicht entgegen. Denn diese Regelung sei lediglich auf die eingetragene GmbH zugeschnitten, sodass eine Ausdehnung auf die Vor-GmbH wegen § 11 Abs. 1 GmbHG ausscheide.[47] Außerdem bestünde ein Wertungswiderspruch, wenn die Haftung der Gesellschafter in der Vor-GmbH beschränkt sei, nach Eintragung in Gestalt der Unterbilanzhaftung (Vorbelastungshaftung) jedoch eine unbeschränkte Haftung eingriffe.[48] Um den Gesellschaftern keinen Anreiz zu geben, die Eintragung nicht weiter zu betreiben, dürfe für die Haftung nicht nach dem Zeitpunkt vor und nach Eintragung der GmbH unterschieden werden.

72 Danach besteht eine unbeschränkte Haftung der mit der Aufnahme der Geschäftstätigkeit einverstandenen Gründer für alle Verluste der Vor-GmbH.[49] Damit obliegt den Gesellschaftern das Geschäftsrisiko der Gesellschaft in der Gründungsphase. Denn sie haben die durch die Geschäftstätigkeit der GmbH entstandene, sich aus der sog. Vorbelastungsbilanz ergebende Deckungslücke auszugleichen, sofern es sich nicht um gesetzliche oder satzungsmäßige Gründungskosten wie Notarkosten oder Grundbuchkosten handelt. Die Gesellschafter haben die volle Differenz zwischen dem tatsächlich vorhandenen Gesellschaftsvermögen abzüglich Schulden und dem Stammkapital auszugleichen. Deshalb kann diese Haftung über die Stammkapitalsumme hinausgehen. Die Gesellschafter müssen anteilig im Verhältnis der übernommenen Stammeinlagen (ggf. Ausfallhaftung der übrigen Gesellschafter nach § 24 GmbHG) haften. Es stellt sich aber die Frage, ob diese unbeschränkte Haftung lediglich gegenüber der Gesellschaft (Innenhaftung) oder gegenüber den Gesellschaftsgläubigern (Außenhaftung) besteht.

(2) Lediglich Innenhaftung der Gesellschafter

73 Die grundsätzlich unbeschränkte Haftung der Gesellschafter für Verbindlichkeiten der Vor-GmbH besteht nach einem Ansatz nur als Innenhaftung der Gesellschaft gegenüber.[50] Dafür spricht nach Auffassung des BGH,[51] dass auf Grund der Nähe der Vor-GmbH zur rechtsfähigen GmbH diese Haftung für ihre Gesellschafter typischer sei als die für die oHG bestehende gesamtschuldnerische Außenhaftung der Gesellschafter. Den Gläubigern entstünden dadurch keine unzumutbaren Nachteile. Denn sie könnten im Wege der Pfändung den Verlustdeckungsanspruch der Vor-GmbH gegen die Gründer verwerten.

(3) Zwischenergebnis

74 Nach dem Ansatz des BGH[52] besteht grundsätzlich keine unmittelbare persönliche Haftung der Gesellschafter einer Vor-GmbH im Außenverhältnis. Die Gesellschafter einer Vor-GmbH haften danach grundsätzlich nicht gegenüber den Gläubigern der Vor-GmbH. Es besteht lediglich eine den übernommenen Anteilen entsprechende unbeschränkte persönliche Haftung gegenüber der Vor-GmbH im Innenverhältnis (sog. Verlustdeckungshaftung).

[47] BGHZ 134, 333, 336.
[48] BGHZ 134, 333, 337.
[49] BGHZ 134, 333, 337.
[50] BGHZ 134, 333, 336, 338 ff.
[51] BGHZ 134, 333, 336, 339.
[52] BGHZ 134, 333 ff.

bb) Ausnahmefälle mit der Folge unbeschränkter Außenhaftung

Nach der Rechtsprechung des BGH[53] besteht eine Außenhaftung der Gesellschafter einer Vor-GmbH gegenüber den Gläubigern der Vor-GmbH dann, wenn die Pfändung des Verlustdeckungsanspruchs unnötige Förmelei wäre. Der BGH entwickelt hierzu verschiedene Fallgruppen, nämlich (1.) Vermögenslosigkeit der Vor-GmbH, (2.) Handlungsunfähigkeit der Vor-GmbH, (3.) Vorhandensein nur eines Gläubigers der Vor-GmbH, (4.) Einmanngründung und (5.) die sog. „unechte" Vor-GmbH. **75**

(1) Vermögenslosigkeit der Vor-GmbH

Die Vor-GmbH darf über kein oder kein wesentliches Vermögen verfügen. Dies ist dann der Fall, wenn die Vor-GmbH mit Ausnahme der Verlustdeckungsansprüche gegen ihre Gesellschafter über kein weiteres Vermögen verfügt. Indizien dafür können sein, dass ein Insolvenzantrag keine Aussicht auf Erfolg verspricht oder mangels Masse abgelehnt ist. **76**

Die Vor-GmbH ist nicht vermögenslos. Denn die geleisteten Stammeinlagen in Höhe von insgesamt 30 000 EUR sind mit Ausnahme der Kosten für die EDV-Anlagen in Höhe von 2 000 EUR und die monatliche Miete in Höhe von 1 500 EUR noch unangetastet. Die Verpflichtung gegenüber Y zur Bezahlung der Büromöbel in Höhe 8 000 EUR besteht nicht gegen die Vor-GmbH (siehe Rn. 8). **77**

(2) Handlungsunfähigkeit der Vor-GmbH

Eine Vor-GmbH ist handlungsunfähig, wenn kein Geschäftsführer vorhanden ist. **78**

Die Vor-GmbH ist hier nicht handlungsunfähig, sondern hat mit B und C zwei Geschäftsführer. **79**

(3) Vorhandensein nur eines Gläubigers

Die Vor-GmbH hat nicht nur einen einzigen Gläubiger, da neben dem Kaufvertrag mit Y zumindest zwei weitere vertragliche Verpflichtungen bestehen: Mit Zustimmung von A und B bezieht nämlich Geschäftsführer C von F namens der GmbH in Gründung EDV-Anlagen zu einem Preis von 2 000 EUR und mietet von V namens der GmbH in Gründung Büroräume zu einer Miete von 1 500 EUR monatlich. Da A und B dem Abschluss dieser Rechtsgeschäfte zustimmen, kommt es nicht auf die umstrittene Frage an, ob der Geschäftsführer einer Vor-GmbH Vertretungsmacht nur für notwendige Gründungsgeschäfte oder aber ohne jede Beschränkung hat. **80**

(4) Einmanngründung

Eine Einmanngründung liegt nicht vor, da die Vor-GmbH mit A, B und C drei Gesellschafter hat. **81**

(5) Sog. „unechte" Vor-GmbH

Um eine sog. „unechte" Vor-GmbH handelt es sich, wenn die Gesellschafter einer Vor-GmbH nach Aufgabe der Eintragungsabsicht den Geschäftsbetrieb werbend und nicht lediglich zu Liquidationszwecken fortführen.[54] Eine „unechte" Vor- **82**

[53] *BGH* NJW 2003, 429 ff.; BGHZ 134, 333, 341; vgl. auch *Windbichler* § 21 Rn. 25.
[54] *BGH* NJW 2003, 429.

GmbH ist danach dadurch gekennzeichnet, dass (1.) trotz eines formgerechten GmbH-Vertrages entweder die Gründung einer GmbH von Anfang an nicht beabsichtigt ist und die Gesellschaft trotzdem nach außen als Vor-GmbH auftritt oder (2.) die Gesellschafter den Geschäftsbetrieb der GmbH fortführen, obwohl das Scheitern der Gründung für sie feststeht. Ein Kriterium dafür kann darin liegen, dass die Gesellschafter die Eintragung in das Handelsregister nicht mehr betreiben (z.B. Rücknahme des Eintragungsantrags, Nichtbeseitigung von Eintragungshindernissen) und trotzdem weiter als Vor-GmbH auftreten. In den Fällen, in denen die Eintragungsabsicht schon ursprünglich fehlt oder nachträglich wegfällt, liegt eine Personengesellschaft vor.[55] Diese Gesellschaft kann eine BGB-Gesellschaft oder beim Betrieb eines Handelsgewerbes eine oHG sein. Das Recht der Vor-GmbH kommt nicht zur Anwendung, da die Vor-GmbH bloßes Durchgangsstadium und infolgedessen notwendig auf die Entstehung einer GmbH ausgerichtet ist. Ein solches Durchgangsstadium ist bei einer „unechten" Vor-GmbH aber nicht mehr gegeben, weil das Scheitern der Entstehung einer GmbH auf Grund der Aufgabe der Eintragungsabsicht feststeht.

83 Die Gesellschafter haften nach personengesellschaftsrechtlichen Grundsätzen. Zudem besteht eine unbeschränkte Außenhaftung der Gesellschafter. Scheitert nämlich die Gründung einer GmbH, die im Einverständnis ihrer Gesellschafter schon vor der Eintragung in das Handelsregister die Geschäfte aufnimmt, finden die Grundsätze der Verlustdeckungshaftung allein dann Anwendung, wenn die Vor-GmbH die Geschäftstätigkeit sofort beendet und die Gesellschafter die Vorgesellschaft abwickeln. Führt die Vor-GmbH hingegen nach diesem Zeitpunkt die Geschäfte fort, haben die Gründer für sämtliche Verbindlichkeiten der Vorgesellschaft, auch für die bis zum Scheitern entstandenen (Rechtsgedanke §§ 25, 28 HGB), nach personengesellschaftsrechtlichen Grundsätzen einzustehen.[56]

84 Hier geben A, B und C zwar die Eintragungsabsicht am 15.2.2014 auf. Doch kommen nach diesem Zeitpunkt keine Geschäfte zu Stande. Vielmehr wickeln A, B und C die Vor-Gesellschaft ab. Deshalb haften A, B und C nicht für die bis zum Scheitern entstandenen Verbindlichkeiten nach personengesellschaftsrechtlichen Grundsätzen.

cc) Zwischenergebnis

85 Ein Ausnahmefall, der nach der Rechtsprechung zu einer unbeschränkten Außenhaftung der Gesellschafter führen würde, liegt nicht vor. A, B und C haften nicht nach personengesellschaftsrechtlichen Grundsätzen für die Verbindlichkeiten der Vor-GmbH. Auf die umstrittene Frage, ob die unbeschränkte Außenhaftung der Gesellschafter einer Vor-GmbH in den (Ausnahme-)Fällen der Vermögenslosigkeit der Vor-GmbH, der Handlungsunfähigkeit der GmbH oder des Vorhandenseins nur eines Gläubigers lediglich anteilig entsprechend ihrer Beteiligung *(pro rata)*[57] oder aber gesamtschuldnerisch[58] besteht, kommt es daher nicht mehr an. Es bestehen keine Ansprüche von Z gegen A, B und C auf Zahlung von 10000 EUR. Z ist

[55] *BGH* NJW 2003, 429, 430.

[56] *BGH* NJW 2003, 429, 430; BGHZ 80, 129, 142.

[57] So *BAG* BB 1997, 2535f.; NJW 1998, 628, 629; *BFH* NJW 1998, 2926, 2927; *BSG* ZIP 2000, 494, 496; Baumbach/Hueck/*Hueck/Fastrich* § 11 Rn. 26; *Ulmer* ZIP 1996, 736, 737f.

[58] So *LAG Hessen* GmbHR 1998, 782, 783; *Ensthaler* BB 1997, 1210f.

vielmehr darauf angewiesen, Ansprüche der Vor-GmbH gegen deren Gesellschafter A, B und C zu pfänden und sich überweisen zu lassen (§§ 829, 835 ZPO).

b) Abweichender Ansatz: Stets unbeschränkte Außenhaftung der Gesellschafter

Teile des Schrifttums sprechen sich für eine unbeschränkte gesamtschuldnerische Außenhaftung der Gesellschafter einer Vor-GmbH aus.[59] Sie stimmen dem Ausgangspunkt des BGH zu, wonach nach dem gesetzlichen Regelfall die Haftung der Gesellschafter unbeschränkt sei. Nach der gesetzlichen Konzeption sei aber auch regelmäßig eine Außenhaftung gegeben. Eine bloße Innenhaftung der Gesellschafter beschränke demgegenüber die grundsätzlich gegebene unbegrenzte persönliche Haftung. Dies bedürfe einer gesetzlichen Grundlage, die hier nicht gegeben sei. Nach dem Ansatz des BGH müssten Gläubiger der Gesellschaft erst einen Titel gegen die Gesellschaft erwirken und dann in deren Forderungen gegen die Gründer vollstrecken. Einstweiliger Rechtsschutz direkt gegen die Gesellschafter sei nicht zu erlangen. Deshalb müssten die Gesellschafter unternehmerisch tätiger Gesellschaften unbeschränkt haften, soweit und solange sie nicht die gesetzlichen Voraussetzungen einer anerkannten Rechtsform mit beschränkter Haftung erfüllt hätten.[60] **86**

Nach diesem Ansatz haften A, B und C gegenüber Z unmittelbar persönlich in Höhe von 10000 EUR. **87**

c) Stellungnahme

Mit dem *BGH* ist eine unbeschränkte Innenhaftung der Gesellschafter einer Vor-GmbH für die Verbindlichkeiten der Vor-GmbH anzunehmen. Eine unbeschränkte Außenhaftung erscheint mit dem Wesen der Kapitalgesellschaft kaum vereinbar. Denn ein Merkmal der Kapitalgesellschaft besteht darin, dass die Gesellschafter nur intern und anteilig für die Aufbringung und Erhaltung des Stammkapitals haften. Da sich nur hierauf das Vertrauen der Gläubiger richtet, ist eine Außenhaftung auch bei einer noch nicht eingetragenen GmbH nicht gerechtfertigt. Die Annahme eines allgemeinen Grundsatzes, wonach die Gesellschafter bis zur Erfüllung der gesetzlichen Voraussetzungen einer anerkannten Rechtsform mit beschränkter Haftung im Außenverhältnis unbeschränkt haften, erscheint auch wegen § 176 Abs. 1 Satz 1 HGB bedenklich; denn danach haften die dem Geschäftsbeginn zustimmenden Kommanditisten vor Eintragung der KG nicht ohne weiteres unbeschränkt, sondern nur dann, wenn ihre Beteiligung als Kommanditist dem Gläubiger nicht bekannt war: bei einem Auftreten für eine „GmbH" oder „GmbH i.G." als persönlich haftende Gesellschafterin einer GmbH & Co. KG ist aber die Haftungsbeschränkung aller übrigen Gesellschafter, nämlich der Kommanditisten, deutlich. **88**

d) Ergebnis

Es besteht kein Anspruch von Z gegen A, B und C in deren Eigenschaft als Gesellschafter der Vor-GmbH auf Zahlung von 10000 EUR. **89**

---

[59] *K. Schmidt* § 34 III 3c aa; *Altmeppen* NJW 1997, 3272.
[60] *K. Schmidt* § 18 IV 1b, bb.

2. Haftung von A, B und C als Kommanditisten

a) § 176 Abs. 1 HGB

90 Eine persönliche Haftung von A, B und C als Kommanditisten nach § 176 Abs. 1 HGB scheidet aus. Zwar beginnt die KG mit Zustimmung aller Gesellschafter ihre Geschäfte vor Registereintragung; infolge des Auftretens als GmbH & Co KG ist indessen deutlich, dass die übrigen Gesellschafter neben der Komplementär-GmbH nur beschränkt haften. Dies ist dem Gläubiger infolgedessen bekannt i.S.d. § 176 Abs. 1 Satz 1 HGB.[61] Dafür spricht auch die Regelung des § 19 Abs. 2 HGB.

b) § 171 Abs. 1 HGB

91 In Betracht kommt eine Haftung nach § 171 Abs. 1 HGB, wonach Kommanditisten den Gläubigern der Gesellschaft bis zur Höhe ihrer Einlage unmittelbar haften. Zu unterscheiden sind die für das Außenverhältnis maßgebliche, auf einen Euro-Betrag lautende Haftsumme und die im Innenverhältnis wirkende Pflichteinlage.

92 Bei A und B sind Haftsumme und Pflichteinlage identisch (jeweils 500000 EUR); beide leisten die Einlage in vollem Umfang, sodass eine persönliche Haftung entfällt (§ 171 Abs. 1 Hs. 2 HGB).

93 Bei C beträgt die Haftsumme ebenfalls 500000 EUR, die Pflichteinlage besteht jedoch nur in der Einbringung eines Grundstücks nebst Fabrikhalle mit einem Verkehrswert von 200000 EUR; diese Pflichteinlage ist nach § 171 Abs. 1 Hs. 2 HGB in Höhe des objektiven Wertes auf die Haftsumme anzurechnen.[62] Im Hinblick auf den Differenzbetrag besteht weiterhin eine persönliche Haftung des C, der deshalb gegenüber Z bis zu einem Betrag in Höhe von 300000 EUR persönlich haftet.

94 Z steht gegen C, nicht aber gegen A und B ein Anspruch auf Zahlung von 10000 EUR nach § 171 Abs. 1 HGB zu.

3. Haftung von A, B und C nach § 11 Abs. 2 GmbHG

a) Haftung des C als handelnder Geschäftsführer

95 Nach § 11 Abs. 2 GmbHG haftet persönlich, wer vor Eintragung der Vor-GmbH rechtsgeschäftlich oder rechtsgeschäftsähnlich „im Namen der Gesellschaft" handelt. Die Haftung nach § 11 Abs. 2 GmbHG dient der Gläubigersicherung, da ihnen gegenüber noch keine juristische Person mit Kapitalsicherung haftet. Außerdem sollen die Geschäftsführer dazu angehalten sein, zügig die Handelsregistereintragung herbeizuführen. Handelnder i.S.d. § 11 Abs. 2 GmbHG ist, wer als Geschäftsführer oder wie ein Geschäftsführer für die künftige GmbH auftritt.[63] § 11

[61] *BGH* NJW 1983, 2258, 2260; WM 1986, 1280; *K. Schmidt* § 56 III 3b; *Müller-Graff/Blank* JuS 1992, 493, 495f.

[62] BGHZ 61, 59, 72.

[63] BGHZ 47, 25, 28; 65, 378, 380; 91, 148, 149.

Abs. 2 GmbHG erfasst rechtsgeschäftliches und rechtsgeschäftsähnliches Handeln gegenüber Dritten. § 11 Abs. 2 GmbHG gilt hingegen nicht für Verbindlichkeiten kraft Gesetzes wie die Beiträge zur Sozialversicherung. Schadensersatzansprüche sind nur erfasst, wenn sie auf dem geschäftlichen Kontakt beruhen (§ 280 Abs. 1 BGB). Für Bereicherungsansprüche gilt § 11 Abs. 2 GmbHG stets. § 11 Abs. 2 GmbHG gilt jedoch nicht bei Drittgeschäften mit den Gesellschaftern. Nach dem Wortlaut des § 11 Abs. 2 GmbHG ist nur ein Handeln namens der künftigen GmbH („der Gesellschaft"), nicht hingegen auch ein Handeln namens der Vor-GmbH erfasst. Das Schrifttum[64] lässt jedoch sowohl ein Handeln namens der künftigen GmbH als auch namens der Vor-GmbH genügen, weil eine tatbestandliche Differenzierung oft schwierig sei. Außerdem seien Vor-GmbH und GmbH dieselben Rechtsträger (Identität). Auf eine Kenntnis des Dritten kommt es nach überwiegender Auffassung nicht an, weil § 11 Abs. 2 GmbHG keine Vertrauenshaftung begründe. § 11 Abs. 2 GmbHG ist dispositiv, sodass durch Vertrag mit der anderen Vertragspartei ein Haftungsausschluss zu Stande kommen kann.[65]

Bei einer Haftung nach § 11 Abs. 2 GmbHG muss der Handelnde die Verpflichtung so erfüllen, als wäre der Vertrag mit der GmbH zu Stande gekommen. Ihm selbst stehen keine Gegenansprüche aus Vertrag zu. Es kommt zu einer akzessorischen Haftung des Handelnden. Dem Handelnden können bei pflichtgemäßem Handeln Rückgriffsansprüche gegen die Vor-GmbH aus Geschäftsführung ohne Auftrag (§§ 677 ff. BGB) und gegen die Gründer nach der Verlustdeckungshaftung zustehen.[66] Die Haftung nach § 11 Abs. 2 GmbHG erlischt, sobald die begründete Verbindlichkeit der Vor-GmbH auf die GmbH übergeht. Dies geschieht wegen der Identität von Vor-GmbH und GmbH mit der Entstehung der GmbH, also der Eintragung der Vor-GmbH in das Handelsregister. Des Normzwecks von § 11 Abs. 2 GmbHG bedarf es ab diesem Zeitpunkt nicht mehr. Eine Ausnahme davon kommt nur für den Fall in Betracht, dass der Handelnde seine Vertretungsmacht überschritten hat. **96**

C ist zwar Geschäftsführer der Vor-GmbH und begründet eine rechtsgeschäftliche Verbindlichkeit. Er handelt aber nicht im Namen der künftigen GmbH, sondern im Namen der KG; der BGH[67] wendet § 11 Abs. 2 GmbHG aber auch auf diesen Fall an: Handelt der Geschäftsführer einer Komplementär-Vor-GmbH im Namen der KG und löst er hierdurch die Haftung der Vor-GmbH nach §§ 128 Satz 1, 161 Abs. 2 HGB aus, haftet er bis zur Eintragung der GmbH persönlich nach § 11 Abs. 2 GmbHG. Nur bei einer Handelndenhaftung des Geschäftsführers sei nämlich die Eignung der Vor-GmbH als Komplementärin einer KG zu bejahen; denn § 11 Abs. 2 GmbHG diene als Ausgleich für die noch fehlende Registerkontrolle und Publizität sowie die noch nicht uneingeschränkt anwendbaren Kapitalschutzvorschriften.[68] C begründet eine Haftung der Vor-GmbH nach §§ 128 Satz 1, 161 Abs. 2 HGB für die Verbindlichkeit der KG gegenüber Z in Höhe von 10000 EUR (siehe Rn. 69). Er haftet daher nach § 11 Abs. 2 GmbHG gegenüber Z auf Zahlung von 10000 EUR. **97**

[64] *Roth/Altmeppen* § 11 Rn. 21–27.
[65] Baumbach/Hueck/*Fastrich* § 11 Rn. 48.
[66] *OLG Oldenburg* NZG 2000, 378, 379.
[67] BGHZ 80, 129, 133.
[68] BGHZ 80, 129, 133.

b) Haftung von A und B

98 Handelnder i. S. d. § 11 Abs. 2 GmbHG ist nur, wer als Geschäftsführer oder wie ein Geschäftsführer für die künftige GmbH auftritt.[69] Allein die Zustimmung zu einem Geschäft der Vor-GmbH reicht nicht aus. Deshalb sind regelmäßig die Gesellschafter, die lediglich der Aufnahme des Geschäftsbetriebs durch die Vorgesellschaft zustimmen, nicht Handelnde i. S. d. § 11 Abs. 2 GmbHG.[70] A und B haften daher nicht nach § 11 Abs. 2 GmbHG gegenüber Z auf Zahlung von 10000 EUR.

[69] MünchKommGmbHG/*Merkt* § 11 Rn. 131.

[70] Baumbach/Hueck/*Fastrich* § 11 Rn. 43; a. A. *Beuthien* ZIP 1996, 309 ff.; *Wilhelm* DB 1996, 921, 923.

Fall 6. Scheiden tut weh

Nach BGHZ 164, 98 und BGHZ 164, 107.

Sachverhalt

Teil 1

Die Allerbeste-Getränke-GmbH (A) betreibt eine Vielzahl von Getränkemärkten, die jeweils in der Rechtsform einer GmbH organisiert sind. Für das operative Geschäft in dem jeweiligen Getränkemarkt ist ein Vor-Ort-Geschäftsführer zuständig. Die administrativen Aufgaben erledigt ein zweiter Geschäftsführer von A. Das Unternehmenskonzept von A zielt darauf ab, die Motivation des Geschäftsführers, der sich als Unternehmer „seines" Marktes fühlen soll, zu steigern. Zur Verwirklichung dieses Konzepts beteiligt A den jeweiligen Vor-Ort-Geschäftsführer mit einem Geschäftsanteil von bis zu 10% an der von ihm geleiteten GmbH. Das restliche Stammkapital hält A. Der Geschäftsführer hat für den Erwerb seines Anteils regelmäßig nur den Nominalwert zu zahlen und ist am Gewinn, nicht aber am Verlust der Gesellschaft beteiligt. Zugleich vereinbart A mit dem Geschäftsführer, dass seine Gesellschafterstellung endet, wenn A ihn als Geschäftsführer abberuft und/oder sein Geschäftsführeranstellungsvertrag beendet ist. Dazu gibt der Geschäftsführer bei dem Erwerb des Geschäftsanteils ein Angebot zum Rückkauf und zur Rückübertragung des Geschäftsanteils im Falle der Abberufung und/oder der Beendigung des Geschäftsführeranstellungsvertrages ab. Dieses Angebot kann A nach dem Bedingungseintritt nur binnen zwei Monaten annehmen. Als Kaufpreis für den Rückkauf ist ein Betrag vereinbart, der sich nach dem Einheitswert des Betriebsvermögens und einem dreijährigen Durchschnittsertrag richtet, jedoch das Zehnfache des Nominalwerts nicht übersteigen darf. Im Übrigen ist in dem Gesellschaftsvertrag der jeweiligen Gesellschaft bestimmt, dass eine Übertragung von Geschäftsanteilen nur mit Zustimmung der Gesellschaft zulässig ist.

Bertram Beiersdorfer (B) ist Geschäftsführer der „Drinky-Markt GmbH Berlin" (D), deren Stammkapital 100000 EUR beträgt. B erhält von D für die Ausübung der Geschäftsführertätigkeit ein Gehalt von monatlich brutto 8000 EUR. Mit Vertrag vom 30.12.2009 erlangt er nach dem geschilderten Unternehmenskonzept die Stellung als Mitgesellschafter. Dazu erwirbt er von A einen Geschäftsanteil in Höhe von nominal 20000 EUR, für den er den gleichen Betrag bezahlt. Ebenfalls am 30.12.2009 lässt B ein vorformuliertes Kauf- und Abtretungsangebot der oben beschriebenen Art notariell beurkunden. In den Jahren 2010 und 2011 erhält B Gewinne der D in Höhe von durchschnittlich jeweils 148556,89 EUR.

Am 28. 5. 2013 kommt es zur Abberufung des B als Geschäftsführer und der Kündigung seines Anstellungsvertrages mit den Stimmen von A, die über sämtliche erforderlichen Mehrheiten im Hinblick auf D verfügt. Mit Erklärung vom 1.6.2013 nimmt A das Kauf- und Abtretungsangebot des B vom 30.12.2009 an. Als Abfindung zahlt A dem D 20000 EUR.

B hält den Kauf- und Abtretungsvertrag für nichtig. B sieht insbesondere einen Verstoß gegen den gesellschaftsrechtlichen Gleichbehandlungsgrundsatz. Er bittet deshalb Rechtsanwalt Horst Hurtig (H) hierzu um Rechtsrat.

Teil 2

Ernst Ettaler (E) ist einer von 205 Arbeitnehmern bei D. Zur Verwirklichung ihres Unternehmenskonzepts entschließt sich A, auch Mitarbeiter der operativen GmbHs als Gesellschafter zu beteiligen. Dazu überträgt A u.a. auf E im Jahr 2005 einen Geschäftsanteil an D im Nominalwert von 1 000 EUR gegen Zahlung eines gleich hohen Betrages. Nach einer Kapitalerhöhung im Jahre 2006 überlässt A dem E einen weiteren Geschäftsanteil an D im Nominalwert von 1 000 EUR, diesmal unentgeltlich. E erklärt sich in beiden Fällen zur Rückübertragung der Anteile im Falle eines Ausscheidens aus den Diensten der D bereit und gibt dazu aufschiebend bedingte Rückabtretungsangebote ab. Als Gegenleistung soll E bei der Rückabtretung dasjenige erhalten, was er für die Anteile gezahlt hat. In § 9 des Gesellschaftsvertrages von D heißt es:

„(1) Eine Abtretung von Geschäftsanteilen ist nur an A oder an deren Rechtsnachfolger oder an einen von A oder deren Rechtsnachfolger zu benennenden Dritten zulässig, soweit es sich nicht um Abtretungen seitens der A oder deren Rechtsnachfolger handelt. Verpfändungen sind unzulässig.

(2) Soweit ein Gesellschafter aus den Diensten der Gesellschaft ausscheidet – und zwar gleich aus welchen Gründen –, ist er – im Todesfall sein Erbe – verpflichtet, sämtliche Geschäftsanteile an A oder ihren Rechtsnachfolger oder einen von diesem zu bestimmenden Dritten abzutreten. Die Verpflichtung ist unverzüglich nach Beendigung des Arbeitsverhältnisses – im Fall einer Kündigung nach deren Zugang unbeschadet dagegen etwa erhobener Einwendungen zu erfüllen.

(3) Das Entgelt für die Abtretung besteht in allen Fällen in Höhe desjenigen Betrages, den der Gesellschafter für den oder die abzutretenden Geschäftsanteile selbst gezahlt hat."

Im Zuge einer weiteren Kapitalerhöhung übernimmt E am 2.5.2007 unentgeltlich einen weiteren Geschäftsanteil an D im Nominalwert von 10 000 EUR.

Am 19.10.2013 beendet E aus gesundheitlichen Gründen das Arbeitsverhältnis mit A. Daraufhin erklärt A die Annahme der Rückabtretungsangebote aus 2005 und 2006. Außerdem zahlt A an E 4 000 EUR Abfindung. A verlangt die Rückabtretung auch des Geschäftsanteils über nominal 10 000 EUR. E bittet Rechtsanwalt Stefan Schlau (S) um Überprüfung, ob er hierzu verpflichtet ist.

In einem Gutachten, das auf alle aufgeworfenen Rechtsfragen eingeht, sind in der vorgegebenen Reihenfolge folgende Fragen zu beantworten:

1. Welche Auskunft erteilt H gegenüber B?
2. Welche Auskunft erteilt S gegenüber E?

Skizze

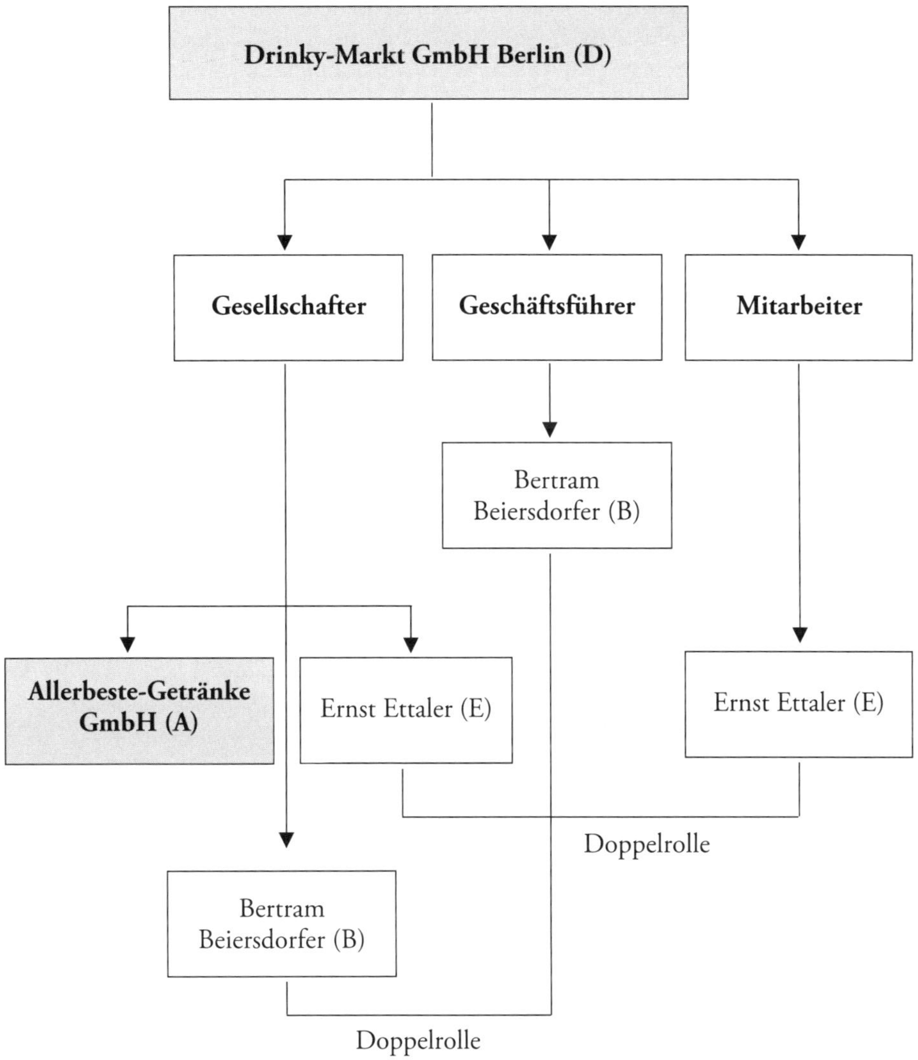

Gliederung

Rn.

Frage 1: Auskunft des H gegenüber B

Lösung

Frage 1: Auskunft des H gegenüber B

1 B könnte seine Gesellschafterstellung auf Grund des Vertrages mit A verloren haben.

I. Zustandekommen eines Rückübertragungsvertrages

2 Ein Rückübertragungsvertrag zwischen A und B ist zu Stande gekommen. B gibt am 30.12.2009 gegenüber A einen Kauf- und Abtretungsantrag (§ 145 BGB) ab.

Diesen Antrag nimmt B am 1.6.2013 an (§§ 146ff. BGB). Fraglich ist aber, ob dieser Vertrag wirksam ist.

II. Wirksamkeit des Rückübertragungsvertrages

1. Verstoß gegen § 138 Abs. 1 BGB

a) Allgemeine Beurteilungskriterien

3 Zur Einhaltung bestimmter ethischer Grundanforderungen im rechtsgeschäftlichen Verkehr ist in § 138 Abs. 1 BGB eine Generalklausel enthalten. Danach ist ein Rechtsgeschäft, das gegen die guten Sitten verstößt, nichtig. Dies setzt voraus, dass das Rechtsgeschäft gegen das Anstandsgefühl aller billig und gerecht Denkenden verstößt.[1] Bei der Konkretisierung des Begriffs der „guten Sitten" sind insbesondere die Ordnungsprinzipien und Wertmaßstäbe der Rechtsordnung heranzuziehen.[2] Besondere Bedeutung ist dabei der Wertordnung des Grundgesetzes zuzuweisen. Denn auf Grund der mittelbaren Drittwirkung der Grundrechte strahlen diese über die Generalklauseln auf das Zivilrecht aus.[3] Für die Feststellung der Sittenwidrigkeit eines Rechtsgeschäfts kommt es auf eine Gesamtwürdigung der Umstände des Einzelfalls an. Hierbei sind der Inhalt, die Begleitumstände und die Auswirkungen des Rechtsgeschäfts sowie die Beweggründe der Beteiligten von Bedeutung.[4]

b) Beurteilung von Hinauskündigungsklauseln

aa) Grundsatz: Nichtigkeit von Hinauskündigungsklauseln nach § 138 Abs. 1 BGB

4 Bestimmungen in dem Gesellschaftsvertrag einer GmbH, aber auch einer Personengesellschaft, die einem Gesellschafter, einer Gruppe von Gesellschaftern oder der Gesellschaftermehrheit das Recht einräumen, einen Mitgesellschafter ohne sachlichen Grund aus der Gesellschaft auszuschließen (sog. Hinauskündigungsklauseln), könnten – jedenfalls grundsätzlich – wegen Verstoßes gegen die guten Sitten nach § 138 Abs. 1 BGB nichtig sein.[5] Dasselbe könnte dann gelten, wenn – wie hier – eine neben dem Gesellschaftsvertrag getroffene schuldrechtliche Vereinbarung zu demselben Ergebnis führen soll.[6] Dazu müsste der betroffene Gesellschafter schutzwürdig sein. Die freie Ausschließungsmöglichkeit kann dazu führen, dass der Gesellschafter wegen der Gefahr des jederzeit möglichen Ausschlusses („Damoklesschwert") von seinen Mitgliedschaftsrechten nicht nach eigener Entscheidung Gebrauch macht, um die Ausübung des Ausschließungsrechts zu verhindern.[7] Vor der damit begründeten Beeinträchtigung der Entscheidungsfreiheit des betroffenen Gesellschafters ist jedenfalls grundsätzlich durch die Nichtigkeit der Hinauskündigungsklausel nach § 138 Abs. 1 BGB Schutz zu gewähren.[8]

---

1 *BGH* NJW 1999, 2266, 2267.

2 BGHZ 80, 153, 156; 106, 336, 338.

3 *BVerfG* NJW 1994, 36, 38; BGHZ 70, 313, 324. Demgegenüber will *Canaris,* Grundrechte S. 47 ff., auf die Funktion der Grundrechte als „Eingriffsverbote" und „Schutzgebote" abstellen.

4 *BGH* NJW 2002, 361, 362.

5 Bejahend BGHZ 81, 263, 266 ff.; 105, 213, 216 f.; 112, 103, 107 f.; 164, 98, 101.

6 Bejahend BGHZ 112, 103, 107; 164, 98, 101.

7 BGHZ 164, 98, 101.

8 BGHZ 164, 98, 101.

bb) Ausnahmen

(1) Erfordernis einer sachlichen Rechtfertigung

5 Der Grundsatz, wonach Hinauskündigungsklauseln gegen § 138 Abs. 1 BGB verstoßen, kann im Einzelfall Einschränkungen erfahren.[9] So kann eine Hinauskündigungsklausel oder eine vergleichbare schuldrechtliche Regelung wirksam sein, wenn sie wegen besonderer Umstände sachlich gerechtfertigt ist.[10] Ein solcher Umstand kann darin liegen, dass

- der ausschließungsberechtigte Gesellschafter auf Grund enger persönlicher Beziehung zu seiner Mitgesellschafterin die Gesellschaft vollständig finanziert sowie der Partnerin eine Mehrheitsbeteiligung und die Geschäftsführung überträgt,[11] oder
- eine Praxisgemeinschaft von Ärzten einen neuen Gesellschafter aufnimmt und sich dabei vorbehalten will, in einem bestimmten Zeitrahmen zu prüfen, ob „man zueinander passt,[12] oder
- in einer GmbH, in der alle Gesellschafter persönlich mitarbeiten, der betreffende Gesellschafter nicht mehr in dem Gesellschaftsunternehmen tätig ist.[13]

(2) Sachliche Rechtfertigung von Rückkauf- und Abtretungsvereinbarung

6 Hier stellt sich die Frage, ob die Rückkauf- und Abtretungsvereinbarung zwischen A und B einen derartigen Ausnahmefall darstellt.[14] A ist berechtigt, die Gesellschafterstellung des B zu beenden. Diese Berechtigung des A ist nicht an einen sachlichen Grund gebunden, sondern steht im freien Ermessen von A. A kann nämlich mit ihrer Stimmenmehrheit in der Gesellschafterversammlung den Geschäftsführer nach § 38 Abs. 1 GmbHG ohne Grund abberufen und damit die Bedingung für die Rückübertragung seines Geschäftsanteils herbeiführen. Für die Frage nach einer sachliche Rechtfertigung auf Grund der besonderen Umstände des Falles ist die Funktion dieser Berechtigung von A maßgebend. Die gesellschaftsrechtliche Beteiligung des jeweiligen Geschäftsführers – hier B – soll nach dem Unternehmenskonzept von A den Geschäftsführer stärker an das Unternehmen binden. Wirtschaftlich geht es dabei in erster Linie um die Teilhabe an dem – jeweils vollständig ausgeschütteten – Gewinn der Gesellschaft. So erhält B in den Jahren 2010 und 2011 Gewinne in Höhe von durchschnittlich jeweils 148 556,89 EUR. Dies übersteigt sein Gehalt als Geschäftsführer.

7 Demgegenüber kann B in der Gesellschafterversammlung seine Vorstellungen kaum gegen den Willen von A durchsetzen. Alle gesetzlichen und satzungsmäßigen Mehrheiten liegen bei A. Das finanzielle Risiko des B ist gering. Er muss für den Erwerb des Geschäftsanteils nur den Nennwert zahlen. Mit der Beendigung der Gesellschafterstellung des B verliert die Beteiligung ihren rechtfertigenden Sinn, B an das Unternehmen zu binden. Nur bei Rückübertragung kann A den Nachfolger von B im Amt des Geschäftsführers in gleicher Weise beteiligen. Von der Rückübertragung hängt damit die Möglichkeit zur dauerhaften Fortführung des Geschäftsmodells von A ab.

---

[9] BGHZ 164, 98, 102.
[10] BGHZ 164, 98, 102.
[11] BGHZ 112, 103.
[12] *BGH* ZIP 2004, 903, 905.
[13] *BGH* WM 1983, 956, 957.
[14] Zu Interessenabwägung eingehend BGHZ 164, 98, 101 ff.

B ist bei der Wahrnehmung seiner Mitgliedschaftsrechte nicht unter unangemessenen Druck gesetzt („Damoklesschwert“, vgl. Rn. 4). B befindet sich ohnehin gegenüber der Mehrheitsgesellschafterin A schon nach § 38 Abs. 1 GmbHG in Abhängigkeit. Die Folge, dass mit Beendigung der Geschäftsführerstellung auch die Gesellschafterstellung endet, erscheint hinnehmbar, weil die – von vornherein auf Zeit eingeräumte – Beteiligung in dem „Managermodell“ nur einen Annex zu der Geschäftsführerstellung darstellt.[15] Auf die Angemessenheit der Abfindung des Geschäftsführers kommt es für die Wirksamkeit der Hinauskündigungsregelung nicht an. Die Hinauskündigungsklausel verstößt daher nicht gegen § 138 Abs. 1 BGB. 8

2. Verstoß gegen den gesellschaftsrechtlichen Gleichbehandlungsgrundsatz

Die Vereinbarung des Rückkaufs und der Rückabtretung bei Wegfall der Geschäftsführerstellung verstößt dann nicht gegen den gesellschaftsrechtlichen Gleichbehandlungsgrundsatz, wenn für die Ungleichbehandlung ein sachlich rechtfertigender Grund vorliegt.[16] Hier kann nur der Geschäftsführer Adressat des von A betriebenen „Managermodells“, nicht aber die Kapitalgeberin A sein.[17] Daher liegt kein Verstoß gegen den gesellschaftsrechtlichen Gleichbehandlungsgrundsatz vor. 9

3. Verstoß gegen §§ 134, 622 Abs. 6 BGB

a) Grundsatz: Keine Beeinträchtigung der Kündigungsfreiheit durch Vermögensnachteil

Die Vereinbarung zwischen A und B könnte wegen Verstoßes gegen §§ 134, 622 Abs. 6 BGB nichtig sein. Die für Arbeitsverhältnisse vorgesehene Regelung des § 622 Abs. 6 BGB ist auf das Anstellungsverhältnis eines GmbH-Geschäftsführers entsprechend anwendbar.[18] Für einen Verstoß gegen § 622 Abs. 6 BGB müsste die Verknüpfung von Gesellschafterstellung, Geschäftsführeramt und Anstellungsvertrag eine nach § 622 Abs. 6 BGB unzulässige Kündigungsbeschränkung darstellen. Aus dem Verbot des § 622 Abs. 6 BGB ergibt sich allgemein das Verbot, durch vertragliche Absprachen eine ungleiche Kündigungslage zum Nachteil des Arbeitnehmers zu schaffen. Ein solcher Nachteil kann insbesondere ein Vermögensnachteil des Arbeitnehmers für den Fall einer von ihm erklärten Kündigung sein.[19] Denn der Arbeitnehmer soll im Hinblick auf die Beendigung seines Arbeitsverhältnisses frei entscheiden können.[20] 10

b) Ausnahmen

Der Grundsatz, wonach die Kündigungsfreiheit des B nicht durch einen Vermögensnachteil beeinträchtigt sein darf, erfährt eine Einschränkung dadurch, dass eine 11

[15] BGHZ 164, 98, 104; *Habersack* ZGR 2005, 451, 461 ff.; *Kowalski/Bormann* GmbHR 2004, 1438, 1440 f.; *Sosnitza* DStR 2005, 72, 74 f.; *Büttner/Tonner* BB 2005, 283, 285 f.; *Goette* DStR 1997, 337.

[16] BGHZ 116, 359, 372; 142, 304, 307.

[17] BGHZ 164, 98, 105.

[18] Zur analogen Anwendung der Regelungen des § 622 BGB über die Kündigungsfristen siehe BGHZ 79, 291; 91, 217, 220 f.; *BGH* NJW 1987, 2073, 2074; die Frage der analogen Anwendbarkeit des § 622 Abs. 6 BGB auf das Anstellungsverhältnis des Geschäftsführers einer GmbH offen lassend BGHZ 164, 98, 105.

[19] *BAG* DB 1956, 503, 504; 1990, 434.

[20] BGHZ 164, 98, 105.

bloße für B ungünstige Reflexwirkung seiner Kündigung nicht ausreicht, um einen für § 622 Abs. 6 BGB bedeutsamen Vermögensnachteil zu begründen. Hierfür kommt es auf eine Würdigung der Gesamtumstände unter Beachtung des Gebots der Verhältnismäßigkeit an.[21] Das Gewinnbezugsrecht des B ist mit einer Tantiemeregelung vergleichbar. Eine Tantiemeregelung fällt aber bei Beendigung des zu Grunde liegenden Vertragsverhältnisses weg. Hinzu kommt, dass B wegen seines geringen Anteils die Entscheidungen der Gesellschaft in der Gesellschafterversammlung kaum beeinflussen kann. Würde B an dem künftigen Wertzuwachs des Gesellschaftsvermögens teilhaben, erhielte er ohne die Geschäftsführerstellung einen unverdienten Vermögensvorteil. Deshalb verstößt die Rückkauf- und Abtretungsvereinbarung zwischen A und B nicht gegen §§ 134, 622 Abs. 6 BGB.[22]

4. Verstoß gegen §§ 305ff. BGB

12 Die Rückkauf- und Abtretungsvereinbarung könnte wegen Verstoßes gegen §§ 305ff. BGB unwirksam sein. Denn diese Vereinbarung ist vorformuliert und daher AGB i.S.d. § 305 Abs. 1 Satz 1 BGB.

a) Sachlicher Anwendungsbereich

13 Nach § 310 Abs. 4 Satz 1 BGB finden §§ 305ff. BGB keine Anwendung bei Verträgen auf dem Gebiet des Gesellschaftsrechts. Anteilskauf und Anteilsrückkauf erfüllen die Voraussetzungen dieser Bereichsausnahme,[23] sodass die folgenden Überlegungen hilfsgutachtlich anzustellen sind.

b) Verstoß gegen § 308 Nr. 1 BGB

14 Die Frist, binnen derer A das Rückübertragungsangebot des B annehmen kann, ist auf zwei Monate ab dem Ende der Geschäftsführerstellung und/oder des Anstellungsvertrages bemessen. Das ist angemessen und hinreichend bestimmt. Dass der Zeitpunkt des Bedingungseintritts ungewiss ist, ist demgegenüber ohne Bedeutung. Es liegt kein Verstoß gegen § 308 Nr. 1 BGB vor.

c) Verstoß gegen § 308 Nr. 3 BGB

15 Durch den Anteilsrückkauf befreit sich A nicht von einer Leistungspflicht, sondern begründet neue Leistungspflichten. Zwar kommt es im Hinblick auf den Gesellschaftsvertrag zu einer Befreiung von einer Leistungspflicht. Doch kommt es darauf nicht an, weil § 308 Nr. 3 Hs. 2 BGB schon nach seinem Wortlaut auf Dauerschuldverhältnisse wie das Gesellschafterverhältnis nicht anwendbar ist. Daher liegt auch kein Verstoß gegen § 308 Nr. 3 BGB vor.

d) Verstoß gegen § 307 Abs. 1 Satz 1 BGB

16 Die Rückübertragungsvereinbarung könnte wegen einer den Geboten von Treu und Glauben widersprechenden unangemessenen Benachteiligung i.S.d. § 307 Abs. 1 Satz 1 BGB unwirksam sein. Eine solche Benachteiligung liegt aber nicht vor. Dies

---

[21] BGHZ 164, 98, 105; 164, 107, 114; *BAG* MDR 2001, 1301, 1302.

[22] BGHZ 164, 98, 106.

[23] Palandt/*Grüneberg* § 310 Rn. 49; offen lassend BGHZ 164, 98, 106.

ergibt sich aus der zu § 138 Abs. 1 BGB angestellten Interessenabwägung (siehe Rn. 6 ff.), die auch bei § 307 Abs. 1 Satz 1 BGB greift.

5. Eintritt der Bedingung nach § 162 Abs. 2 BGB

Hätte A den B als Geschäftsführer in einer Treu und Glauben widersprechenden Weise abberufen, würde der Eintritt der Bedingung nach § 162 Abs. 2 BGB als nicht erfolgt gelten. Dies setzt voraus, dass A allein darauf abzielt, B aus der Gesellschafterstellung zu drängen. Hierfür bestehen aber keine Anhaltspunkte. 17

6. Ergebnis

Die Hinauskündigungsklausel sowie die Rückkauf- und Abtretungsvereinbarung zwischen A und B sind wirksam. Danach ist B nicht mehr Gesellschafter von D. 18

Frage 2: Auskunft des S gegenüber E

I. Zustandekommen eines Rückübertragungsvertrages

Ein Rückübertragungsvertrag zwischen A und E ist zu Stande gekommen. E macht in den Jahren 2005 und 2006 gegenüber A einen Kauf- und Abtretungsantrag (§ 145 BGB). Diesen Antrag nimmt A im Jahr 2013 an (§§ 146ff. BGB). Fraglich ist aber, ob dieser Vertrag wirksam ist. 19

II. Wirksamkeit des Rückübertragungsvertrages

1. Verstoß gegen § 138 Abs. 1 BGB

Eine Hinauskündigungsklausel in einem Gesellschaftsvertrag ist grundsätzlich wegen Verstoßes gegen § 138 Abs. 1 BGB nichtig („Damoklesschwert“, siehe Rn. 4). Sie kann aber wegen besonderer Umstände sachlich gerechtfertigt sein (siehe Rn. 5). 20

Bei dem von A betriebenen „Mitarbeitermodell“ liegt schon keine freie Hinauskündigungsberechtigung der A vor. Die Mehrheitsgesellschafterin A bedarf nämlich zur Beendigung der Gesellschafterstellungen der Mitarbeiter-Gesellschafter eines sachlichen Grundes, weil der Verlust der Gesellschafterstellung den Verlust des Arbeitsplatzes voraussetzt. Insoweit besteht keine Möglichkeit zu einem willkürlichen Handeln von A. Denn D hat 205 Mitarbeiter und fällt deshalb in den Anwendungsbereich des Kündigungsschutzgesetzes (§ 23 Abs. 1 KSchG). Dann aber darf sie Arbeitnehmer nur entlassen, wenn sie dafür einen Kündigungsgrund i.S.d. § 1 KSchG geltend machen kann.[24] Das gilt auch im Hinblick auf E. Ein Verstoß gegen § 138 Abs. 1 BGB liegt danach nicht vor. 21

2. Verstoß gegen den gesellschaftsrechtlichen Gleichbehandlungsgrundsatz

Die Vereinbarung einer Pflicht zur Rückübertragung des Geschäftsanteils bei Ende des Arbeitsverhältnisses könnte wegen Verstoßes gegen den Gleichbehandlungsgrundsatz unwirksam sein. Die Ungleichbehandlung beruht indes auf einem sachlich rechtfertigenden Grund. Denn A hat D gegründet und das erforderliche Kapi- 22

[24] BGHZ 164, 107, 112.

tal eingebracht. Die Mitarbeiter-Gesellschafter haben dagegen der Gesellschaft kein Kapital zugeführt, sondern lediglich an A einen Kaufpreis für ihre Anteile bezahlt. Es liegt kein Verstoß gegen den gesellschaftsrechtlichen Gleichbehandlungsgrundsatz vor.[25]

3. Verstoß gegen §§ 134, 622 Abs. 6 BGB

23 Der Arbeitnehmer darf bei seiner Entscheidung, seinen Arbeitsvertrag zu kündigen, nicht durch einen Vermögensnachteil im Falle der Kündigung beeinträchtigt sein (siehe Rn. 10).

24 Die hier gewählte Konzeption zur Verstärkung der Mitarbeiterbindung ähnelt aber einer Tantiemeregelung (siehe Rn. 11). Es liegt daher kein Verstoß gegen §§ 134, 622 Abs. 6 BGB vor.

Hinweis: Die Argumentation im Hinblick auf einen Verstoß gegen § 138 Abs. 1 BGB verläuft beim „Managermodell" und beim „Mitarbeitermodell" vollständig parallel.

4. Verstoß gegen Abfindungsverpflichtung auf Grund Abfindungsbeschränkung

25 Die in § 9 Abs. 3 des Gesellschaftsvertrages vorgesehene Abfindungsbeschränkung auf den Betrag, den der Mitarbeiter für den Erwerb seines Geschäftsanteils gezahlt hat, könnte unwirksam sein.

a) Grundsatz: Anspruch auf angemessene Abfindung

26 Ein Gesellschafter, der aus der Gesellschaft ausscheidet (z. B. auf Grund Einziehung seines Geschäftsanteils, Ausschließung oder – wie hier – einer satzungsgemäßen Abtretungspflicht), hat grundsätzlich einen Anspruch auf Abfindung in Höhe des Verkehrswerts seines Geschäftsanteils.[26]

b) Ausnahme: Zulässige Abfindungsbeschränkung

27 Der Grundsatz, wonach ein ausscheidender Gesellschafter angemessen abzufinden ist, erfährt Einschränkungen, soweit dadurch nicht ein grobes Missverhältnis zu dem wahren Wert der Gesellschaftsbeteiligung entsteht.[27] Das Interesse der verbleibenden Gesellschafter an dem Fortbestand des Gesellschaftsunternehmens und das Interesse des ausscheidenden Gesellschafters an einer angemessenen wirtschaftlichen Verwertung seiner Beteiligung sind gegeneinander abzuwägen. Das gilt auch dann, wenn der ausscheidende Gesellschafter – wie hier E – den Geschäftsanteil geschenkt bekommen hat.[28]

28 Die Abfindungsbeschränkung des E könnte sachlich gerechtfertigt sein. Ohne Abfindungsbeschränkung erhielte nur die erste Generation von Mitarbeiter-Gesellschaftern die Vorteile der hier zu beurteilenden Vertragsgestaltung. Denn würde bei Ausscheiden dieser ersten Generation von Mitarbeiter-Gesellschaftern eine Abfin-

[25] BGHZ 164, 107, 113.
[26] BGHZ 9, 157, 168; 16, 317, 322; 116, 359, 364 ff.; 164, 107, 115; *Windbichler* § 22 Rn. 27.
[27] BGHZ 116, 359, 375 f.; 164, 107, 115.
[28] BGHZ 164, 107, 116; *BGH* ZIP 1989, 770, 772.

dung zum Verkehrswert bezahlt, wäre die für die weitere Durchführbarkeit des Modells erforderliche finanzielle Grundlage zerstört. Hat ein Mitarbeiter den Anteil unentgeltlich erhalten, kann damit eine Abfindung auch ganz entfallen.

5. Verstoß gegen §§ 305 ff. BGB

Zu einem Verstoß gegen §§ 305 ff. BGB gelten die zum „Managermodell" angestell- 29
ten Erwägungen entsprechend (vgl. Rn. 12 ff.). Es liegt daher kein Verstoß gegen §§ 305 ff. BGB vor.

6. Eintritt der Bedingung nach § 162 Abs. 2 BGB

Für die Frage der Anwendbarkeit des § 162 Abs. 2 BGB gelten die zum „Manager- 30
modell" angestellten Erwägungen entsprechend (vgl. Rn. 17). § 162 Abs. 2 BGB ist daher nicht anwendbar.

7. Ergebnis

Die Hinauskündigungsklausel sowie die Rückkauf- und Abtretungsvereinbarung 31
zwischen A und E sind wirksam. Danach ist E nicht mehr Gesellschafter von D. Außerdem hat E keinen Anspruch auf Abfindung gegen A.

Fall 7. Zaudern in der Insolvenz

Nach BGHZ 164, 50.

Sachverhalt

Albert Andersson (A) ist seit dem Geschäftsjahr 03 alleiniger Gesellschafter und Geschäftsführer, der mit einem Stammkapital von 500 000 EUR ausgestatteten Financial Services GmbH (F). F befasst sich u. a. mit der Vermittlung kommunaler Schuldscheindarlehen. Diese Tätigkeit besteht im Wesentlichen darin, den langfristigen Finanzierungsbedarf von Kommunen durch Vermittlung institutioneller Kapitalgeber zu decken. Im März des Jahres 18 überträgt A 70% seiner Geschäftsanteile an F zum Kaufpreis von 14,8 Mio. EUR auf den bisherigen Prokuristen Gustav Getreu (G). Seitdem ist G zugleich alleiniger Geschäftsführer. G finanziert den Kaufpreis zunächst durch ein Bankdarlehen, das er zehn Tage später durch ein Darlehen der F ablöst. A behält einen Beratervertrag mit F und ist bei ihr in der Folgezeit häufig präsent.

Ab dem Jahr 19 tritt bei F eine Verlustsituation ein, weil sie infolge einer inversen Zinsstruktur höhere als die von den Kommunen gezahlten Zinsen für die Kapitalbeschaffung aufwenden muss. Die von dem Wirtschaftsprüfer Horst Hurtig (H) am 7.4.22 erstellte Bilanz per 31.12. des Geschäftsjahres 20 weist einen Fehlbetrag von ca. 45,5 Mio. EUR aus; im Bilanzbericht ist auf eine ungünstige Ertragsprognose für die nächste Zukunft sowie auf die Strafbarkeit einer Insolvenzverschleppung hingewiesen. Dennoch vereinbaren A und G, eine günstigere Zinsentwicklung abzuwarten und die zu erwartenden Bilanzergebnisse für die Jahre 21 und 22 noch nicht zum Anlass eines Insolvenzantrags zu nehmen. Dies verstärkt bei G den Entschluss, keinen Insolvenzantrag zu stellen. Die am 11.9.22 erstellte Bilanz für das Geschäftsjahr 21 weist eine Überschuldung von ca. 63 Mio. EUR aus. Eine Feststellung der Bilanzen für die Jahre 21 und 22 erfolgt, weil A gegenüber F erklärt, die Bilanzen zu akzeptieren. A erteilt deshalb die Unterschrift unter die Bilanzen. Die nächste Bilanz für das Geschäftsjahr 22 ist erst am 27.7. des Jahres 24 erstellt und ergibt eine Überschuldung von 58 Mio. EUR. H weist dabei zutreffend darauf hin, dass sich die Lage der F im Geschäftsjahr 23 drastisch gebessert habe und der Verlustvortrag im Wesentlichen ausgeglichen sei. Das Gesellschaftsvermögen reiche aus, um die Verbindlichkeiten zu erfüllen. Weitere Bilanzen stellt G nicht auf. Für das Geschäftsjahr 23 ergibt sich ein Jahresüberschuss von knapp 53 Mio. EUR, für das Geschäftsjahr 24 ein positives Kapital von 1,66 Mio. EUR und für das Geschäftsjahr 25 ein Fehlbetrag von ca. 1,26 Mio. EUR. A unterzeichnet auch die Bilanzen für die Jahre 24 und 25.

Ab Juli des Jahres 25 veranlasst der Geschäftsführer G ohne Wissen des A betrügerische Doppelabtretungen von Forderungen aus Schuldscheindarlehen, indem er dem jeweils zweiten Abtretungsempfänger bloße Fotokopien der (nur zu Beweiszwecken dienenden) kommunalen Schuldscheine übersendet. So „verkauft" F im November des Jahres 24 ein Schuldscheindarlehenspaket in Höhe von 175 Mio. EUR mit großenteils bereits anderweitig abgetretenen Forderungen an die Reiter-Bank AG (R).

Durch Vermittlung der F „erwirbt" das Energieunternehmen High Energy GmbH (HE) am 31.8. des Geschäftsjahres 25 die genannten Darlehensforderungen gegen Zahlung von insgesamt 170 Mio. EUR.

F geht nach Aufdeckung ihrer Machenschaften, die zu einer Überschuldung von ca. 231 Mio. EUR führen, im Oktober des Jahres 26 in Insolvenz. HE entsteht auf Grund der Abtretungen ein Schaden in Höhe von 170 Mio. EUR, den die vermögenslose F nicht begleichen kann.

HE fragt deshalb, ob sie Ersatz ihres Schadens aus den betrügerischen Doppelabtretungen der F von dem vermögenden A verlangen kann.

Skizze

Zeittabelle: Finanzielle Situation der F

Geschäftsjahr 20:	– 45 Mio. EUR
Geschäftsjahr 21:	– 63 Mio. EUR
Geschäftsjahr 22:	– 58 Mio. EUR
Geschäftsjahr 23:	+ 53 Mio. EUR
Geschäftsjahr 24:	+ 1,66 Mio. EUR
Geschäftsjahr 25:	– 1,26 Mio. EUR

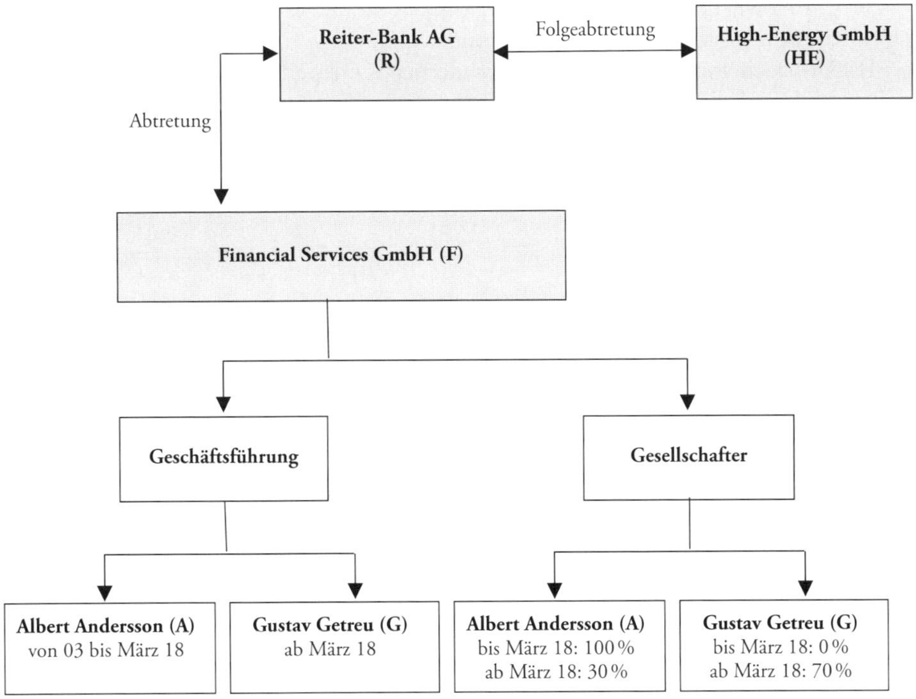

Gliederung

Lösung

I. Anspruch von HE gegen A auf Schadensersatz nach § 823 Abs. 2 BGB i.V.m. § 15a Abs. 1 Satz 1 InsO i.V.m. § 830 Abs. 2 BGB, § 27 Abs. 1 StGB

1. Schutzgesetz

1 Nach § 15a Abs. 1 Satz 1 InsO haben bei Zahlungsunfähigkeit oder Überschuldung einer juristischen Person die Mitglieder des Vertretungsorgans oder die Abwickler ohne schuldhaftes Zögern, spätestens aber drei Wochen nach Eintritt der Zahlungsunfähigkeit oder Überschuldung einen Antrag auf Eröffnung des Insolvenzverfahrens zu stellen. Diese Regelung müsste ein Schutzgesetz i.S.d. § 823 Abs. 2 BGB zu Gunsten der Gläubiger der Gesellschaft im Hinblick auf den von HE geltend gemachten Schaden sein. Dies ist nach dem Inhalt und Zweck des § 15a Abs. 1 Satz 1 InsO zu beurteilen. Gerade die Gläubiger der Gesellschaft erleiden durch das Unterlassen oder Verzögern des Insolvenzantrags regelmäßig Schaden. Diese Gefahr ist umso größer, als die Gesellschafter einer GmbH für die Verbindlichkeiten der

Gesellschaft nicht persönlich haften. Daher dient die Antragspflicht des § 15a Abs. 1 Satz 1 InsO auch ihrem Schutz.[1]

§ 15a Abs. 1 Satz 1 InsO schützt gerade diejenigen Personen, die nach Eintritt der Insolvenzreife eine Forderung gegen die Gesellschaft erwerben.[2] Denn die Verpflichtung der Geschäftsführer, die Eröffnung des Insolvenzverfahrens zu beantragen, besteht auch nach diesem Zeitpunkt solange weiter, als die Gesellschaft überschuldet oder zahlungsunfähig ist. § 15a Abs. 1 Satz 1 InsO schützt hingegen nicht diejenigen, die erst nach Eröffnung des Insolvenzverfahrens Ansprüche erwerben.[3] 2

2. Tatbestandsmäßigkeit des § 15a Abs. 1 Satz 1 InsO

Spätestens seit dem 7.4.22 weiß G von der Überschuldung der F. Gleichwohl stellt er keinen Insolvenzantrag. G verstößt damit gegen die Pflicht nach § 15a Abs. 1 Satz 1 InsO. Dieser Verstoß müsste A als Täter oder Teilnehmer zurechenbar sein. 3

3. Zurechenbarkeit des Verstoßes gegen § 15a Abs. 1 Satz 1 InsO gegenüber A

a) Täterschaft

Täterschaft des A im Hinblick auf den nur Geschäftsführer erfassenden § 15a Abs. 1 Satz 1 InsO kommt nicht in Betracht. Doch kommt eine Haftung des A als Teilnehmer, hier als Gehilfe, nach § 830 Abs. 2 BGB in Betracht (vgl. § 27 Abs. 1 StGB). 4

b) Teilnehmer – hier: Gehilfe

aa) Begriff

Die Voraussetzungen für die Haftung als Gehilfe sind nach strafrechtlichen Grundsätzen zu beurteilen.[4] Beihilfe ist danach die vorsätzliche Hilfeleistung zur vorsätzlichen rechtswidrigen Haupttat eines anderen (§ 27 Abs. 1 StGB). 5

bb) Objektive Voraussetzungen

Die Beihilfehandlung muss nicht für den Taterfolg ursächlich gewesen sein. Sie muss die Haupttat aber gefördert haben.[5] Zur Prüfung seiner Insolvenzantragspflicht ist der Geschäftsführer unabhängig von einer Bilanzfeststellung verpflichtet.[6] Eine Verpflichtung der Gesellschafter, hierzu beizutragen, besteht nicht. Sie ergibt sich auch nicht aus § 42a Abs. 2 GmbHG.[7] Diese Vorschrift steht allein im Zusammenhang mit den Publizitätsregelungen der §§ 325ff. HGB. 6

Die – nicht näher konkretisierte – „Vereinbarung" zwischen A und G verstärkt den Entschluss des G, vorläufig keinen Insolvenzantrag zu stellen. G ist also durch die 7

[1] BGHZ 29, 100, 103; 75, 96, 106; 100, 19, 21; 126, 181, 190 (jeweils zu § 64 Abs. 1 GmbHG a.F.).
[2] BGHZ 29, 100, 104; 100, 19, 21; 126, 182, 190f. (jeweils zu § 64 Abs. 1 GmbHG a.F.).
[3] BGHZ 108, 134, 136; 110, 343, 361 (jeweils zu § 64 Abs. 1 GmbHG a.F.).
[4] BGHZ 137, 89, 102; 164, 50, 57.
[5] BGHZ 164, 50, 57.
[6] BGHZ 164, 50, 59.
[7] BGHZ 164, 50, 59.

Vereinbarung mit A darin bestärkt, zunächst keinen Insolvenzantrag zu stellen. Doch beschränkt sich diese Vereinbarung auf die beiden Bilanzjahre 21 und 22. Der vollständige Abbau der Überschuldung der F in den Jahren 23 und 24 veranlasst H zu der zutreffenden Aussage, dass das nunmehr vorhandene Gesellschaftsvermögen zur Erfüllung der Verbindlichkeiten der Gesellschaft ausreicht. Daher liegt ab diesem Zeitpunkt keine Überschuldung i. S. d. § 19 Abs. 2 Satz 1 InsO vor. Das Fehlen von Bilanzen und eines Vermögensstatus macht nicht den Nachweis einer fortdauernden Insolvenzreife der F sowie eines Vorsatzes des G und des A hinsichtlich einer weiteren Insolvenzverschleppung entbehrlich. Insolvenzreife liegt Ende des Jahres 24 angesichts eines positiven Kapitals von ca. 1,66 Mio. EUR objektiv auch nicht vor. Sie ist aber im Jahr 25 erneut mit einem Fehlbetrag von ca. 1,26 Mio. EUR gegeben. Die Unterzeichnung der Bilanzen für das Jahr 24 und 25 durch A darf F als ein „weiter so" verstehen. Darin liegt eine Billigung und Unterstützung des A im Hinblick auf das weitere Unterlassen der Stellung eines Insolvenzantrags durch G.

cc) Subjektive Voraussetzungen

8 Subjektiv ist für die Verwirklichung von § 15a Abs. 1 Satz 1 InsO erforderlich (1.) Vorsatz des Täters und (2.) zumindest das Wissen des Gehilfen erforderlich, dass der Geschäftsführer trotz Insolvenzreife pflichtwidrig keinen Insolvenzantrag stellt.[8]

9 Aus dem Sachverhalt ergibt sich, dass G und A – trotz der positiven Einschätzung des H im Bilanzbericht vom 27.7.24 (Bilanz für das Jahr 22) – von einer fortbestehenden Insolvenzreife der F im Jahr 25 ausgehen. Außerdem unterschreibt A die Bilanz für das Jahr 25. Schon deshalb liegt eine vorsätzliche Hilfeleistung des A zur weiteren Insolvenzverschleppung vor, weil die Vereinbarung aus dem Jahr 22 fortgesetzt ist. Auch handelt es sich bei dem Folgeverhalten des A – Unterschrift der Bilanz für das Jahr 25 – nicht um ein reines Unterlassen, das nur bei Garantenstellung des A eine Haftung begründen könnte.

dd) Zwischenergebnis

10 A ist Gehilfe i. S. d. § 27 Abs. 1 StGB im Hinblick auf das pflichtwidrige, weil gegen § 15 Abs. 1 Satz 1 InsO verstoßende Unterlassen der Stellung eines Insolvenzantrags durch G.

4. Schaden

11 HE entsteht ein Schaden in Höhe von 170 Mio. EUR.

5. Art und Umfang des Schadensersatzes nach §§ 249 ff. BGB

a) Schadenszurechnung

aa) Kausaler Zusammenhang zwischen Tathandlung und Schaden

12 Da A von den betrügerischen Doppelabtretungen der Schuldscheindarlehen durch den Geschäftsführer G keine Kenntnis hat, sind sie ihm nicht zuzurechnen. Für

[8] BGHZ 75, 96, 107; 164, 50, 57; BGHSt 14, 280 (jeweils zu § 64 Abs. 1 GmbHG a. F.).

einen solchen Exzess des Haupttäters haftet A weder strafrechtlich nach § 27 StGB noch zivilrechtlich nach § 830 Abs. 2 BGB.[9] Möglicherweise ist A der Schaden der HE aber gleichwohl als Folge einer Insolvenzschleppung deshalb zuzurechnen, weil es bei rechtzeitiger Insolvenzantragstellung nicht zu dem Geschäft zwischen F und HE gekommen wäre.

Ein Täter oder Teilnehmer haftet bei zunächst bestehender, durch Erholung der Gesellschaft aber inzwischen beendeter Insolvenzverschleppung nicht deshalb für alle späteren durch die Gesellschaft verursachten Schäden, weil diese bei Erfüllung der damaligen Insolvenzantragspflicht nicht eingetreten wären. Vielmehr ist eine reine Kausalitätsbetrachtung u. a. durch den Schutzzweck der verletzten Norm begrenzt.[10] Dies bedeutet für eine Haftung nach §§ 823 Abs. 2 BGB, 15a Abs. 1 Satz 1 InsO, dass im Zeitpunkt des zum Schaden des „Neugläubigers" führenden Geschäftsabschlusses zwischen ihm und der Gesellschaft objektiv wie subjektiv noch eine Insolvenzverschleppung vorliegen muss.[11] **13**

Diese Voraussetzung ist hier gegeben. A erfüllt den objektiven und subjektiven Tatbestand der Beihilfe zur Insolvenzverschleppung auch noch im Jahr 25 als dem Zeitpunkt des Schadenseintritts. **14**

bb) Schutzzweck der Norm

Der zu ersetzende Schaden muss vom Schutzbereich der verletzten Norm erfasst sein.[12] Hierfür muss ein innerer Zusammenhang zwischen dem Gesetzesverstoß und dem Schaden bestehen.[13] Der Schutzzweck des § 15a Abs. 1 Satz 1 InsO besteht darin, insolvenzreife Gesellschaften mit beschränkter Haftungsmasse auf dem Geschäftsverkehr zu entfernen, damit nicht die Gläubiger Schäden erleiden.[14] Bei Verstoß gegen § 15a Abs. 1 Satz 1 InsO muss der Geschäftsführer den Vertrauensschaden ersetzen, der bei einem Neugläubiger eintritt, weil er an die insolvenzreife Gesellschaft eine Leistung erbringt, ohne einen werthaltigen Gegenanspruch zu erhalten. **15**

Eine solche Fallgestaltung ist hier jedoch nicht gegeben.[15] F ist nur als Vermittlerin der Schuldscheingeschäfte für die Kommunen tätig. HE erwirbt am 31.8.25 vermeintlich bestehende Schuldscheindarlehensforderungen gegen Zahlung eines Betrages von insgesamt 170 Mio. EUR nicht von F, sondern durch deren Vermittlung von R. Es kommt nicht darauf an, ob überhaupt ein Vertragsverhältnis zwischen HE und F besteht. Jedenfalls hätte HE die Darlehensforderungen und damit den Gegenwert für ihre Zahlungen von 170 Mio. EUR unabhängig von der etwaigen Insolvenzreife der F ohne weiteres erwerben können, wenn diese Forderungen nicht anderweitig abgetreten gewesen wären. Es handelte sich insoweit nicht um ein Kreditgeschäft zwischen F und HE. Vielmehr liegt ein von F vermitteltes Bargeschäft zwischen R und HE vor. Der Schaden der HE wäre infolge der betrügerischen Doppelabtretungen auch dann eingetreten, wenn F nicht insolvent gewesen wäre. **16**

---

[9] BGHZ 59, 30, 42; 63, 124, 128; 89, 383, 396; 164, 50, 59.

[10] BGHZ 27, 137; 164, 50, 56.

[11] BGHZ 164, 50, 56.

[12] BGHZ 27, 137, 140; 164, 50, 60.

[13] *BGH* NJW 1986, 1329, 1332; ZIP 2003, 806 f.; BGHZ 57, 137, 142.

[14] BGHZ 126, 181, 194 (zu § 64 Abs. 1 GmbHG a. F.).

[15] Siehe im Einzelnen auch BGHZ 164, 50, 60 ff. (zu § 64 Abs. 1 GmbHG a. F.).

Der Schaden der HE beruht bei der gebotenen wertenden Betrachtung nicht auf der Insolvenzverschleppung, sondern auf den kriminellen Doppelabtretungen. Diese Abtretungen sind A nach den Grundsätzen des Haupttäterexzesses nicht zuzurechnen. Sie sind auch vom Schutzzweck des § 15a Abs. 1 Satz 1 InsO nicht erfasst. Der Geschäftsführer der F haftet gegenüber HE nach § 823 Abs. 2 BGB, § 263 StGB, nicht aber A wegen Beihilfe zur Insolvenzverschleppung. § 15a Abs. 1 Satz 1 InsO soll nicht potentielle Deliktsgläubiger davor bewahren, nach Insolvenzreife noch Opfer eines Deliktes zu werden.[16] Für ein solches Delikt haften der Geschäftsführer und sonstige Beteiligte ggf. nach der betreffenden Norm, nicht aber wegen Insolvenzverschleppung. Die Haftung des Teilnehmers nach § 823 Abs. 2 BGB i.V.m. § 15a Abs. 1 Satz 1 InsO i.V.m. § 830 Abs. 2 BGB, §27 Abs. 1 StGB erfasst daher nicht den Schaden eines Neugläubigers, den der Geschäftsführer ohne das Wissen des Teilnehmers durch strafbare Handlungen (hier: betrügerische Doppelabtretungen von Schuldscheindarlehen) im Stadium der Insolvenzverschleppung verursacht.

b) Zwischenergebnis

17 Der Schaden von HE ist A nicht zuzurechnen.

6. Ergebnis

18 A haftet nicht wegen Beihilfe zur Insolvenzverschleppung für den Schaden der HE nach § 823 Abs. 2 BGB i.V.m. § 15a Abs. 1 Satz 1 InsO i.V.m. § 830 Abs. 2 BGB, § 27 Abs. 1 StGB.

II. Anspruch von HE gegen A auf Schadensersatz wegen existenzvernichtenden Eingriffs

19 In Betracht kommen Ansprüche gegen einen Gesellschafter wegen „existenzvernichtenden Eingriffs“[17] in das Gesellschaftsvermögen. Jedoch können einzelne Gläubiger wie HE derartige Ansprüche nur außerhalb, nicht aber während eines laufenden Insolvenzverfahrens geltend machen.[18] Während eines laufenden Insolvenzverfahrens ist allein der Insolvenzverwalter zur Geltendmachung von Ansprüchen wegen existenzvernichtenden Eingriffs befugt, weil sie die Gesamtheit der Insolvenzgläubiger betreffen (vgl. auch §§ 92, 93 InsO). Da hier keine Einstellung oder Beendigung des Insolvenzverfahrens stattfindet, fehlt es schon an der Aktivlegitimation der HE.

---

[16] BGHZ 164, 50, 61f.; *Bork* ZGR 1995, 505, 519; *Haas* S. 234ff.; a.A. *Reiff/Arnold* ZIP 1998, 1893, 1896 (jeweils zu § 64 Abs. 1 GmbHG a.F.).

[17] Dazu *Windbichler* § 24 Rn. 36 ff.

[18] BGHZ 151, 181, 187; 164, 50, 62f.; die neuere Rechtsprechung gibt die eigenständigen Haftungsfigur auf und greift rechtsfortbildend auf eine deliktische Innenhaftung gegenüber der Gesellschaft zurück; vgl. BGHZ 173, 246 Rn. 17 – TRIHOTEL; BGHZ 176, 204 Rn. 10 – TRIHOTEL; *Dauner-Lieb* ZGR 2007, 34; *Habersack* ZGR 2008, 533. Das neue Haftungskonzept des BGH (BGHZ 176, 204 Rn. 10 – TRIHOTEL) betont zwar weiterhin das Erfordernis einer als „Existenzvernichtungshaftung“ bezeichneten Haftung des Gesellschafters für insolvenzbegründende Eingriffe in das Gesellschaftsvermögen. Der BGH (BGHZ 176, 204) legt der Existenzvernichtungshaftung des Gesellschafters nunmehr die Schädigung des dem Gläubigerinteresse dienenden Gesellschaftsvermögens zu Grunde und beurteilt dieses als schadensersatzrechtliche Innenhaftung gegenüber der Gesellschaft allein nach § 826 BGB als eine besondere Fallgruppe der vorsätzlichen sittenwidrigen Schädigung (vgl. dazu sogleich Rn. 20).

III. Anspruch von HE gegen A auf Schadensersatz nach § 826 BGB

Eine Beschränkung der Aktivlegitimation auf den Insolvenzverwalter nach §§ 92, 93 InsO gilt auch für einen Anspruch nach § 826 BGB.[19] Ein solcher Anspruch kommt hier in Betracht wegen möglicherweise sittenwidriger Spekulationsgeschäfte der F zum Nachteil ihrer Gläubiger.[20] Ein Anspruch nach § 826 BGB setzt aber neben einem Schädigungsvorsatz des A die Kausalität eines sittenwidrigen Handelns des A für ihren Ausfallschaden in der Insolvenz der F voraus. Doch fehlt es insoweit schon am Schädigungsvorsatz, da G die betrügerischen Mehrfachabtretungen ohne die Kenntnis des A vornimmt. 20

[19] *BGH* ZIP 2005, 117, 118f.

[20] *BGH* NJW 1979, 2104f.; WM 1992, 735f.; BGHZ 122, 333, 336.

Fall 8. Üb' immer Treu und Redlichkeit

Nach BGHZ 129, 136 – Girmes.

Sachverhalt

Durch den Eintritt von Umsatzverlusten gerät die Gurmes AG (G) mit Sitz in Berlin in wirtschaftliche Schwierigkeiten. Seit dem Jahr 02 schüttet sie keine Dividenden mehr aus. Für die Jahre 05 und 06 erwirtschaftet sie Verluste in Höhe von 14,3 Mio. EUR und 13 Mio. EUR.

Vor der für den 3.2.07 einberufenen Hauptversammlung zeigt der Vorstand an, dass nach der vorläufigen Jahresbilanz per 31.12.07 das Grundkapital der Gesellschaft von 50 Mio. EUR um mehr als die Hälfte unterschritten ist. Ohne Sanierung droht die Überschuldung. Der Vorstand legt gleichzeitig ein mit den Gesellschaftsgläubigern abgesprochenes Sanierungskonzept vor, nach dem diese auf Forderungen in Höhe von ca. 78 Mio. EUR zu verzichten bereit sind. Weitere Verhandlungen hierzu, so teilt der Vorstand weiter mit, lehnen die Gesellschaftsgläubiger ab. Zum weiteren Ausgleich der Bilanz per 31.12.07 schlägt der Vorstand vor, das Grundkapital im Verhältnis 5:2 um 30 Mio. EUR auf 20 Mio. EUR herabzusetzen und im Anschluss daran ein genehmigtes Kapital von 10 Mio. EUR zu schaffen. Das vorgeschlagene Sanierungskonzept ist erfolgversprechend.

Berthold Benda (B) ist Herausgeber des „Emissions-Spiegel" und maßgeblich an der Gesellschaft beteiligt, die diese Zeitschrift verlegt. Der „Emissions-Spiegel" bietet allgemein die Wahrnehmung von Hauptversammlungsterminen und Stimmrechtsausübung in Vertretung an. Im „Emissions-Spiegel" berichtet B auch über die Entwicklung der Verhältnisse bei G. Er vertritt dabei die Ansicht, dass das von der Verwaltung vorgeschlagene Sanierungskonzept einseitig die Kleinaktionäre benachteilige. Bei einem weiter gehenden Forderungsverzicht der Gläubigerbanken reiche eine Kapitalherabsetzung im Verhältnis 10:9 aus. Er wirbt bei den Aktionären unter Hinweis auf von ihm bereits früher erfolgreich durchgeführte Stimmrechtsvertretungen darum, ihn für die Hauptversammlung vom 3.2.07 mit der Stimmrechtsausübung zu dem Zweck zu bevollmächtigen, gegen die geplante Herabsetzung des Grundkapitals im Verhältnis 5:2 zu stimmen. Unmittelbar vor der Hauptversammlung teilt er mit, ihm seien 150 000 Stimmen übertragen, womit eine Sperrminorität erreicht sein dürfte.

In der Hauptversammlung vom 3.2.07 stimmt B, der mit 209 700 Stimmen 21,9 % aller und 39,17 % der an der Abstimmung beteiligten Stimmen vertritt, gegen den Kapitalherabsetzungsvorschlag der Verwaltung, wobei er billigend den Zusammenbruch der Gesellschaft in Kauf nimmt. B weigert sich dabei, die Namen der von ihm vertretenen Aktionäre zu nennen. Die vom Vorstand vorgeschlagene Kapitalherabsetzung scheitert, weil sich dafür nicht die nach dem Gesetz erforderliche Mehrheit findet. Ihr haben bei 228 Enthaltungen und 226 939 Nein-Stimmen lediglich Aktionäre mit 308 207 Stimmen (57,61 %) zugestimmt. Dem vorgeschlagenen genehmigten Kapital stimmt die Hauptversammlung mit der erforderlichen Mehrheit zu.

Der Vorstand beantragt daraufhin am 4.2.07 die Eröffnung des Insolvenzverfahrens, das am 18.2.07 eröffnet wird. Die Aktien der G, die vor der Hauptversammlung bei einem Nennwert von 50 EUR Kurse bis zu 87 EUR erreicht hatten, sinken in der Zeit vom 7.2. bis zum 16.2.07 auf 61 EUR. Nach diesem Zeitpunkt sind sie wertlos. Nach Fassung des vom Vorstand vorgeschlagenen Kapitalherabsetzungsbeschlusses hätten die Aktien von G einen Wert von 70 EUR gehabt.

Anton Aigner (A) ist Inhaber von 1000 Aktien der G. A hatte B keine Stimmrechtsvollmacht erteilt und macht diesen für das Scheitern der Sanierung der G verantwortlich.

Kann A den B wegen der Entwertung seiner Aktien auf Schadensersatz in Höhe von 87000 EUR in Anspruch nehmen?

Gliederung

Lösung

I. Anspruch von A gegen B auf Schadensersatz nach §§ 280 Abs. 1, 241 Abs. 2 BGB

1. Schuldverhältnis

Sowohl das Rechtsverhältnis der Gesellschafter zur Gesellschaft als auch das Rechtsverhältnis der Gesellschafter untereinander kann ein Schuldverhältnis darstellen, aus dem sich Treuepflichten[1] i. S. d. § 241 Abs. 2 BGB ergeben können. 1

a) Rechtsgrundlage der Treuepflicht

Der Gleichbehandlungsgrundsatz (§ 53a AktG) sowie § 117 AktG und die §§ 826, 242 BGB reichen nicht aus, um mögliche Konflikte unter den Gesellschaftern, insbesondere der Mehrheitsherrschaft, zu lösen. Die Beziehungen zwischen den Aktionären und der Aktiengesellschaft, aber auch die der Aktionäre untereinander sind durch die gesellschaftsrechtliche Treuepflicht bestimmt. Denn da jeder Gesellschafter die gesellschaftsbezogenen Interessen der Mitgesellschafter beeinträchtigen kann, ist die gesellschaftsrechtliche Pflicht anzuerkennen, auf diese Interessen Rücksicht zu nehmen.[2] Die Treuepflicht im Kapitalgesellschaftsrecht ist daher darauf gerichtet, einen Gleichlauf herzustellen zwischen dem Umfang des Einflusses des Gesellschafters auf die Gesellschaft einerseits und dem Umfang der Verantwortung des Gesellschafters, die seine Pflicht zur Rücksichtnahme auf die Interessen der Gesellschaft und die gesellschaftsbezogenen Belange der Mitgesellschafter begründet, andererseits.[3] Nach einer Auffassung[4] ergibt sich diese Rücksichtnahmepflicht bereits aus der Mitgliedschaft. Denn sie begründe eine auf der Zugehörigkeit zur Gesellschaft beruhende organisationsrechtliche Sonderrechtsbeziehung der Aktionäre zur AG und untereinander. Nach anderer Auffassung[5] ergeben sich aus dem Gesellschaftsvertrag Treuepflichten, sodass es auf eine organisationsrechtliche Sonderverbindung nicht ankomme. Jedenfalls aber ist die gesellschaftsrechtliche Treuepflicht eine im Einzelfall auszufüllende richterrechtliche Generalklausel.[6] 2

b) Art und Umfang der Treuepflicht

aa) Grundsatz

Für die Art und den Umfang der Treuepflicht kommt es daher stets auf die Umstände des Einzelfalls und insbesondere die Struktur der Gesellschaft an. 3

bb) Treuepflicht des Mehrheitsgesellschafters

Der Grundsatz, wonach Gesellschafter untereinander zur Rücksichtnahme verpflichtet sind, betrifft zum einen das Verhalten des Mehrheitsgesellschafters gegen- 4

---

1 Siehe grundsätzlich zur Treuepflicht von Aktionären *Windbichler* § 30 Rn. 33ff.

2 BGHZ 103, 184, 194f. – Linotype; zur GmbH vgl. BGHZ 65, 15, 18f.

3 BGHZ 129, 136, 143 – Girmes; *Hüffer/Koch* § 53a Rn. 17; *K. Schmidt* § 28 I 4a; *Wiedemann* I § 8 II 3; *M. Winter* 1988, S. 69ff.; *Lutter* ZHR 153 (1989), 446, 455.

4 BGHZ 103, 184, 195 – Linotype; *K. Schmidt* § 19 I 1b, § 20 IV 1b.

5 *Hüffer/Koch* § 53a Rn. 15; *Büscher* S. 41 ff., S. 44ff.; *Henze* BB 1996, 489, 492.

6 *Hüffer/Koch* § 53a Rn. 15.

über dem Minderheitsgesellschafter.[7] Denn eine Mehrheitsbeteiligung vermittelt Einflussrechte und damit Herrschaftsmacht.

cc) Treuepflicht des Minderheitsgesellschafters

(1) Grundsatz

5 In der Aktiengesellschaft besteht auch eine Treuepflicht des Minderheitsaktionärs gegenüber dem Mehrheitsaktionär oder gegenüber anderen Minderheitsaktionären.[8] Zwar hat ein Kleinaktionär nur geringe Herrschaftsmacht. Doch verfügt auch er über Rechte, deren Wahrnehmung im Einzelfall für die gesellschaftsbezogenen Belange der übrigen Aktionäre nachteilig sein kann (z. B. Wahrnehmung des Rechtes auf Teilnahme an der Hauptversammlung und Missbrauch durch Störung der Hauptversammlung oder bei Ausübung des Rederechts).

(2) Ausnahmen – hier bei Ausübung des Stimmrechts

(a) Mehrheit zur Erzwingung von Rechten und Verhinderung von Beschlüssen

6 Ein Minderheitsaktionär erlangt Herrschaftsmacht, die ihm eine besondere Verantwortung bei der Ausübung des Stimmrechts auferlegt, wenn seine Beteiligung ihm ermöglicht, die Durchsetzung bestimmter Rechte zu erzwingen (vgl. u. a. §§ 122 Abs. 1 und 3, 142 Abs. 2, 147 Abs. 1 AktG) oder die Fassung wirksamer Beschlüsse zu verhindern (vgl. u. a. §§ 179 Abs. 1, 182 Abs. 1, 186 Abs. 3, 222 Abs. 1 AktG).[9] Eine solche Herrschaftsmacht darf ein Aktionär nur in den Grenzen der ihm obliegenden Treuepflicht ausüben.[10]

(b) Stimmbündelung

(aa) Zielgerichtete Stimmbündelung

7 B verfügt hier nicht auf Grund eigener Aktien über eine Sperrminorität. Er erlangt diese lediglich auf Grund der Übertragung des Stimmrechts durch andere Aktionäre. Es stellt sich daher die Frage, ob die Treuepflicht auch das Abstimmungsverhalten von Minderheitsaktionären, die nur in ihrer Gesamtheit die Voraussetzungen für eine Sperrminorität oder für die Durchsetzung eines Minderheitenrechtes erfüllen, begrenzt. Dies kommt nach einer Auffassung im Schrifttum[11] etwa für den Fall in Betracht, dass Gesellschafter ihre Stimmen zu dem Zweck bündeln, ein gemeinsames Sachziel zu erreichen (sog. wirkungsbezogene Treuepflicht). So insbesondere dann, wenn sich die Minderheitsaktionäre auf eine einheitliche Stimmabgabe verständigten (Stimmbindung) oder verschiedene Minderheitsaktionäre mit der Ausübung des Stimmrechts einen (gesellschaftsfremden) Dritten beauftragten. Bitte der Dritte die Aktionäre hingegen lediglich um die Erteilung von Weisungen oder ergebe sich eine Sperrminorität auf Grund von Zufall, setze die Treuepflicht der Stimmrechtsausübung hingegen keine Grenzen.

---

[7] BGHZ 103, 184, 195 – Linotype; *Windbichler* § 30 Rn. 35.

[8] BGHZ 129, 136, 142 – Girmes.

[9] BGHZ 129, 136, 145 – Girmes.

[10] BGHZ 129, 136, 145 – Girmes; *Hüffer/Koch* § 53a Rn. 17; *K. Schmidt* § 20 IV 3; *Timm* WM 1991, 481, 484 ff.; *Dreher* ZHR 157 (1993), 150, 157.

[11] *Dreher* ZHR 157 (1993), 150, 158 ff.

(bb) Zufällige Antrags- oder Sperrminorität

Nach anderer Auffassung soll auch eine solche Stimmrechtsbündelung (siehe Rn. 7 vorletzter Satz) nur den Schranken der Treuepflicht unterliegen.[12] Danach unterliegen auch die Aktionäre, die zufällig die Voraussetzungen einer Antrags- oder Sperrminorität erfüllten, einer gesteigerten Treuepflicht. Die Treuepflicht von Aktionären müsse dem Umfang ihrer Verantwortung entsprechen, der sich aus ihrer Herrschaftsmacht ergebe. Komme es zur Bündelung der Stimmrechte in der Person des Vertreters, wachse dessen Stimmrechtseinfluss und Herrschaftsmacht sowie deshalb zugleich auch der Umfang der Treuepflicht. Daher unterliege der Vertreter als derjenige, der die gebündelte Rechtsmacht einsetze, einer erhöhten Treuepflicht.[13] **8**

Hier liegt ein gebündeltes Stimmverhalten auf Grund des von B beworbenen Konzepts – Empfehlung der Übertragung des Stimmrechts auf ihn und Ausübung des Stimmrechts zur Abstimmung gegen das Herabsetzungsverhältnis von 5:2 – vor. B hat demnach den Aktionären ein bestimmtes Abstimmungsverhalten empfohlen und die Stimmen, die ihm die Aktionäre unter Zustimmung zu seinem Vorhabens übertragen haben, zur Umsetzung dieses Abstimmungsverhaltens in seiner Person gebündelt und damit eine Sperrminorität erreicht. Folgt man dem zuletzt genannten Ansatz, ergibt sich in diesem Fall eine erhöhte Treuepflicht der Minderheitsaktionäre. Doch verlangt A nicht von diesen, sondern von B Schadensersatz. Deshalb stellt sich die Frage, ob auch den Stimmrechtsvertreter B eine erhöhte Treuepflicht trifft. **9**

(c) Treuepflicht des Stimmrechtsvertreters

Es stellt sich die Frage, ob im Falle der hier gegebenen Stimmrechtsbündelung mit inhaltlicher Zielsetzung der mit der Stimmrechtsausübung Bevollmächtigte eine Treuepflichtverletzung begeht. Dies ist umstritten. **10**

(aa) Ansatz 1: Eigene Treuepflicht des Stimmrechtsvertreters

Teile des Schrifttums nehmen eine eigene Treuebindung des (gesellschaftsfremden) Stimmrechtsvertreters bei Stimmbündelung mit inhaltlicher Zielsetzung an.[14] Denn die Aktionäre übten lediglich ihr der Treuepflicht unterliegendes Stimmrecht nicht selbst aus. **11**

(bb) Ansatz 2: Keine eigene Treuepflicht des Stimmrechtsvertreters

Andere lehnen eine eigene Treuebindung des (gesellschaftsfremden) Stimmrechtsvertreters bei Stimmbündelung mit inhaltlicher Zielsetzung ab.[15] Denn die Treuepflicht ergebe sich aus der mitgliedschaftlichen Beteiligung in der Aktiengesellschaft und sei untrennbar mit dieser Beteiligung verbunden. Der Aktionär könne seine Beteiligung nicht ohne Übergang des Anteilsbesitzes auf Dritte übertragen.[16] Auch das Stimmrecht könne der Aktionär grundsätzlich nicht ohne Übergang des Anteilsbesitzes übertragen. Die Ausübung eines fremden Stimmrechts in fremdem **12**

[12] *Dreher* ZHR 157 (1993), 150, 159.

[13] *Timm* WM 1991, 481, 488f.; *Marsch-Barner* ZHR 157 (1993), 172, 184; *Schöne* WM 1992, 209, 212; im Ergebnis ebenso *Schick* ZIP 1991, 938, 939.

[14] So *Marsch-Barner* ZHR 157 (1993), 172, 184.

[15] BGHZ 129, 136, 148 – Girmes; *Hüffer/Koch* § 53a Rn. 23; *Hammen* ZBB 1993, 239, 242f.; *Heermann* ZIP 1994, 1243, 1244.

[16] Zum Ganzen BGHZ 129, 136, 148f. – Girmes.

Namen, d.h. als Vertreter, sei hingegen zulässig. Zwar darf der Bevollmächtigte das Stimmrecht in der Hauptversammlung nur unter denselben aus der Treuepflicht sich ergebenden Grenzen wahrnehmen wie der vollmachtgebende Aktionär selbst. Da das von dem Bevollmächtigten ausgeübte Stimmrecht jedoch nur von dem Vollmachtgeber abgeleitet sei, bei dem es rechtlich verbleibt, gelte das gleiche für die das Stimmrecht beschränkende Treuepflicht.[17] Denn beide sind Bestandteil der Mitgliedschaft als Einheit von Rechten, Pflichten und Verantwortung. Die Treuepflicht kann daher nach diesem überzeugenden Ansatz nicht verselbständigt sein.

2. Zwischenergebnis

13 Treupflichten bestehen, soweit das Rechtsverhältnis der Gesellschafter untereinander betroffen ist, nur unter den Gesellschaftern. Ihre Verletzung kann demnach auch nur für die Gesellschafter zu rechtlichen Konsequenzen führen. B als Nichtaktionär obliegt keine gesellschaftsrechtliche Treuepflicht. Ihn trifft daher auch keine Haftung aus der Verletzung einer solchen Pflicht. Danach steht A gegen B kein Anspruch auf Schadensersatz nach §§ 280 Abs. 1, 241 Abs. 2 BGB zu.

II. Anspruch von A gegen B auf Schadensersatz nach § 179 Abs. 1 BGB

14 B kann eine Haftung nach § 179 Abs. 1 BGB treffen. Doch liegt hier, anders als es diese Vorschrift voraussetzt, nicht der Abschluss eines Vertrages durch einen Vertreter vor; auch scheidet als Rechtsfolge die Verpflichtung, nach Wahl des anderen Teils den Vertrag zu erfüllen, aus. Deshalb ist ein Anspruch von A gegen B auf Schadensersatz nach § 179 Abs. 1 BGB nicht gegeben. In Betracht kommt aber eine analoge Anwendung dieser Norm.

III. Anspruch von A gegen B auf Schadensersatz nach § 179 Abs. 1 BGB analog

1. Kein vorrangiger Anspruch auf Nennung des Vertretenen

15 Nach § 135 Abs. 5 Satz 2, Abs. 8 Hs. 1 AktG kann eine Person, die geschäftsmäßig das Stimmrecht von Aktionären auszuüben sich erbietet, das Stimmrecht auch im Namen dessen, den es angeht, ausüben, wenn es die Vollmacht nicht anders bestimmt. Damit ist eine Vermeidung der Bekanntgabe des Namens des jeweils vertretenen Aktionärs bezweckt. Auch eine Benennung nach § 129 Abs. 2 AktG im Teilnehmerverzeichnis muss nicht erfolgen. Es besteht also keine Pflicht zur Bekanntgabe, sodass dem Stimmrechtsvertreter – worauf der Normzweck des § 135 Abs. 5 Satz 2 AktG hindeutet – ein Geheimhaltungsrecht zusteht.[18] Denn der Zweck des § 135 Abs. 5 Satz 2 AktG ist darauf gerichtet, dass der Stimmrechtsvertreter den Namen des vertretenen Aktionärs nicht bekanntgeben muss.[19]

16 Ein geschäftsmäßiges Sich-Erbieten i.S.d. § 135 Abs. 8 Hs. 1 AktG setzt Wiederholungsabsicht,[20] nicht aber eine gewerbliche oder berufliche Ausübung voraus.[21]

---

[17] BGHZ 129, 136, 148 – Girmes; *Timm* WM 1991, 481, 489; *Schöne* WM 1992, 209, 212.
[18] BGHZ 129, 136, 157 – Girmes.
[19] *Henssler* ZHR 157 (1993), 91, 119.
[20] BGHZ 129, 136, 157 – Girmes; MünchKommAktG/*Schröer* § 135 Rn. 35; *Hüffer/Koch* § 135 Rn. 48.

Es muss lediglich der Wille des zu Bevollmächtigenden erkennbar sein, wenigstens immer wieder das Stimmrecht auszuüben. Diese Voraussetzung ist hier erfüllt. Denn der „Emissions-Spiegel" bietet allgemein die Wahrnehmung von Hauptversammlungsterminen und Stimmrechtsausübung in Vertretung an. Infolgedessen steht B ein Recht zur Verweigerung der Bekanntgabe der Namen der von ihm vertretenen Aktionäre zu. Es ist daher kein vorrangiger Anspruch auf Nennung der jeweils Vertretenen gegeben.

2. Schuldhaft pflichtwidrige Ausübung des Stimmrechts durch Minderheit der Aktionäre – vertreten durch B

Verhindern die Aktionäre, deren Stimmrechte B ausübt, treuwidrig die Sanierung der G, kommt als Sanktion dieses Verhaltens die Verpflichtung zur Leistung von Schadensersatz in Betracht, für die B möglicherweise nach § 179 Abs. 1 BGB analog einzustehen hätte. 17

a) Treuepflicht der Minderheit der Aktionäre

Die Ablehnung des von G vorgebrachten Sanierungsvorschlages durch B müsste eine Verletzung der den vertretenen Aktionären gegenüber A obliegenden Treuepflicht darstellen. Das Verhalten von B ist den Aktionären nach den Rechtsgedanken der §§ 166, 278 BGB zuzurechnen.[22] Eine solche Treuepflicht zur Zustimmung im Hinblick auf den Sanierungsvorschlag könnte gegenüber der Gesellschaft, aber auch gegenüber den anderen Aktionären bestehen. 18

aa) Treuepflicht der vertretenen Gesellschafter gegenüber der Gesellschaft

(1) Bestehen

Eine Treuepflicht der von B vertretenen Minderheit besteht, da es zu einer zielgerichteten Stimmbündelung kommt (siehe Rn. 7). 19

(2) Inhalt

Die Aktionäre könnten auf Grund einer der Gesellschaft gegenüber bestehenden Treuepflicht zu einer bestimmten Ausübung ihres Stimmrechts verpflichtet sein. Doch ist die Gesellschaft in ihrem allgemeinen Bestand gegenüber Maßnahmen ihrer Gesellschafter nicht geschützt. Vielmehr steht es den Gesellschaftern frei, den Gesellschaftszweck beliebig jederzeit zu ändern und die Auflösung der Gesellschaft zu beschließen.[23] Es besteht danach keine Treuepflicht der Aktionäre gegenüber G, an der Sanierung von G mitzuwirken. Eine Treuepflicht der von B vertretenen Aktionäre, an der Sanierung von G mitzuwirken, könnte sich aber gegenüber den übrigen Aktionären ergeben. 20

bb) Treuepflicht der vertretenen Gesellschafter gegenüber den übrigen Aktionären

Die Auflösung einer Aktiengesellschaft durch Beschluss setzt eine qualifizierte, durch Gesetz oder Satzung bestimmte Mehrheit der Gesellschafter voraus (§ 262 Abs. 1 Nr. 2 AktG). Da danach eine Minderheit die Auflösung der Gesellschaft nicht erzwingen kann, muss sie auf die gesellschaftsbezogenen Belange der Mehrheit der 21

[21] *Hüffer/Koch* § 135 Rn. 48.
[22] BGHZ 129, 136, 151 – Girmes.
[23] BGHZ 103, 184, 191 f.; 76, 352, 353; 129, 136, 151 – Girmes.

Gesellschafter angemessen Rücksicht nehmen.[24] Ist eine Gesellschaft sanierungsbedürftig, darf der einzelne Gesellschafter eine (1.) sinnvolle und mehrheitlich angestrebte Sanierung nicht aus eigennützigen Gründen verhindern, wenn (2.) es bei Scheitern der Sanierungsmaßnahme zum Zusammenbruch der Gesellschaft kommt, (3.) im Falle des Zusammenbruchs der Gesellschaft die Stellung des einzelnen Gesellschafters ungünstiger als bei einem Austritt aus der fortbestehenden Gesellschaft ist (bei der Aktiengesellschaft kommt insoweit lediglich eine Veräußerung der Aktien in Betracht), (4.) die Durchführung der Sanierungsmaßnahme die Verfolgung des Gesellschaftszwecks nach objektiver Einschätzung dauerhaft gewährleistet und (5.) keine schonendere Sanierung möglich ist.[25] Auf diese Weise ist den Grundsätzen der Erforderlichkeit und Verhältnismäßigkeit ausreichend Rechnung getragen.

(1) Sinnvolle und mehrheitlich angestrebte Sanierung

22 Das vom Vorstand vorgeschlagene Sanierungskonzept ist erfolgversprechend und daher sinnvoll. Die Mehrheit der Aktionäre ist mit diesem Konzept einverstanden, sodass auch eine mehrheitlich angestrebte Sanierung gegeben ist.

(2) Zusammenbruch der Gesellschaft bei Scheitern der Sanierung

23 Nach dem Scheitern des zwischen Vorstand und Gesellschaftsgläubigern ausgehandelten Sanierungskonzeptes ist ein Zusammenbruch der G wahrscheinlich, weil G überschuldet i.S.d. § 19 Abs. 2 InsO ist, sodass der Vorstand nach § 15a Abs. 1 Satz 1 InsO zur Stellung eines Insolvenzantrags verpflichtet ist.

(3) Ungünstigere Stellung der Aktionäre beim Zusammenbruch der Gesellschaft als beim Austritt aus der fortbestehenden Gesellschaft

24 Die Stellung des einzelnen Aktionärs ist bei dem Zusammenbruch der Gesellschaft ungünstiger als bei einem Austritt durch Veräußerung der Aktien im Falle ihres Fortbestehens. Denn nach Stellung des Insolvenzantrags sind die Aktien wertlos, bei Durchführung des Sanierungskonzepts wäre dies nicht der Fall.

(4) Dauerhafte Gewährleistung der Verfolgung des Gesellschaftszwecks

25 Die Durchführung der Sanierungsmaßnahme hätte die Verfolgung des Gesellschaftszwecks nach objektiver Einschätzung wegen des durch die Gesellschaftsgläubiger in Aussicht gestellten hohen Schuldenerlasses dauerhaft gewährleistet.

(5) Keine schonendere Sanierung

26 Ob eine schonendere Sanierung als die vom Vorstand mit den Gesellschaftsgläubigern ausgehandelte möglich ist oder nicht, hängt im Wesentlichen davon ab, ob die Gesellschaftsgläubiger noch bereit sind, über eine Änderung des Sanierungskonzeptes zu verhandeln. Da eine solche Bereitschaft nicht besteht, ist die Möglichkeit einer schonenderen Sanierung ausgeschlossen.

(6) Zwischenergebnis

27 Den von B vertretenen Aktionären obliegt auf Grund ihrer gesellschaftsrechtlichen Treuepflicht die Pflicht gegenüber den anderen Aktionären, die angestrebte Sanierung nicht zu verhindern.

[24] BGHZ 129, 136, 152 – Girmes.

[25] BGHZ 129, 136, 152f. – Girmes; *K. Schmidt* § 5 IV 5; *ders.* ZGR 1982, 519, 524; *Timm* WM 1991, 481, 484f.; *Dreher* ZHR 157 (1993), 170, 180f.; *Schöne* WM 1992, 209, 212f.

b) Verletzung der Treuepflicht

Einer Zustimmung durch die von B vertretenen Aktionäre bedarf es zur Erreichung der für die Kapitalherabsetzung erforderlichen Mehrheit (§ 229 Abs. 3 AktG i. V. m. § 222 Abs. 1 AktG) nicht. Da Stimmenthaltungen bei der Zahl der abgegebenen Stimmen nicht zu berücksichtigen sind, hätte eine Stimmenthaltung durch B ausgereicht, um eine Mehrheit von drei Viertel zu erreichen. Da B für die von ihm vertretenen Aktionäre das Stimmrecht jedoch in der Weise ausübt, dass er mit „Nein" über das von dem Vorstand vorgeschlagene Sanierungskonzept abstimmt, liegt eine Verletzung der Treuepflicht vor. **28**

c) Verschulden – hier: Beschränkung auf Vorsatz

Die Haftung aus Treuepflichtverletzung setzt jedenfalls für den Fall der Treuepflichtverletzung durch Stimmrechtsausübung Vorsatz voraus.[26] Denn der Aktionär darf sein Stimmrecht grundsätzlich zum eigenen Vorteil auszuüben (Umkehrschluss aus § 243 Abs. 2 Satz 1 AktG). Auch das Bestreben, Sondervorteile zu erlangen i. S. d. § 243 Abs. 2 Satz 1 AktG, setzt zumindest bedingten Vorsatz voraus.[27] Die Beschränkung der Haftung für eine bestimmte Stimmrechtsausübung auf Vorsatz erscheint auch im Interesse der Aktiengesellschaften erforderlich (z. B. andernfalls negative Folgen für freie Stimmrechtsausübung der Aktionäre ggf. durch Vertreter und Präsenz auf Hauptversammlung).[28] **29**

B handelte hier bedingt vorsätzlich. Als Verleger mit Geschäftserfahrung muss er wissen, dass sein Verhalten zum Abbruch der Sanierungsbemühungen und zur Notwendigkeit eines Insolvenzantrags führen kann. Dies gilt umso mehr, als B darum weiß, dass die Gesellschaftsgläubiger zu keinen weiteren Verhandlungen bereit sind. Das Verschulden des B ist den von ihm vertretenen Aktionären nach § 278 BGB zuzurechnen. **30**

d) Schaden

aa) Minderung des Aktienwerts

Der Schaden des A ist nach dem Verkehrswert des Anteils zu berechnen. Dies ist der Betrag, den ein Dritter als Erwerber üblicherweise zu zahlen bereit wäre. Dafür ist der Börsenkurs einer Aktie in Betracht zu ziehen, auch wenn spekulative Momente für diesen Wert häufig maßgebend sind. Voraussetzung ist aber, dass A diesen Kurs hätte realisieren können, wenn die von B vertretenen Aktionäre die Pflichtverletzung nicht begangen und die Aktien nicht auf Grund dessen jeglichen Wert verloren hätten. Bei Zustandekommen der vom Vorstand vorgeschlagenen Kapitalherabsetzung und nach deren Wirksamwerden (§ 224 AktG) hätte A nur noch über einen im Verhältnis 5 : 2 herabgesetzten Aktienbestand verfügt. Dieser Umstand hätte sich auf den Kurswert der Aktien nach Zustandekommen des Herabsetzungsbeschlusses in der Weise ausgewirkt, dass die Aktien des A nur 70 EUR pro Aktie, insgesamt also 70 000 EUR (1 000 Aktien × 70 EUR), wert gewesen wären. **31**

---

[26] BGHZ 129, 136, 162 – Girmes; *Hüffer/Koch* § 53a Rn. 21.

[27] BGHZ 129, 136, 162 – Girmes; KölnKomm/*Zöllner* § 243 Rn. 223; *Hüffer/Koch* § 243 Rn. 34.

[28] BGHZ 129, 136, 163 – Girmes.

bb) Minderung des Unternehmenswerts

32 Die Minderung des Unternehmenswerts und die dadurch bedingte Minderung des Wertes von Aktien ist lediglich ein mittelbarer Schaden des Aktionärs. Er stellt sich nur als „Reflex" des bei der Gesellschaft eingetretenen Schadens dar.[29] Der Aktionär darf insoweit grundsätzlich nicht Leistung in sein Privatvermögen verlangen (vgl. §§ 117 Abs. 1 Satz 2, 317 Abs. 1 Satz 2 AktG). Aus diesem Grunde ist A nicht berechtigt, insoweit die Leistung von Schadenersatz für sich in Anspruch zu nehmen. Wegen des Grundsatzes der Kapitalerhaltung und der Zweckbindung des Gesellschaftsvermögens darf ein Gesellschafter bei einem am Gesellschaftsvermögen entstandenen Schaden nur Leistung an die Gesellschaft fordern.

3. Haftung von B nach § 179 Abs. 1 BGB analog für treuepflichtwidrige Ausübung des Stimmrechts durch die Aktionäre

33 Die Haftung von B nach § 179 Abs. 1 BGB analog für die treuepflichtwidrige Ausübung des Stimmrechts durch die Aktionäre setzt (1.) eine planwidrige Regelungslücke und (2.) eine vergleichbare Interessenlage voraus.

a) Regelungslücke

34 § 179 BGB betrifft die Haftung des Vertreters ohne Vertretungsmacht und erfasst nicht das Auftreten als bevollmächtigter Stimmrechtsvertreter (vgl. Rn. 14).

b) Vergleichbarkeit der Interessenlage

35 § 179 BGB schützt die Partei eines Rechtsgeschäfts, das unter Einschaltung eines Vertreters durch die andere Partei zu Stande kommt, im Hinblick auf die Wirksamkeit der Bevollmächtigung. Denn diese Partei soll auf die Verbindlichkeit der von dem Vertreter abgegebenen Erklärungen im Verhältnis zu dem Vertretenen sowie darauf vertrauen dürfen, dass ihr der Bevollmächtigte den Vertretenen bekannt gibt.[30] Denn nur dann kann sie den Vertretenen auf Erfüllung in Anspruch nehmen. Für die Enttäuschung dieses Vertrauens hat der Vertreter gegenüber dem Dritten einzustehen.[31] Deshalb haftet derjenige, der ein Rechtsgeschäft, für den, den es angeht, oder für eine Person, deren Benennung er sich vorbehält, abschließt, nach § 179 Abs. 1 BGB analog, wenn er sich weigert, den Vertretenen zu benennen und die Durchführung des Geschäftes daran scheitert.[32]

36 Dieser allgemeine Gedanke ist auch auf den hier zu beurteilenden Fall übertragbar (Vertreter stimmt in der Hauptversammlung für eine Vielzahl von Minderheitsaktionären ab, die Stimmabgabe ist treupflichtwidrig und der Bevollmächtigte benennt seine Vollmachtgeber nicht).

c) Zwischenergebnis

37 § 179 Abs. 1 BGB ist auf einen Stimmrechtsvertreter, der sich weigert, die Namen der von ihm vertretenen Aktionäre zu nennen, analog anwendbar. Die Haftung des

[29] *Schick* ZIP 1991, 938, 940; *Schöne* WM 1992, 209, 213; zumindest „im Ausgangspunkt" zustimmend BGHZ 129, 136, 165 – Girmes.

[30] BGHZ 129, 136, 150 – Girmes.

[31] BGHZ 39, 45, 51; 105, 283, 285 f.; 129, 136, 150 – Girmes; MünchKommBGB/*Schubert* § 179 Rn. 1 f.

[32] BGHZ 129, 136, 149 f. – Girmes; MünchKommBGB/*Schubert* § 179 Rn. 15.

Stimmrechtsvertreters beschränkt sich im Hinblick darauf, dass es um Rechtsfolgen aus der Teilnahme einer Abstimmung in der Hauptversammlung einer Aktiengesellschaft geht, naturgemäß auf Schadenersatz (§ 179 Abs. 1 Alt. 2 BGB). Danach hat B nach § 179 Abs. 1 BGB analog für die von den von ihm vertretenen Aktionären begangene Treuepflichtverletzung durch Schadensersatzleistung einzustehen.

4. Zwischenergebnis

A steht gegen B ein Anspruch auf Schadensersatz in Höhe von 70000 EUR nach § 179 Abs. 1 BGB analog zu. **38**

IV. Anspruch von A gegen B auf Schadensersatz nach §§ 280 Abs. 1, 241 Abs. 2 BGB i.V.m. den Grundsätzen über den Vertrag mit Schutzwirkung zu Gunsten Dritter

1. Schuldverhältnis

Als Schuldverhältnis i.S.d. § 280 Abs. 1 BGB kommt ein Auftrag i.S.d. §§ 662ff. BGB in Betracht. Zwischen B und den Aktionären, die ihn mit der Ausübung des Stimmrechtes auf der Hauptversammlung vom 3.2.07 beauftragt haben, ist ein solches Rechtsverhältnis zustande gekommen. **39**

2. Schutzwirkung des Schuldverhältnisses zu Gunsten Dritter

Das Auftragsverhältnis zwischen B und den ihn beauftragenden Aktionären müsste Schutzwirkungen zu Gunsten der Aktionäre, die B nicht bevollmächtigt haben, vermitteln. Ein an einem Vertrag nicht beteiligter Dritter ist dann in die sich aus einem Vertrage ergebenden Schutzpflichten einbezogen, wenn (1.) der Dritte den Risiken und Gefahren aus dem Vertrag bestimmungsgemäß in gleicher Weise wie die Vertragspartei ausgesetzt ist (Leistungsnähe), (2.) der Gläubiger ein für den Schuldner erkennbares besonderes Interesse daran hat, einen Dritten in den Schutzbereich des Vertrages einzubeziehen oder die Umstände des Einzelfalles ansonsten konkrete Anhaltspunkte für den Parteiwillen ergeben, dem Schutzbedürfnis des Dritten Rechnung zu tragen und (3.) der Dritte schutzbedürftig ist.[33] **40**

a) Leistungsnähe

Die Aktionäre, die B nicht mit der Stimmrechtsausübung beauftragt haben, sind den Gefahren, die das mit B abgeschlossene Auftragsverhältnis begründet, in gleicher Weise ausgesetzt wie die Auftraggeber selbst.[34] Sie befinden sich daher in Leistungsnähe. **41**

b) Besonderes Interesse des Gläubigers

Für B besteht ein besonderes Interesse der ihn beauftragenden Aktionäre, dass sich für die übrigen Aktionäre keine Nachteile auf Grund einer pflichtwidrigen Stimmrechtsausübung ergeben. Denn eine zur Ausübung des Stimmrechts durch einen Aktionär bevollmächtigte Person muss in gleicher Weise die gesellschaftsrechtliche **42**

[33] Siehe dazu im Einzelnen MünchKommBGB/*Schubert* § 179 Rn. 136ff.

[34] BGHZ 129, 136, 168 – Girmes.

Treuepflicht gegenüber den übrigen Aktionären beachten wie es der Auftraggeber als Aktionär tun müsste, wenn er selbst abstimmen würde.[35] Die B nicht beauftragenden Gesellschafter haben daher ein besonderes Interesse daran, dass die Stimmrechtsausübung durch B nur in den Grenzen der gesellschaftsrechtlichen Treuepflicht stattfindet.

c) Schutzwürdigkeit

43 Die Aktionäre, die B nicht mit der Stimmrechtsausübung beauftragt haben, müssten schutzwürdig sein. Daran fehlt es, wenn ihnen gegen B ein eigener Schadenersatzanspruch zusteht.[36]

44 Diese Voraussetzung ist hier erfüllt. Denn es besteht eine Haftung des B gegenüber den Aktionären, die B nicht mit der Stimmrechtsausübung beauftragt haben, – hier insbesondere A – nach § 179 Abs. 1 BGB analog (siehe Rn. 38). Die Tatsache, dass eine Haftung der den B beauftragenden Aktionäre deswegen nicht durchsetzbar ist, weil B als Stimmrechtsvertreter i. S. d. § 135 Abs. 5 Satz 2, Abs. 8 Hs. 1 AktG im Namen dessen, den es angeht, handelt und die Namen seiner Auftraggeber nicht offenlegen muss, ändert daran nichts.[37] Denn dieser Umstand begründet gerade die Schadensersatzhaftung des B anstelle seiner anonymen Auftraggeber nach § 179 Abs. 1 BGB analog gegenüber A.

V. Anspruch von A gegen B auf Schadensersatz nach §§ 280 Abs. 1, 241 Abs. 2, 311 Abs. 2 Nr. 3, Abs. 3 BGB

45 Grundsätzlich haften nach §§ 280 Abs. 1, 241 Abs. 2, 311 Abs. 2 Nr. 3 BGB nur die Parteien des anzubahnenden Rechtsgeschäfts. Nach § 311 Abs. 3 Satz 1 BGB kann ausnahmsweise jedoch ein Schuldverhältnis auch zu Personen entstehen, die nicht Vertragspartei sind. Dies setzt nach § 311 Abs. 3 Satz 2 BGB voraus, dass der Dritte in besonderem Maße Vertrauen für sich in Anspruch nimmt und dadurch die Vertragsverhandlungen oder den Vertragsschluss erheblich beeinflusst. Eine Inanspruchnahme persönlichen Vertrauens durch den Vertreter liegt insbesondere dann vor, wenn der Vertreter dem Verhandlungsgegner eine zusätzliche, von ihm persönlich ausgehende Gewähr für die Richtigkeit und Vollständigkeit seiner Erklärungen bietet, die für den Willensentschluss des anderen Teils bedeutsam gewesen ist. Eine Eigenhaftung des Vertreters kommt auch dann in Betracht, wenn ein wirtschaftliches Eigeninteresse des Vertreters an dem Zustandekommen des Rechtsverhältnisses besteht.[38]

46 Das Schrifttum[39] nimmt teilweise eine Eigenhaftung des Stimmrechtsvertreters für den Fall an, dass Aktionäre ihre Rechte durch einen Bevollmächtigten ausüben lassen und der Bevollmächtigte dadurch atypische Mitwirkungsberechtigungen erhält, über die der Vertretene allein nicht verfügt und die der Bevollmächtigte zu eigenen Zwecken nützt. So liege es etwa dann, wenn (1.) ein Stimmrechtsvertreter eine

[35] BGHZ 129, 136, 168 – Girmes.

[36] BGHZ 70, 327, 330; MünchKommBGB/*Gottwald* § 328 Rn. 92; *Henssler* ZHR 157 (1993), 91, 110f.; *Hammen* ZBB 1993, 239, 244.

[37] BGHZ 129, 136, 169 f. – Girmes.

[38] *BGH* ZIP 1991, 1140, 1142; 1994, 1103, 1104 ff.

[39] So etwa *Henssler* ZHR 157 (1993), 91, 114 ff.

Vielzahl von Stimmrechten ausüben dürfe und dadurch eine besondere Mitwirkungsberechtigung wie eine Sperrminorität erreiche, sodass er auf die Rechtsposition der von ihm nicht vertretenen Aktionäre in einer Weise einwirken könne, die seinen Auftraggebern als Einzelaktionären nicht möglich sei und er (2.) diese Einflussposition dazu nutze, um eigene Ziele und Interessen – wie hier die Verhinderung eines in bestimmtem Umfang zu Lasten der Aktionäre gehenden Sanierungskonzeptes – durchzusetzen.

Bei Stimmrechtsbündelung besteht indes die dem Einfluss entsprechende Treuepflicht nur für die Aktionäre, nicht aber den für Stimmrechtsvertreter (siehe Rn. 13).[40] Daher scheidet eine Haftung des B als Stimmrechtsvertreter aus. 47

VI. Anspruch des A gegen B auf Schadensersatz nach § 826 BGB

1. Sittenwidrigkeit

Sittenwidrig ist ein Verhalten, das gegen das Anstandsgefühl aller billig und gerecht Denkenden verstößt.[41] So kann es liegen, wenn ein an sich unbedenkliches Mittel im Verhältnis zu dem für sich billigenswerten Zweck außer Verhältnis steht. Eine solche Unverhältnismäßigkeit des angewandten Mittels (Ablehnung des Sanierungsvorschlages des Vorstands) zu dem angestrebten Zweck (Erhaltung eines zusätzlichen Grundkapitals von 10 Mio. EUR unter Durchsetzung eines anderen Sanierungsvorschlages) könnte hier gegeben sein. Insoweit ist bereits das Abstimmungsverhalten des B, an dem der Sanierungsvorschlag des Vorstands scheiterte, zu untersuchen. 48

Zum Zeitpunkt des Sanierungsvorschlags des Vorstands liegt eine rechnerische Überschuldung der G vor. Bei Ablehnung des Sanierungsvorschlages ergibt sich eine negative Fortführungsprognose.[42] Denn die Gläubiger sind nicht bereit, andere Sanierungsvorschläge zu akzeptieren. Das führt zwangsläufig zur Zahlungsunfähigkeit und damit zum Zusammenbruch der Gesellschaft sowie zum vollständigen Verlust des Aktienkapitals der Aktionäre. Die Ablehnung des Sanierungsvorschlages des Vorstands, der den Aktionären zwei Fünftel des Grundkapitals als werthaltiges Aktienkapital erhalten hätte, und der damit verbundene Verlust dieses Betrages steht außer Verhältnis zu der angestrebten Erhaltung eines weiteren Anteils von einem Fünftel nicht werthaltigen Kapitals. Daher ist ein sittenwidriges Verhalten von B gegeben. 49

2. Vorsatz

Aus der Art und Weise des sittenwidrigen Handelns kann auf Schädigungsvorsatz zu schließen sein.[43] B handelte auch mit dem erforderlichen bedingten Vorsatz. 50

3. Schaden

A erleidet einen Schaden in Höhe von 70 000 EUR. 51

[40] BGHZ 129, 135, 171 – Girmes.
[41] BGHZ 17, 327, 332; 129, 136, 172 – Girmes.
[42] BGHZ 129, 136, 143 – Girmes.
[43] BGHZ 129, 135, 177 – Girmes.

4. Zwischenergebnis

52 A steht gegen B ein Anspruch auf Schadensersatz in Höhe von 70000 EUR nach § 826 BGB zu.

VII. Ergebnis

53 A steht gegen B ein Anspruch auf Schadensersatz in Höhe von 70000 EUR nach § 179 Abs. 1 BGB analog und § 826 BGB zu.

Fall 9. Börse ade

Nach BGHZ 153, 47 und BGH WM 2013, 2213.

Sachverhalt

Die High Potential AG (H) ist eine börsennotierte Aktiengesellschaft. Sie verfügt über ein Grundkapital von 11 Mio. EUR, das je zur Hälfte aus Stammaktien und aus stimmrechtslosen Vorzugsaktien besteht. Inhaber des größten Teils der Aktien ist eine ausländische Gesellschaft; in Streubesitz befinden sich noch 1,07% der Stammaktien und 8,5% der Vorzugsaktien. Die Aktien von H sind bei der Frankfurter Wertpapierbörse und der Bayerischen Börse zur amtlichen Notierung zugelassen.

Der Aufsichtsrat berichtet über die von H abhängigen Tochtergesellschaften in der Weise, dass die Wirtschaftsprüfungsgesellschaft Checking GmbH (C) den Jahresabschluss sowie die Berichte der Geschäftsführung für die Gesellschaften und den Konzern einschließlich der Buchführung für das betroffene Geschäftsjahr geprüft und mit deren uneingeschränktem Bestätigungsvermerk versehen habe. Diese Ergebnisse habe der Aufsichtsrat zur Kenntnis genommen. Die Hauptversammlung entlastet daraufhin Vorstand und Aufsichtsrat.

Da mit Rücksicht auf den niedrigen Streubesitz ein Börsenhandel mit den Aktien von H nur noch in geringem Umfang stattfindet, hält H den mit der Zulassung verbundenen Kostenaufwand nicht mehr für gerechtfertigt. Außerdem kommt es infolge des geringen Aktienhandels zu sprunghaften Kursveränderungen, die durch die Geschäftsentwicklung der H nicht gerechtfertigt und für das Unternehmen schadensträchtig sind. Schließlich besteht die Gefahr von Kursmanipulationen. Der Vorstand schlägt der Hauptversammlung unter Berufung auf diese Gründe daher vor, die Zulassung an der Börse aufzugeben. Ein Vorstandsbericht erfolgt hierzu nicht. Die Hauptversammlung der H vom 4.3.2013 ermächtigt daher den Vorstand, bei den beiden Börsen den Widerruf der Zulassung zu beantragen. Kleinaktionär Andreas Andersen (A) sieht sich dadurch in seinem Vermögen beeinträchtigt. Er stimmt gegen den Vorschlag und erklärt zur Niederschrift, dass er mit dem Beschluss nicht einverstanden sei. Außerdem bedürfe die Ermächtigung einer sachlichen Rechtfertigung und zeitlichen Begrenzung. Daraufhin beschließt die Hauptversammlung von H, den Minderheitsaktionären ein Kaufangebot für jede Aktie im Nennwert von 50 EUR über 1057 EUR (Stammaktien) bzw. 820 EUR (Vorzugsaktien) zu machen. H ermöglicht damit den gegen das *Delisting* stimmenden Aktionären die Realisierung des Wertes ihrer Aktien zum Verkehrswert.

A erhebt durch seinen Rechtsanwalt gegen die von der Hauptversammlung am 4.3.2013 gefassten Beschlüsse noch am selben Tag Anfechtungsklage.

Hat dies Aussicht auf Erfolg?

Gliederung

Lösung

I. Anfechtungsklage gegen die Beschlüsse der Hauptversammlung zur Entlastung des Aufsichtsrats und Ermächtigung des Vorstands zum regulären *Delisting*

1. Zulässigkeit der Klage

a) Statthafte Klageart

Für die Statthaftigkeit der Klageart kommt es entscheidend auf das Rechtsschutzziel des A an. A will gegen Beschlüsse der Hauptversammlung der AG vorgehen. 1

Hinweis: Bei der Bestimmung der statthaften Klageart ist grundsätzlich zu unterscheiden zwischen nichtigen und anfechtbaren Beschlüssen. Richtiger erscheint es freilich von Nichtigkeitsgründen und Anfechtungsgründen zu sprechen, da ein Beschluss an mehreren Mängeln verschiedener Art leiden kann.[1] Daneben gibt es unwirksame Beschlüsse. Bei nichtigen Beschlüssen sind die Mängel derart schwer wiegend, dass sie *ipso iure* zur Nichtgeltung des Beschlusses führen. Die Nichtigkeitsgründe sind in § 241 AktG abschließend genannt. Gegen nichtige Beschlüsse stehen Rechtsbehelfe zur Verfügung. Nichtigkeitsklage nach § 249 Abs. 1 Satz 1 AktG können die in dieser Norm genannten Personen erheben. Für Dritte steht die allgemeine Feststellungsklage nach § 256 Abs. 1 ZPO zur Verfügung, wobei sich hier stets die Frage eines Feststellungsinteresses stellt. Ein lediglich anfechtbarer Beschluss ist gegeben, wenn ein Gesetzes- oder Satzungsverstoß (sog. Beschlussmangel) vorliegt, der einerseits nicht zur Nichtigkeit führt, andererseits nicht lediglich einen Verstoß gegen bloße Soll- und Ordnungsvorschriften darstellt. Ein anfechtbarer Beschluss ist bis zur Aufhebung durch Urteil zunächst wirksam.[2] Rechtsbehelf bei Vorliegen eines Anfechtungsgrundes ist die Anfechtungsklage nach §§ 243ff. AktG. Da der

[1] *K. Schmidt* § 15 II 1c.
[2] *K. Schmidt* § 15 II 1b dd.

erfolgreiche Kläger die Unwirksamkeit eines Beschlusses der Hauptversammlung und damit eine Änderung des materiellen Rechts herbeiführt, handelt es sich um eine Gestaltungsklage.[3] Bei unwirksamen Beschlüssen ist ihr Wirksamwerden von der Zustimmung durch die Gesellschaft, Dritte oder Behörden abhängig. Bis zur Erteilung einer solchen Zustimmung ist der Beschluss fehlerhaft, aber durch Erfüllung der erforderlichen Wirksamkeitsvoraussetzung heilbar. Den statthaften Rechtsbehelf gegen unwirksame Beschlüsse stellt die allgemeine Feststellungsklage nach § 256 Abs. 1 ZPO dar. Von der Fehlerhaftigkeit eines Beschlusses ist die Nichtigkeit oder Unwirksamkeit einzelner Stimmen zu unterscheiden. Solche Mängel können jedoch einen Anfechtungsgrund darstellen, wenn die Unwirksamkeit der Stimmen dazu führt, dass die für einen Beschluss erforderliche Mehrheit fehlt.

2 In Betracht kommt hier, soweit A gegen Beschlüsse der Hauptversammlung vorgehen will, eine Anfechtungsklage nach §§ 243 ff. AktG. Denn die Anfechtungsklage nach §§ 243 ff. AktG setzt einen Beschluss der Hauptversammlung voraus.

b) Eröffnung des Zivilrechtswegs

3 Der Zivilrechtsweg nach § 13 GVG ist eröffnet.

c) Zuständigkeit des Gerichts

4 Das Landgericht (Kammer für Handelssachen, §§ 94, 95 Abs. 2 Nr. 1 GVG) am Sitz der Gesellschaft (§ 14 AktG) ist nach § 246 Abs. 3 Sätze 1 und 2 AktG zuständig.

d) Richtige Beklagte nach § 246 Abs. 2 Satz 1 AktG

5 Eine Anfechtungsklage nach §§ 243 ff. AktG muss gegen die richtige Beklagte gerichtet sein. Eine Anfechtungsklage gegen einen andere als die in § 246 Abs. 2 Satz 1 AktG genannte Person ist mangels Parteifähigkeit unzulässig und nicht etwa mangels Passivlegitimation unbegründet.[4] Nach § 246 Abs. 2 Satz 1 AktG ist die Klage gegen die Gesellschaft zu richten. Richtige Beklagte ist daher H.

e) Prozessfähigkeit der Aktiengesellschaft nach § 246 Abs. 2 Satz 2 AktG

6 Vorstand und Aufsichtsrat vertreten die Gesellschaft bei Klagen von Aktionären (§ 246 Abs. 2 Satz 2 AktG). Damit kommt es zu einer Doppelvertretung der Gesellschaft, um Missbräuche des Vorstands oder des Aufsichtsrats zu Lasten der Gesellschaft, die wegen des Dispositionsgrundsatzes insbesondere durch Geständnisse (§ 288 ZPO) und Anerkenntnisse (§ 307 ZPO) möglich sind, zu verhindern.[5]

7 Die nach § 246 Abs. 2 Satz 2 AktG erforderliche Doppelvertretung von H ist gewahrt, wenn Vorstand und Aufsichtsrat H vertreten.

f) Rechtsschutzbedürfnis

8 Eine Anfechtungsklage setzt kein Rechtsschutzbedürfnis voraus, da sie das vom Gesetz vorgesehene Mittel zur gerichtlichen Kontrolle des Organhandelns darstellt. Das Rechtsschutzbedürfnis fehlt deshalb nur in besonderen Fällen wie der nachfolgenden mangelfreien Beschlussbestätigung durch die Hauptversammlung. Anhaltspunkte für einen solchen besonderen Fall sind hier nicht gegeben.

[3] *Hüffer/Koch* § 246 Rn. 8.
[4] *Hüffer/Koch* § 246 Rn. 4.
[5] *Hüffer/Koch* § 246 Rn. 16.

g) Anfechtungsbefugnis nach § 245 AktG

Die Anfechtungsbefugnis nach § 245 AktG fehlt in den Fällen des Missbrauchs der Anfechtungsklage. Wer missbräuchlich handelt, bringt sich nämlich um sein Recht. Anhaltspunkte für einen solchen Missbrauch sind hier aber nicht ersichtlich. Daher kommt es nicht darauf an, ob die Anfechtungsbefugnis mit der überwiegenden Auffassung[6] als Begründetheitsvoraussetzung oder aber oder Zulässigkeitsvoraussetzung[7] zu beurteilen ist. 9

h) Anfechtungsfrist nach § 246 Abs. 1 AktG

Die Anfechtungsfrist nach § 246 Abs. 1 AktG von einem Monat ist ebenso wie die Anfechtungsbefugnis nach § 245 AktG keine Zulässigkeits-, sondern eine Begründetheitsvoraussetzung. 10

i) Zwischenergebnis

Die Klage des A gegen die Beschlüsse der Hauptversammlung zur Entlastung des Aufsichtsrats und Ermächtigung des Vorstands zum regulären *Delisting* ist zulässig. 11

2. Begründetheit der Klage

a) Nichtigkeit des Beschlusses nach § 241 AktG

aa) Kein Ausschluss der Prüfung von Nichtigkeitsgründen

Zwar ist die Anfechtungsklage[8] die statthafte Klageart. Doch sind auch bei Vorliegen einer Anfechtungsklage nicht nur Anfechtungsgründe, sondern auch Nichtigkeitsgründe zu untersuchen. Denn sowohl Anfechtungsklage als auch Nichtigkeitsklage sind auf dasselbe Ziel und infolgedessen auf denselben Streitgegenstand gerichtet.[9] Dieser Streitgegenstand besteht nämlich darin, die Nichtigkeit des angegriffenen Beschlusses wegen seiner fehlenden Übereinstimmung mit Gesetz oder Satzung im Hinblick auf seinen Gegenstand und Inhalt sowie des zur Beschlussfassung führenden Verfahrens mit Wirkung für und gegen jedermann zu klären. Diese Umstände stellen einen einheitlichen Lebenssachverhalt als Teil des Klagegrundes der Nichtigkeits- oder Anfechtungsklage dar. Der andere Teil besteht aus der Fehlerhaftigkeit eines solchen Umstands, die die Gesetzes- oder Satzungswidrigkeit des Beschlusses begründet. Auf Grund dessen verfolgen Anfechtungsklage und Nichtigkeitsklage dasselbe Ziel. Deshalb handelt es sich nur um eine Klage, deren Begründetheit sich sowohl aus Nichtigkeits- als auch aus Anfechtungsgründen ergeben kann. Für die verwaltungsgerichtliche Anfechtungsklage ist diese Bestimmung des Streitgegenstandsbegriffs (Rechtswidrigkeit des Verwaltungsaktes und dadurch begründete Verletzung der Rechte des Klägers) bereits anerkannt.[10] 12

---

[6] *BGH* AG 2007, 863 Rn. 6; MünchKommAktG/*Hüffer/Schäfer* § 245 Rn. 3; *Hüffer/Koch* § 245 Rn. 2: „subjektives Recht".
[7] So aber K. Schmidt/Lutter/*Schwab* § 245 Rn. 2.
[8] Dazu *Windbichler* § 29 Rn. 49.
[9] BGHZ 152, 1, 5.
[10] BVerwGE 29, 210, 211; 40, 101, 104; 91, 256, 257.

13 Zwar vertritt ein Teil des Schrifttums[11] die Auffassung, der Streitgegenstand sei auf die richterliche Klärung der Nichtigkeit eines bestimmten Hauptversammlungsbeschlusses auf Grund des dazu vorgetragenen Sachverhalts gerichtet. Vorgetragener Sachverhalt sei ein einheitlicher Lebenssachverhalt im Sinne des im Zivilprozessrecht vertretenen zweigliedrigen Streitgegenstands. Danach könne der Prozessvortrag zu einem Beschlussgegenstand mehrere Sachverhalte und damit unterschiedliche Streitgegenstände umfassen. Ergänze der Kläger sein Vorbringen um einen solchen Sachverhaltskomplex, liege eine Klageänderung vor. Eine solche Unterteilung des Streitgegenstands könnte indes die einheitliche Überprüfung des Beschlusses je nach Umfang und Einzelheiten des Klägervortrags verhindern.[12] Auch spricht der Gesichtspunkt der Rechtssicherheit gegen den Ansatz des Schrifttums.

14 Da danach eine umfassende Prüfung von Nichtigkeits- und Anfechtungsgründen unabhängig vom Klageantrag geboten ist, können sowohl Nichtigkeitsgründe als auch Anfechtungsgründe zur Begründetheit der Klage von A führen.

bb) Nichtigkeitsgründe

15 Nichtigkeitsgründe i.S.d. § 241 AktG sind hier nicht gegeben.

b) Anfechtbarkeit des Beschlusses nach § 243 Abs. 1 AktG

16 Die Anfechtungsklage gegen einen Beschluss der Hauptversammlung ist begründet, wenn dieser Beschluss Gesetz oder Satzung verletzt (§ 243 Abs. 1 AktG). Für einen solchen Anfechtungsgrund kommt die Verletzung von Verfahrensvorschriften ebenso in Betracht wie die Verletzung materiellen Rechts.

aa) Entlastung der Vorstands- und Aufsichtsratsmitglieder

(1) Anfechtbarkeit eines Entlastungsbeschlusses

17 Unter welchen Voraussetzungen ein Aktionär einen Entlastungsbeschluss anfechten kann, ist umstritten.

(a) Ansatz 1: Entlastung auch bei erheblichen Gesetzes- oder Satzungsverstößen

18 Teile der Rechtsprechung und des Schrifttums vertreten unter Hinweis auf §§ 120 Abs. 2 Satz 2, 93 Abs. 4 AktG die Auffassung, die Hauptversammlung dürfe auch Leitungsorganen, die erhebliche Gesetzes- oder Satzungsverstöße begangen hätten, Entlastung erteilen.[13] Denn damit komme allein zum Ausdruck, dass das entlastete Organ unternehmerisch zweckmäßig gehandelt habe und weiterhin das Vertrauen der Aktionäre genieße. Eine Anfechtung ist danach auf die Geltendmachung von Verfahrensfehlern, insbesondere Informationsmängeln, beschränkt.

(b) Ansatz 2: Keine Entlastung bei erheblichen Gesetzes- oder Satzungsverstößen

19 Nach anderer Auffassung enthält die Entlastung in erster Linie die Erklärung der Hauptversammlung, sie billige das Handeln des entlasteten Leitungsorgans als – im

[11] MünchKommAktG/*Hüffer/Schäfer* § 246 Rn. 17; GroßkommAktG/*K. Schmidt* § 246 Rn. 61; *Hüffer/Koch* § 246 Rn. 11; *Bork* ZIP 1995, 609, 612f.

[12] BGHZ 152, 1, 5f.

[13] *OLG München* WM 1991, 1843, 1851; *OLG Düsseldorf* WM 1996, 777, 781; *Lutter* NJW 1973, 113, 114.

Großen und Ganzen – gesetz- und satzungsmäßig.[14] Danach ist ein Entlastungsbeschluss anfechtbar, wenn Gegenstand der Entlastung ein Verhalten ist, das „einen schwer wiegenden Gesetzes- oder Satzungsverstoß" darstellt.[15] § 120 Abs. 2 Satz 2 AktG steht dem nicht entgegen. § 243 Abs. 1 AktG ist durch einen Verzicht auf Schadensersatzansprüche infolge der Entlastung nicht berührt. Auch § 93 Abs. 4 AktG steht der Anfechtung eines Entlastungsbeschlusses nicht entgegen. Denn während § 243 Abs. 1 AktG ein uneingeschränktes Anfechtungsrecht der Hauptversammlung gegen Gesetzes- oder Satzungsverstöße begründet, erlaubt § 93 Abs. 4 AktG in beschränktem Umfang die Vereinbarung über den Erlass einer Schadensersatzforderung.

Ein Entlastungsbeschluss ist auch widerspruchsfrei möglich.[16] Denn auch wenn die Hauptversammlung dem Leitungsorgan die Entlastung insgesamt verweigert, kann sie das Leitungsorgan trotz des Vertrauensverlustes im Amt belassen, weil dies aus Sicht der Hauptversammlung gleichwohl im Interesse der Gesellschaft liegt. **20**

(c) Zwischenergebnis

Da für zuletzt genannten Ansatz die besseren Argumente sprechen, ist ihm zu folgen. Daher ist grundsätzlich auch ein Beschluss der Hauptversammlung zur Entlastung von Vorstand und/oder Aufsichtsrat anfechtbar. Dies setzt jedoch einen schwer wiegenden Gesetzes- oder Satzungsverstoß voraus. **21**

(2) Schwer wiegender Gesetzes- oder Satzungsverstoß

In Betracht kommt hier ein Verstoß der Aufsichtsratsmitglieder gegen § 314 Abs. 2 AktG. Bei einem solchen Verstoß handelt es sich um einen schwer wiegenden Gesetzesverstoß, auf Grund dessen der den Aufsichtsrat entlastende Hauptversammlungsbeschluss anfechtbar ist. § 314 AktG begründet eine Mitverantwortung des Aufsichtsrats für die Richtigkeit des Abhängigkeitsberichts.[17] Außerdem stellt diese Regelung die Information der Hauptversammlung sicher, soweit es um das Prüfungsergebnis und den Bestätigungsvermerk des Prüfers geht. In den nach § 171 Abs. 2 AktG vom Aufsichtsrat an die Hauptversammlung erstatteten Berichten nach § 314 Abs. 2 Satz 1 AktG muss zum Ausdruck kommen, der Aufsichtsrat habe die Abhängigkeitsberichte des Vorstandes geprüft. Diese Prüfung ist auf die Vollständigkeit und Richtigkeit des Berichts gerichtet.[18] **22**

In den hier vom Aufsichtsrat vorgelegten Berichten heißt es jedoch nur, C habe den Jahresabschluss sowie die Berichte der Geschäftsführung für die Gesellschaften und den Konzern einschließlich der Buchführung für das betroffene Geschäftsjahr geprüft und mit deren uneingeschränktem Bestätigungsvermerk versehen. Von der nach § 314 Abs. 2 Satz 1 AktG erforderlichen eigenen Prüfung des Aufsichtsrats ist keine Rede. Außerdem spricht der Aufsichtsrat den konsolidierten Abschluss, den dazu erstatteten Prüferbericht und die Gewinnverwendung sowie den Abhängigkeitsbericht überhaupt nicht an, ganz zu schweigen von einer Stellungnahme nach **23**

[14] BGHZ 153, 47, 50; 160, 385, 388; *Hüffer/Koch* § 120 Rn. 11; *Sethe* ZIP 1996, 1321, 1324.
[15] BGHZ 153, 47, 51; *Hüffer/Koch* § 120 Rn. 11.
[16] BGHZ 153, 47, 52.
[17] *Hüffer/Koch* § 314 Rn. 1.
[18] *Hüffer/Koch* § 314 Rn. 4.

§ 314 Abs. 2 Satz 2 AktG. Daher sind hier die Anforderungen des § 314 Abs. 2 AktG nicht beachtet.

(3) Zwischenergebnis

24 Im Hinblick auf den Beschluss der Hauptversammlung zur Entlastung des Vorstands liegt ein Anfechtungsgrund vor.

bb) Ermächtigung des Vorstands durch Beantragung des regulären *Delisting*

(1) Zuständigkeit der Hauptversammlung für das reguläre *Delisting*

25 Reguläres *Delisting* ist der Rückzug der Gesellschaft aus dem amtlichen und geregelten Markt an allen Börsen.[19] Es stellt sich die Frage, ob es dazu – oder wie hier für die Ermächtigung des Vorstands zum regulären *Delisting* – eines mit einfacher Mehrheit gefassten Beschlusses der Hauptversammlung bedarf.

(a) Eingriff in die Innenstruktur der Gesellschaft oder in Mitverwaltungsrechte

26 Die Zuständigkeit der Hauptversammlung für die Entscheidung über das reguläre *Delisting* könnte sich daraus ergeben, dass diese Maßnahme in die Innenstruktur der Aktiengesellschaft oder in die Mitverwaltungsrechte der Aktionäre eingreift. Doch verändert ein Rückzug von der Börse nicht die innere Struktur der Gesellschaft.[20] Auch ist das Mitgliedschaftsrecht – anders als etwa bei der Regelung des *Squeeze out* i.S.d. §§ 327aff. AktG – weder in seinem Bestand noch als relatives Beteiligungsrecht (Dividendenrecht, Anspruch auf Liquidationsanteil) berührt. Das reguläre *Delisting* schwächt außerdem nicht die mitgliedschaftliche Stellung des Aktionärs wie bei einer Mediatisierung seiner Mitwirkungsrechte.[21]

(b) Verlust der Verkehrsfähigkeit der Aktien und Eingriff in das Eigentum

(aa) Schutz des Verkehrswertes von Aktien und der Realisierungsmöglichkeit durch Art. 14 Abs. 1 GG

27 Mit dem Rückzug der Gesellschaft aus dem amtlichen Handel oder vom geregelten Markt verliert ein Aktionär jedoch den Markt, auf dem er den Wert seiner Aktie jederzeit durch Veräußerung realisieren kann. Gerade für die Minderheits- und Kleinaktionäre sind damit erhebliche wirtschaftliche Nachteile verbunden. Denn die Verkehrsfähigkeit von Aktien einer an der Börse zugelassenen Aktiengesellschaft hat für die Wertbestimmung der Anteile besondere Bedeutung. Der Verkehrswert und die jederzeitige Möglichkeit seiner Realisierung sind Charakteristika des Aktieneigentums.[22] Sie könnten wie das Aktieneigentum selbst den verfassungsrechtlichen Schutz des Art. 14 Abs. 1 GG genießen. Der verfassungsrechtliche Schutz des Verkehrswerts von Aktien und der jederzeitigen Realisierungsmöglichkeit dieses Werts hätte unmittelbare Auswirkungen auf den Umfang des vermögensrechtlichen Schutzes des Mitgliedschaftsrechts. Dieser ist gesetzlich unmittelbar zwar nur auf die Gewährleistung des Gewinnbezugsrechtes, des Liquidationsanteils und des relativen Vermögenswertes der Beteiligung gerichtet. Wäre der Verkehrswert einschließ-

[19] BGHZ 153, 47, 53.

[20] BGHZ 153, 47, 54; *Wirth/Arnold* ZIP 2000, 111, 114f.; *Streit* ZIP 2002, 1279, 1287; grundlegend aus rechtsvergleichender Sicht *Hopt,* FS Drobing, 1998, S. 525, 536.

[21] *BGH* WM 2013, 2213 Rn. 4; vgl. zu einer solchen Mediatisierung BGHZ 83, 129, 136ff. – Holzmüller.

[22] BVerfGE 100, 289, 305f. – DAT/Altana.

lich der Verkehrsfähigkeit des Aktienanteils aber durch Art. 14 Abs. 1 GG geschützt, so wäre dieser Schutz auch im Verhältnis der Gesellschaft zu den Aktionären zu gewähren.[23] Zwar schützt Art. 14 Abs. 1 GG das Anteilseigentum, das eine Aktie vermittelt. Daher ist in diese Grundrechtsposition eingegriffen, wenn der Aktionär die durch die Aktie vermittelte Rechtsposition ganz oder teilweise verliert.[24] Der Schutzbereich von Art. 14 Abs. 1 GG ist jedoch nicht betroffen, wenn es zu einem *Delisting* kommt. Denn Aktieneigentum erfasst nicht die etwaige gesteigerte Verkehrsfähigkeit einer Aktie auf Grund des Handels im regulierten Markt.[25] Die Zulassung einer Aktie zum Handel im regulierten Markt begründet nämlich kein subjektivöffentliches Recht des Aktionärs und beeinflusst die rechtliche Verkehrsfähigkeit der Aktie nicht.[26] Die tatsächliche Handelbarkeit einer Aktie kann lediglich die Veräußerungschancen erhöhen und wirkt sich nicht auf Bestand und Zuordnung des Aktieneigentums aus. Die Zulassung zum regulierten Markt ist daher lediglich ein wertbildender Faktor.[27] Bloße Veräußerungschancen sind verfassungsrechtlich aber nicht geschützt.

(bb) Schutz der Aktionäre gegenüber der Gesellschaft

Nähme man an, dass mit dem regulären *Delisting* ein Eingriff in eine nach Art. 14 **28** Abs. 1 GG geschützte Rechtsposition der Aktionäre erfolgte, wäre für Entscheidungen darüber die Hauptversammlung zuständig. Demnach hätte die Hauptversammlung und nicht die Unternehmensleitung darüber zu entscheiden, ob der Vorstand das *Delisting* durchführen darf und soll.[28] Da die Frage des *Delistings* aber das Eigentumsgrundrecht der Aktionäre nicht berührt (siehe Rn. 27), bedarf es für das *Delisting* nicht eines Beschlusses der Hauptversammlung.[29]

(c) Zwischenergebnis

Zur Entscheidung über das reguläre *Delisting* ist nicht die Hauptversammlung, **29** sondern der Vorstand berufen. Letztlich kommt es hierauf in dem zu beurteilenden Fall aber nicht an, weil die von A angegriffene Maßnahme vorsieht, dass der Vorstand zum regulären *Delisting* durch Hauptversammlungsbeschluss ermächtigt ist. Freilich müssen die Voraussetzungen für ein reguläres *Delisting* gegeben, insbesondere die Anforderungen hinreichenden Minderheitenschutzes gewährleistet sein.

(2) Voraussetzungen für reguläres *Delisting*

(a) Ausreichender Minderheitenschutz durch das BörsG?

Möglicherweise gewährleistet das Börsengesetz einen wirksamen gesellschaftsrechtli- **30** chen Minderheitenschutz. Der BGH[30] hat insoweit zunächst angenommen, dass der Schutz vor tatsächlichen Beeinträchtigungen der Verkehrsfähigkeit durch das

[23] BGHZ 153, 47, 55; *Hellwig/Bormann* ZGR 2002, 465, 473ff.; a.A. *Wirth/Arnold* ZIP 2000, 111, 115.

[24] BVerfGE 132, 99 Rn. 52 – Delisting.

[25] BVerfGE 132, 99 Rn. 57 – Delisting.

[26] BVerfGE 132, 99 Rn. 58 – Delisting.

[27] BVerfGE 132, 99 Rn. 60 – Delisting.

[28] BGHZ 153, 47, 55; *Hüffer/Koch* § 119 Rn. 32ff.; *Hellwig* ZGR 1999, 781, 799; *Lutter,* FS Zöllner, Bd. 1, 1998, S. 363, 380; *Lutter/Leinekugel* ZIP 1998, 805, 806; *Schwark/Geiser* ZHR 161 (1997), 739, 763; *Vollmer/Grupp* ZGR 1995, 459, 474f.

[29] *BGH* WM 2013, 2213 Rn. 2.

[30] BGHZ 153, 47, 54.

Delisting unzureichend sei. § 39 Abs. 5 Satz 3 BörsG sehe zwar vor, dass der Widerruf der Zulassung dem Schutz der Anleger nicht widersprechen dürfe. Die nähere Ausgestaltung dieses Schutzes überlasse das Gesetz aber den Börsen (vgl. § 39 Abs. 2 Satz 5 BörsG). Außerdem könne das zuständige Börsengremium die Börsenordnungen ändern und gewährleisteten die Börsenordnungen nicht zwingend die Erstattung des Wertes der Aktien. Es sei daher kapitalmarktrechtlich möglich, dass den Minderheitsaktionären durch das *Delisting* ein vermögensrechtlicher Nachteil entsteht. Nunmehr erachtet der BGH[31] den Schutz der Aktionäre gegenüber dem *Delisting* durch das BörsG nicht mehr als unzureichend. Denn die Börsenordnungen sähen vor, dass nach Bekanntgabe eines *Delisting* den Anlegern ausreichend Zeit verbleiben müsse, die vom *Delisting* betroffenen Wertpapiere im regulierten Markt zu veräußern (z.B. § 40 Abs. 2 Börsenordnung der Frankfurter Wertpapierbörse). Die freie Entscheidung über eine Deinvestition verbleibe daher – wie beim Barabfindungsangebot – beim Aktionär. Die Erstattung des Wertes der Aktien sei von Art. 14 Abs. 1 GG nicht geschützt (siehe Rn. 27). Danach besteht hinreichender Schutz der Minderheitsaktionäre.

(b) Gesellschaftsrechtlicher Minderheitenschutz durch Pflichtangebot der Gesellschaft

31 Fraglich ist, ob ein angemessener Schutz der Minderheitsaktionäre verlangt, dass ihnen die Gesellschaft mit dem Antrag auf Beschluss des regulären *Delisting* ein Pflichtangebot über den Kauf ihrer Aktien durch die Gesellschaft (in den nach §§ 71 f. AktG bestehenden Grenzen) zum Verkehrswert der Aktien vorlegt. Der BGH hat dies zum Schutz der Aktionäre zunächst angenommen,[32] diese Rechtsprechung aber mittlerweile aufgegeben.[33] Eine Verpflichtung der Gesellschaft zur Unterbreitung eines Barabfindungsangebots ergebe sich, so der BGH[34] nunmehr, in entsprechender Anwendung von § 207 UmwG, weil ein Formwechsel bei einer Aktiengesellschaft nicht stets zu einer Barabfindung führe (vgl. auch § 250 UmwG und § 39 Abs. 2 BörsG). Außerdem führe das *Delisting* nicht zu einer Veränderung der Organisations- oder Beteiligungsstruktur. Auch aus § 243 Abs. 2 Satz 2 AktG ergebe sich nicht das Erfordernis eines Pflichtangebots.[35] Denn aktienrechtlich sei eine Beteiligung der Hauptversammlung nicht notwendig (vgl. § 119 Abs. 1 AktG). Außerdem sei das *Delisting* nicht stets ein Sondervorteil, den ein Großaktionär anstrebe. Die Gesellschaft müsse auch kein Barabfindungsangebot in entsprechender Anwendung von § 29 Abs. 1 Satz 1 Hs. 1 Alt. 2 UmwG machen.[36] Denn § 29 Abs. 1 Satz 1 Hs. 1 Alt. 2 UmwG sei nicht Ausdruck eines allgemeinen Rechtsgrundsatzes (vgl. auch § 320b Abs. 1 Satz 2 AktG). Schließlich ergebe sich eine Pflicht der Gesellschaft, ein Barabfindungsangebot zu unterbreiten auf Grund einer Gesamtanalogie zu gesetzlichen Regelungen anderer gesellschaftsrechtlicher Strukturmaßnahmen (§§ 305, 320b, 327b AktG, §§ 29, 207 UmwG).[37] Denn die Been-

[31] *BGH* WM 2013, 2213 Rn. 13.
[32] BGHZ 153, 47, 57.
[33] *BGH* WM 2013, 2213 Rn. 2.
[34] *BGH* WM 2013, 2213 Rn. 5; a.A. *Drygala/Staake* ZIP 2013, 905, 912.
[35] *BGH* WM 2013, 2213 Rn. 7.
[36] *BGH* WM 2013, 2213 Rn. 8; a.A. *Klöhn* NZG 2012, 1041, 1045; *Habersack* ZHR 176 (2012), 463, 464 f.
[37] *BGH* WM 2013, 2213 Rn. 10.

digung der Börsenzulassung begründe keine Strukturmaßnahme und ähnle ihr auch nicht. Diese Begründung überzeugt, sodass ihr zu folgen ist.

(c) Erfordernis sachlicher Rechtfertigung

Für den wirksamen Ausschluss des Bezugsrechts bedarf es einer sachlichen Rechtfertigung (vgl. **Fall 3** Rn. 52ff.). Es stellt sich die Frage, ob dies auch für das reguläre *Delisting* gilt. Die Frage nach regulärem *Delisting* ist eine unternehmerische Entscheidung, die nicht die Hauptversammlung zu treffen hat (siehe Rn. 28). Entscheidend ist damit nicht das Ermessen der Mehrheit der Aktionäre, sondern des Vorstands, ob die Maßnahme im Interesse der Gesellschaft liegt. Ein vermögensrechtlicher Schutz der Minderheitsaktionäre etwa durch ein Barabfindungsgebot ist nicht erforderlich (siehe Rn. 31). 32

(d) Erforderlichkeit eines Vorstandsberichts

Ein Vorstandsbericht zum *Delisting* könnte entsprechend § 186 Abs. 4 Satz 2 AktG erforderlich sein. Dies setzt voraus, dass H ein Informationsbedürfnis der Aktionäre nicht befriedigt hat. Doch hat H in der Hauptversammlung schlüssig die Gründe für ein reguläres *Delisting* erläutert (Einsparung der Kosten, drohende Kursschwankungen und Nachteile für die Gesellschaft sowie die Gefahr von Kursmanipulationen). Nach dem Rechtsgedanken des § 124 Abs. 2 Satz 3 AktG muss die Gesellschaft den Aktionären lediglich die Einzelheiten des Antrages auf reguläres *Delisting* und das Abfindungsangebot der Gesellschaft bekanntgeben.[38] Diese Voraussetzungen erfüllt H. Das Informationsbedürfnis der Minderheitsaktionäre ist daher hinreichend befriedigt. Eines Vorstandsberichts bedarf es daher nicht. 33

(e) Hinreichende zeitliche Begrenzung des Ermächtigungsbeschlusses

Berechtigt das Gesetz die Hauptversammlung, den Vorstand zur Vornahme bestimmter Handlungen zu ermächtigen, so ist die Dauer der Ermächtigung im Gesetz befristet (vgl. § 71 Abs. 1 Nr. 8 AktG) oder der Hauptversammlung eine Höchstfrist bestimmt (§ 202 Abs. 2 AktG). Sofern das Gesetz aber keine Regelung über die Dauer der Ermächtigung enthält, besteht nicht das Erfordernis zeitlicher Begrenzung des Ermächtigungsbeschlusses. Bei einer zulässigen unbefristeten Ermächtigung muss der Vorstand nach pflichtgemäßem Ermessen entscheiden, ob und wann er die Maßnahme durchführt.[39] Über den Stand der Angelegenheit muss der Vorstand auf der nächsten ordentlichen Hauptversammlung berichten. Ist die Handlung, auf deren Vornahme sich die Ermächtigung bezieht, zu diesem Zeitpunkt noch nicht durchgeführt, kann die Hauptversammlung die Ermächtigung fortbestehen lassen oder widerrufen. Die – hier noch nicht einmal erforderliche (siehe Rn. 28) – Ermächtigung des Vorstands ist daher hinreichend konkret zeitlich durch die Hauptversammlung kontrolliert. 34

c) Anfechtungsbefugnis nach § 245 AktG

§ 245 AktG umschreibt verschiedenen Tatbestände, deren Erfüllung die Anfechtungsbefugnis begründet. Hier sind die Voraussetzungen des § 245 Nr. 1 AktG erfüllt. 35

[38] Vgl. BGHZ 153, 47, 59 (zu § 124 Abs. 2 Satz 2 AktG a. F.).
[39] BGHZ 153, 47, 60.

d) Anfechtungsfrist

36 Nach § 246 Abs. 1 AktG ist die Anfechtungsklage innerhalb eines Monats nach der Beschlussfassung zu erheben. Diese Monatsfrist ist eine materielle Frist (siehe Rn. 10). Sie ist eine Ausschlussfrist und keine Verjährungsfrist.[40] Eine Hemmung nach §§ 203 ff. BGB kommt daher nicht in Betracht. Die Frist beginnt am 5.3.2013 (§ 187 Abs. 1 BGB) und endet am 4.4.2013, 24.00 Uhr (§ 188 Abs. 2 Alt. 1 BGB).

37 A erhebt Klage noch am 4.3.2013 und damit fristgerecht.

3. Ergebnis

38 Die gegen den Hauptversammlungsbeschluss zur Entlastung des Aufsichtsrats gerichtete Klage des A ist zulässig und begründet. Die gegen den Hauptversammlungsbeschluss zur Ermächtigung des Vorstands zum regulären *Delisting* gerichtete Klage ist zulässig, aber unbegründet.

II. Anfechtungsklage zur Überprüfung des Kaufangebots von H

1. Zulässigkeit der Klage

a) Statthafte Klageart

aa) Anfechtungsklage nach §§ 243 ff. AktG

39 Ein Aktionär muss berechtigt sein, in einem gerichtlichen Verfahren überprüfen zu lassen, ob der ihm nach dem Pflichtangebot erstattete Betrag dem Wert des Anteils entspricht.[41] Es stellt sich aber die Frage, ob die Anfechtungsklage für dieses Rechtsschutzziel die statthafte Klageart ist. Denn die Aktionäre können mit der Anfechtungsklage lediglich gegen einen Beschluss vorgehen und dadurch dessen Durchsetzung verhindern, sodass sie mit der Anfechtungsklage nur mittelbar eine Erhöhung des Kaufangebotspreises durch die Gesellschaft oder den Mehrheitsaktionär erreichen können.[42] Für die Gesellschaft ergeben sich bei erneuter Einberufung einer Hauptversammlung unverhältnismäßige Kosten und bei Verzögerung des *Delistings* möglicherweise erhebliche Nachteile. Daher erscheint es nicht geboten, die Anfechtungsklage zur Überprüfung, ob das Kaufangebot dem Verkehrswert der Aktien entspricht, als statthafte Klageart anzusehen. Vielmehr erscheint hierfür das Spruchverfahren (vgl. z. B. §§ 304 Abs. 3 Satz 3, 305 Abs. 5 Satz 2 AktG und §§ 15 Abs. 1 Satz 2, 34, 196 Satz 2, 212 UmwG) interessengerechter.[43]

40 Die Anfechtungsklage ermöglicht keine interessengerechte Überprüfung des Kaufangebots von H.

bb) Analoge Anwendung des SpruchG

(1) Planwidrige Regelungslücke

41 Für die Frage nach der Höhe der Abfindung eines Aktionärs,[44] der wegen eines regulären *Delisting* seine Aktien zum Verkehrswert an die Gesellschaft abgeben will,

[40] *Hüffer/Koch* § 246 Rn. 21.

[41] *BVerfG* ZIP 2000, 1670, 1672 f.; BGHZ 153, 47, 57.

[42] BGHZ 153, 47, 58.

[43] BGHZ 153, 47, 58.

[44] Zu den Kriterien für die Berechnung einer angemessenen Barabfindung eines Aktionärs vgl. BGHZ 186, 229 ff. – Stollwerck.

fehlt eine gesetzliche Regelung. Diese Regelungslücke ist planwidrig, weil der Gesetzgeber bei Schaffung des SpruchG diesen Fall, der auf richterlicher Rechtsfortbildung beruht, nicht bedacht hat.

(2) Vergleichbarkeit der Interessenlage

Nach den Regelungen im Aktienrecht zum Unternehmensvertrag (§§ 304 Abs. 3 **42**
Satz 3, 305 Abs. 5 Satz 2 AktG) und im Umwandlungsrecht (§§ 15 Abs. 1 Satz 2, 34, 196 Satz 2, 212 UmwG) ist über die Angemessenheit der Höhe des Angebotsbetrages interessengerecht in dem dafür geschaffenen Verfahren (Spruchverfahren) nach dem SpruchG zu entscheiden. Die hierfür angestellten Erwägungen sind auf das Verfahren beim *Delisting* aber nicht übertragbar. Denn hier ist der zum Verkauf seiner Aktien gewillte Aktionär nicht, und schon gar nicht in Höhe des Verkehrswerts abzufinden (siehe Rn. 28). Es ist deshalb nicht geboten, die Frage nach der Angemessenheit der Höhe des Angebotsbetrags ebenso wie beim *Squeeze out* nicht durch ein Anfechtungsverfahren, sondern ein Spruchverfahren zu klären.[45]

Zwar wäre die analoge Anwendung der prozessrechtlichen Vorschriften des **43**
SpruchG verfassungsrechtlich zulässig.[46] Auch prozessuale Aspekte stünden der Analogiefähigkeit dieser prozessualen Regelungen nicht entgegen, da sie lediglich die Durchsetzung des materiellen Rechts ermöglichen.[47]

b) Funktionelle Zuständigkeit

Für das Spruchverfahren wären funktionell nicht die ordentlichen Gerichte, son- **44**
dern die Gerichte der freiwilligen Gerichtsbarkeit zuständig. § 17a Abs. 2 GVG ist auf das Verhältnis zwischen ordentlicher streitiger und freiwilliger Gerichtsbarkeit entsprechend anzuwenden.[48] Deshalb wäre für die Feststellung des Wertes der Aktien des A der Rechtsweg vor den Gerichten der streitigen Gerichtsbarkeit nicht eröffnet. Vielmehr wäre das Verfahren an das zuständige Gericht der freiwilligen Gerichtsbarkeit abzugeben.[49]

2. Ergebnis

Die gegen das Kaufangebot von H gerichtete Anfechtungsklage des A ist nicht zu- **45**
lässig.

[45] BGHZ 153, 47, 60.
[46] *BVerfG* ZIP 2000, 1670, 1673.
[47] BGHZ 153, 47, 60; *BayObLG* ZIP 1998, 2002, 2004; *Wiedemann* ZGR 1999, 857, 866f.; *Lutter/Leinekugel* ZIP 1999, 261, 266f.
[48] *BGH* WM 2001, 1045.
[49] BGHZ 153, 47, 61.

Fall 10. Von den Schwierigkeiten einer Geschäftsgründung

Unter anderem nach BGHZ 170, 47.

Sachverhalt

Andreas Anton (A), Bert Bunte (B) und Carla Cantucci (C) errichten am 20.10. 2011 zusammen mit 15 weiteren Gründern die Dominici AG (D) mit einem Grundkapital von 691 500 EUR. Die Eintragung der D in das Handelsregister erfolgt am 17.12.2011. A, B und C übernehmen jeweils Aktien im Wert von 128 000 EUR und bilden zugleich den Vorstand von D. Die übrigen Gründer sind mit Aktien in Höhe von je 20 500 EUR beteiligt. A, B und C zahlen ihre in bar zu erbringenden Einlagen am 1.12.2011 nach Anforderung durch die Gesellschaft auf das Gesellschaftskonto ein, nachdem der Gesellschaftsvertrag vorsieht, dass Einlagen in bar zu leisten sind.

Schon vor der Gründung von D sind A zu 75 % und B zu 25 % an der Haunschild Regelungstechnik GmbH (H) beteiligt. Sie sind zugleich deren Geschäftsführer. C hält eine Mehrheitsbeteiligung von 85 % an der Stangel Steuer- und Regelungstechnik GmbH (S) und ist zugleich deren Geschäftsführerin. Die übrigen Anteile sind auf weitere Gesellschafter verteilt. Das von allen Gründern verbindlich mitgetragene Gründungskonzept von D sieht vor, die geschäftlichen Aktivitäten von H und S zu bündeln und in D unter dem satzungsgemäßen Unternehmensgegenstand „Planung, Projektierung und Ausführung von Gebäudeautomationsanlagen" zusammenzuführen. D soll – wie bis dahin S – Großhändlerin für eine Elektronik GmbH (E) sein. Daher ist bereits bei Errichtung von D vereinbart, dass D die Warenlager von S und H übernehmen soll. A und C hatten die Übertragung der jeweiligen Warenlager auf D zur Bedingung für ihre Beteiligung an D gemacht. Denn angesichts der beabsichtigten faktischen Übernahme des operativen Geschäfts beider Gesellschaften durch D besteht bei diesen kein Bedarf mehr für die von ihnen bis dahin unterhaltenen umfangreichen Warenlager. Die Gründer nehmen weder das Gründungskonzept noch die Verpflichtung von D zur Übernahme der Warenlager von S und H in den Gesellschaftsvertrag auf.

Am 20.12.2011 erwirbt D von H deren Warenlager zum Gesamtpreis von 377 260,61 EUR sowie von S deren Warenlager zum Gesamtpreis von 63 816,45 EUR. Es handelt sich dabei jeweils um den Verkehrswert des Warenlagers. D bezahlt die Kaufpreise jeweils in drei Raten in der Zeit von Januar bis Mitte Februar 2012. H und S geben sodann – wie geplant – ihr operatives Geschäft auf. Sie sind fortan nur noch als Verpachtungsgesellschaften im Zusammenhang mit der Überlassung ihres *Know-how* an D tätig.

Am 22.12.2012 eröffnet das zuständige Amtsgericht das Insolvenzverfahren über das Vermögen von D. Der Insolvenzverwalter Stefan Scharf (S) verlangt von A Zahlung der übernommenen Einlage in Höhe eines Teilbetrags von 25 000 EUR. Er stützt dieses Verlangen auf den Gesichtspunkt einer verdeckten Sachgründung. A erklärt daraufhin, dass er seiner Einlageverpflichtung in vollem Umfang nachgekommen sei. Hilfsweise mache er alle ihm zustehenden Rechte geltend.

Ist das Verlangen von S begründet?

Skizze

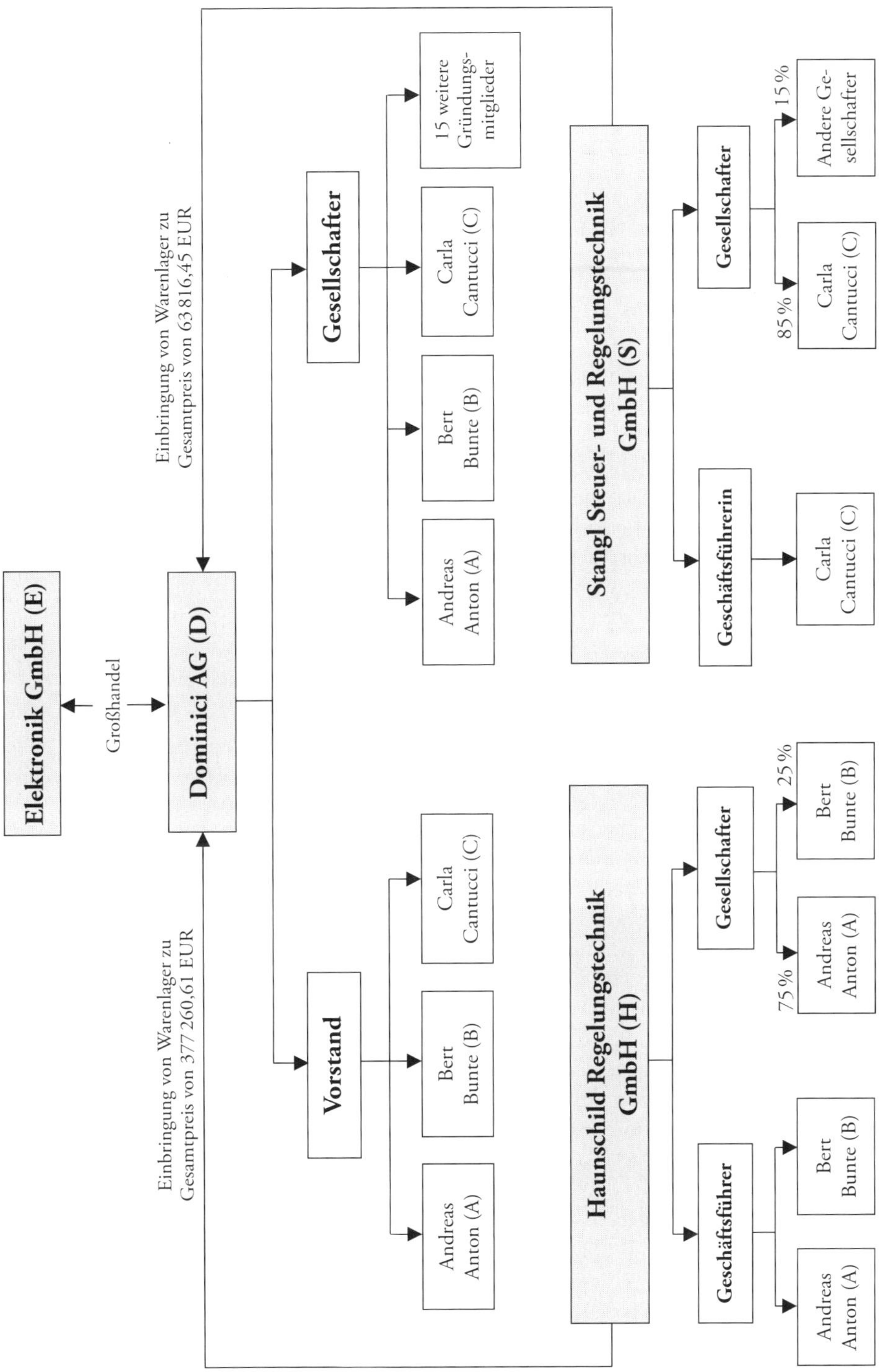
Elektronik GmbH (E)
Großhandel
Dominici AG (D)
Einbringung von Warenlager zu Gesamtpreis von 63 816,45 EUR
Einbringung von Warenlager zu Gesamtpreis von 377 260,61 EUR
Gesellschafter
Andreas Anton (A)
Bert Bunte (B)
Carla Cantucci (C)
15 weitere Gründungs-mitglieder
Vorstand
Andreas Anton (A)
Bert Bunte (B)
Carla Cantucci (C)
Stangl Steuer- und Regelungstechnik GmbH (S)
Geschäftsführerin
Carla Cantucci (C)
Gesellschafter
85 %
Carla Cantucci (C)
15 %
Andere Gesellschafter
Haunschild Regelungstechnik GmbH (H)
Geschäftsführer
Andreas Anton (A)
Bert Bunte (B)
Gesellschafter
75 %
Andreas Anton (A)
25 %
Bert Bunte (B)

Gliederung

Lösung

I. Anspruch der D gegen A auf Zahlung von 25000 EUR nach § 54 Abs. 2 AktG i.V.m. § 27 Abs. 3 Satz 1 AktG i.V.m. der Übernahmeerklärung (§ 29 AktG)

S macht als Insolvenzverwalter und damit Partei kraft Amtes[1] Ansprüche der D geltend (§ 80 Abs. 1 InsO). D könnte gegen A einen Anspruch auf Zahlung von 25000 EUR nach § 54 Abs. 2 AktG i.V.m. § 27 Abs. 3 Satz 1 AktG i.V.m. der Übernahmeerklärung haben. Die setzt voraus, dass A hier nicht von seiner Einlageverpflichtung befreit ist. D stünde ein Anspruch gegen A auf nochmalige Einzahlung der geschuldeten Geldeinlage zu, wenn die von C eingezahlte Geldeinlage nach § 27 Abs. 3 Satz 1 AktG keine Erfüllungswirkung begründet hat. Dazu müsste die Geldeinlage des A bei wirtschaftlicher Betrachtung und auf Grund einer im Zusammenhang mit der Übernahme der Geldeinlage getroffenen Abrede vollständig oder teilweise als Sacheinlage zu bewerten sein (verdeckte Sacheinlage). 1

1. Anspruch entstanden

Einen Aktien der Gesellschaft übernehmenden Gesellschaftsgründer (vgl. §§ 28, 29 AktG) trifft die rechtsgeschäftlich begründete mitgliedschaftliche Pflicht, zur Aufbringung des Grundkapitals beizutragen. Diese Pflicht ist durch die Leistung der Einlage an D, im Gründungsstadium an die Vor-AG, zu erbringen (vgl. auch § 23 Abs. 2 AktG). 2

A übernimmt Aktien von D im Wert von 128000 EUR. Der Anspruch von D gegen A auf Zahlung von 128000 EUR ist entstanden. 3

2. Anspruch nicht erloschen nach § 362 Abs. 1 BGB

Der Anspruch von D gegen A auf Zahlung von 128000 EUR ist durch Erfüllung nach § 362 Abs. 1 BGB erloschen, wenn A durch die Einzahlung der 128000 EUR auf das Gesellschaftskonto die von ihm – nach dem Gesellschaftsvertrag in bar – zu erbringende Einlage wirksam geleistet hat und infolgedessen von seiner Einlageverpflichtung befreit ist. 4

a) Leistung endgültig zur freien Verfügung des Vorstands nach § 37 Abs. 1 Satz 2 AktG

Die Einlageleistung kann auch an die Vor-AG erfolgen. Auch dann ist der leistende Gesellschafter von seiner Einlageverpflichtung befreit (§§ 36 Abs. 2 Satz 1, 54 Abs. 3 Satz 1 AktG). Die Leistung muss endgültig zur freien Verfügung des Vorstands der Vor-Gesellschaft stehen (§ 37 Abs. 1 Satz 2 AktG). 5

A zahlt hier am 1.12.2011 an die Vor-AG (Entstehung der AG erst am 17.12.2011 durch Eintragung in das Handelsregister) bar 128000 EUR. Diese Leistung des A erhält der Vorstand von D endgültig zur freien Verfügung i.S.d. § 37 Abs. 1 Satz 2 AktG. 6

[1] BGHZ 49, 11, 16.

b) Eingeforderter Betrag nach § 36 Abs. 2 AktG

7 Die Gründer müssen nach § 36 Abs. 2 AktG die eingeforderten Beträge an die Gesellschaft leisten.

8 D fordert hier von A Zahlung in Höhe von 128 000 EUR an. Dem ist A in vollem Umfang nachgekommen.

c) Anspruch gegen Aktionär bei verdeckter Sacheinlage

9 Nachdem A die geschuldete Geldeinlage durch die Einzahlung am 1.12.2011 an die Gesellschaft erbracht hat, ist seine Geldeinlagepflicht an sich erloschen. Doch könnte eine Erfüllungswirkung ausgeschlossen sein. Denn die Verpflichtung des A zur Zahlung von 128 000 EUR an D könnte wegen der von vornherein bei der Errichtung der Gesellschaft zwischen den Gründungsaktionären vereinbarten Verknüpfung mit dem Erwerb des Warenlagers der von A beherrschten H, lediglich Teil eines gegen § 27 Abs. 1 Satz 1 AktG verstoßenden Umgehungsgeschäfts in Form einer verdeckten (gemischten) Sacheinlage[2] sein. Ist nämlich eine Geldeinlage eines Aktionärs bei wirtschaftlicher Betrachtung und auf Grund einer im Zusammenhang mit der Übernahme der Geldeinlage getroffenen Abrede vollständig oder teilweise als Sacheinlage zu bewerten (verdeckte Sacheinlage), so befreit dies den Aktionär nicht von seiner Einlageverpflichtung (§ 27 Abs. 3 Satz 1 AktG). Folge des Tatbestands einer verdeckten Sacheinlage ist der Fortbestand der Geldleistungspflicht nach § 27 Abs. 3 Satz 3 AktG, allerdings unter Anrechnung des Wertes des eingebrachten Vermögensgegenstandes (sog. Anrechnungslösung). Entscheidend ist, dass der Gesellschafter wertmäßig der Gesellschaft das versprochene Kapital zur Verfügung stellt. Dann hat der Gesellschafter seine Einlagepflicht erfüllt nach § 362 Abs. 1 BGB. Das Vorliegen einer verdeckten Sacheinlage führt also – anders als nach der noch bis 2009 und damit im Zeitpunkt der Entscheidung von BGHZ 170, 47 geltenden Rechtslage – nicht dazu, dass der Einlageverpflichtete die Geldeinlage nochmals in voller Höhe einzahlen muss. Die Höhe seiner Einlageverpflichtung bestimmt sich vielmehr allein auf Grund einer Wertdifferenz (Differenzhaftung), die durch Saldierung zu ermitteln ist.

aa) Verdeckte Sacheinlage

(1) Begriff

10 Eine verdeckte Sacheinlage unterläuft die Regeln für Sacheinlagen dadurch, dass ein Gesellschafter zwar eine Bareinlage schuldet, die Gesellschaft aber von diesem Gesellschafter vereinbarungsgemäß lediglich einen Sachwert erhält.[3] Der Begriff der verdeckten Sacheinlage ist in § 27 Abs. 3 Satz 1 AktG legaldefiniert. Danach setzt eine verdeckte Sacheinlage voraus, dass eine Geldeinlage eines Aktionärs bei wirtschaftlicher Betrachtung und auf Grund einer im Zusammenhang mit der Übernahme der Geldeinlage getroffenen Abrede vollständig oder teilweise als Sacheinlage zu bewerten ist. Es muss nach dem Wortlaut von § 27 Abs. 3 Satz 1 AktG also (1.) eine Geldeinlagepflicht eines Aktionärs bestehen, die (2.) als Sacheinlage zu bewerten ist, weil (a) eine wirtschaftliche Betrachtung dies gebietet und (b) ein Zusammenhang zwischen der Übernahme der Geldeinlage und der getroffenen Abrede

[2] Zur verdeckten Sacheinlage siehe *Windbichler* § 23 Rn. 13f. und § 26 Rn. 18.

[3] BGHZ 155, 329, 334; 166, 8 Rn. 11 – Cash-Pool; 170, 47 Rn. 11.

vorliegt. Allerdings ist die Umschreibung der verdeckten Sacheinlage durch § 27 Abs. 3 Satz 1 AktG lediglich eine *falsa demonstratio,* da es sich bei der verdeckte Sacheinlage nicht um eine Geldeinlage handelt. Sie ist vielmehr ein *aliud,* dem die Anerkennung als Leistung an Erfüllungs statt oder Erfüllungssurrogat versagt ist, weil bei einem solchen Geschäft die Grundsätze der Kapitalaufbringung verfehlt oder zumindest gefährdet sind.[4] Bei einer verdeckten Sacheinlage geht es nämlich im objektiven Tatbestand darum, dass ein wirtschaftlich einheitlicher Sacheinlagevorgang aufgespalten ist. Aufgespalten nämlich in eine nur scheinbare Leistung der geschuldeten Geldeinlage und den Rückfluss des dadurch von der AG eingenommenen Kapitals an den Einlageverpflichteten (sog. *Inferent*) auf Grund eines dem Zufluss von Geld an die AG egalisierenden Gegengeschäfts.[5] Sehr anschaulich beschreibt der BGH die verdeckte Sacheinlage als „geworfenen Ball, der an einem Gummiband hängt und wieder zurückschnellt".[6] Verdeckte Sacheinlagen bedürfen deshalb besonderer Betrachtung, weil es (1.) nicht zu einer Werthaltigkeitskontrolle durch das Registergericht kommt und (2.) die Registerpublizität ausgeschaltet ist. Als wesentliche Fallgruppen einer verdeckten Sacheinlage sind zu nennen: (1.) Geschäfte zwischen AG und und Aktionär, bei denen die AG Leistungen von Aktionären vergütet, sofern die Vergütung in einem zeitlichem Zusammenhang mit der Gründung oder einer Kapitalerhöhung steht[7] und (2.) Tilgung von Forderungen eines Gesellschafters gegen die AG mit Kapital, das der AG zuvor durch Kapitalerhöhung bei diesem Gesellschafter eingeworben hat[8]. Zunächst ist aber zu prüfen, ob die Anwendbarkeit der Regeln über die verdeckte Sacheinlage nicht ausgeschlossen ist.

(2) Anwendbarkeit der Regeln über die verdeckte Sacheinlage

Die Anwendung der Grundsätze über die verdeckte Sacheinlage könnte daran scheitern, dass A rechtlich an einer Sacheinbringung des im Eigentum von H stehenden Warenlagers gehindert ist. Denn die Sacheinbringung des Warenlagers von H erfolgt durch H, nicht aber durch A. Doch setzt der Tatbestand einer Umgehung der Kapitalaufbringungsregeln nicht die personelle Identität zwischen dem zur Sacheinlage Verpflichteten und dem „Auszahlungsempfänger" voraus.[9] Es genügt vielmehr, dass die Leistung eines Dritten den einlageverpflichteten Gesellschafter mittelbar in gleicher Weise begünstigt wie durch unmittelbare Leistung an die Gesellschafter selbst. So liegt es etwa bei der Einbindung eines von dem Einlageverpflichteten beherrschten Unternehmens in den Vorgang der Kapitalaufbringung und die damit verbundenen Leistungshin- und -rückflüsse.[10] Denn im wirtschaftlichen Ergebnis ist hier der Einlageverpflichtete betroffen. **11**

A ist Gesellschafter-Geschäftsführer von H mit einer Mehrheitsbeteiligung von 75%. Außerdem gehört der an H zu 25% beteiligte Mitgesellschafter B zu den Gründungsaktionären, die einvernehmlich die von vornherein beabsichtigte Einbringung des Warenlagers der H in D verabreden. Durch die Zahlung des – die Einlagen sowohl des A (128000 EUR) als auch des B (128000 EUR) übersteigen- **12**

4 *Hüffer/Koch* § 27 Rn. 37.
5 BGHZ 171, 113 Rn. 7f.
6 BGHZ 28, 314, 319f.
7 BGHZ 118, 83, 94.
8 BGHZ 166, 8 Rn. 12ff.
9 BGHZ 170, 47 Rn. 15.
10 BGHZ 125, 141, 144; 153, 107, 111; 170, 47 Rn. 15.

den – Kaufpreises in Höhe von 377 260,61 EUR von D an H sind A und B auch (mindestens) mittelbar wirtschaftlich in gleicher Weise begünstigt, wie wenn sie diesen Betrag unmittelbar selbst von D erhalten hätten.

13 Die Anwendung der Regelungen über die verdeckte Sacheinlage könnte außerdem deshalb ausgeschlossen sein, weil eine Zuordnung der von A geschuldeten Geldeinlage von 128 000 EUR zu einem bestimmten oder bestimmbaren Teil der beiden Warenlager wegen der großen Wertdifferenz zu dem Kaufpreis von 377 260,61 EUR ausgeschlossen ist. Bei einer solchen Gestaltung liegt ein typischer Fall einer gemischten Sacheinlage vor.[11] Hier kommt es zur Übertragung eines Vermögensgegenstands, dessen Wert den Betrag der übernommenen Einlage übersteigt und für den der Gründer deshalb im Umfang der Einlageverpflichtung Aktien der Gesellschaft (Sacheinlage des Gesellschafters i. S. d. § 27 Abs. 1 Satz 1 Alt. 1 AktG), hinsichtlich des darüber hinausgehenden Wertes hingegen ein anderes Entgelt erhält (Sachübernahme der Gesellschaft i. S. d. § 27 Abs. 1 Satz 1 Alt. 2 AktG).[12] Eine solche Kombination von Sacheinlage und Sachübernahme ist als einheitliches Rechtsgeschäft zu behandeln, für das in seinem gesamten Umfang die Regeln über Sacheinlagen gelten. Deshalb muss eine gemischte Sacheinlage nach § 27 Abs. 1 Satz 1 AktG in der Satzung festgesetzt sein.

14 Die Gründer von H erfüllen diese Voraussetzungen nicht.

15 Die Regelungen über die verdeckte Sacheinlage könnten schließlich dann ausgeschlossen sein, wenn man es wie Teile des Schrifttums bei der Gründung einer Aktiengesellschaft – anders als bei der Kapitalerhöhung – als zulässig beurteilt, dass ein Gründer reguläre Sacheinlagen i. S. d. § 27 Abs. 1 Satz 1 AktG vereinbarungsgemäß in eine Geldeinlage und eine davon getrennte Sachübernahmevereinbarung aufspaltet.[13] Die Gesellschaft übernimmt hier einen Gegenstand von dem Gesellschafter gegen Zahlung eines – aus den Geldeinlagen zu entrichtenden – Entgelts. Eine solche Gestaltungsmöglichkeit ist bei der Gründung einer Aktiengesellschaft nur ausnahmsweise zulässig. Voraussetzung für diese Ausnahme ist, dass die in § 27 Abs. 1 Satz 1 AktG als Schutz vor Umgehung der Sacheinlagevorschriften für die Sachübernahme in gleicher Weise angeordneten strengen Regeln über die Offenlegung in der Satzung (flankiert durch §§ 38 Abs. 2, 34 AktG) beachtet sind.[14] Denn die Sachübernahmeregelung des § 27 Abs. 1 Satz 1 Alt. 2 AktG bezweckt Umgehungsschutz der Sacheinlagevorschriften: Nicht nur für den Sacherwerb von einem Gesellschafter, sondern auch für den Sacherwerb von jedem Dritten gelten im Gründungsstadium die Offenlegungs- und Wertprüfungsvorschriften. Ist § 27 Abs. 1 Satz 1 AktG trotz Vereinbarung einer Sachübernahme nicht beachtet, erfordert es der Schutzzweck der Vorschriften über die Kapitalaufbringung (vgl. auch § 27 Abs. 1 Satz 2 AktG), auch auf die Aufspaltung von Geldeinlage und Sachübernahme die Regeln über die verdeckte Sacheinlage anzuwenden.

16 Da ein Verstoß gegen § 27 Abs. 1 Satz 1 AktG gegeben ist, liegt ein Errichtungsmangel nach § 38 Abs. 1 AktG vor. Kommt es – wie hier – gleichwohl zur Eintra-

[11] BGHZ 170, 47 Rn. 17.

[12] BGHZ 170, 47 Rn. 17; GroßkommAktG/*Röhricht* § 27 Rn. 106; MünchKommAktG/*Pentz* § 27 Rn. 62.

[13] Dazu *Lutter/Gehling* WM 1989, 1445, 1451 f.

[14] BGHZ 170, 47 Tz. 19.

gung der Gesellschaft, entsteht die Gesellschaft wirksam. Die gegen § 27 Abs. 1 Satz 1 AktG verstoßenden Verträge über die Sacheinlage und die Rechtshandlungen zu ihrer Ausführung sind nach § 27 Abs. 3 Satz 2 AktG nicht unwirksam. Das bedeutet, dass das Verfügungsgeschäft (z.B. Eigentumsübertragung) wirksam ist und seine Rechtswirkungen herbeiführt, unabhängig von der Frage, ob der eingebrachte Gegenstand geeignet ist, die Einlageverpflichtung zu erfüllen. Auch wenn A hier an D 128000 EUR in bar bezahlt hat und der Vorstand darüber endgültig frei verfügen kann, so ist die Vereinbarung über den Erwerb des Warenlagers unter den Gründungsaktionären bei der Frage zu berücksichtigen, ob A seine Einlageverpflichtung erfüllt hat. Würde der auf A entfallende Wert des Warenlagers dem Wert der von ihm versprochenen Geldeinlage (128000 EUR) entsprechen, würde dieser Wert auf die fortbestehende Geldeinlageverpflichtung des A angerechnet (§ 27 Abs. 3 Satz 3 AktG). Dies setzt voraus, dass überhaupt eine verdeckte Sacheinlage nach § 27 Abs. 3 Satz 1 AktG vorliegt.

(3) Objektiver Tatbestand

Eine Geldeinlageverpflichtung des A in Höhe von 128000 EUR liegt hier vor. **17**
Fraglich ist aber, ob diese Geldeinlageverpflichtung des A – um mit dem Wortlaut von § 27 Abs. 3 Satz 1 AktG zu sprechen – als Sacheinlage zu werten ist. Eine Abrede, die auf den wirtschaftlichen Erfolg einer Sacheinlage gerichtet ist, könnte sich hier aus der – von allen Gründungsmitgliedern verbindlich mitgetragenen – Gründungsplanung ergeben. Denn danach sieht das Gründungskonzept zwar insgesamt eine Bargründung von D vor. Die geschäftlichen Aktivitäten von H und S sollen gebündelt und in D unter dem satzungsgemäßen Unternehmensgegenstand „Planung, Projektierung und Ausführung von Gebäudeautomationsanlagen" unter Übernahme der Warenlager von H und S zusammengeführt werden. A und C hatten nämlich die Übertragung der jeweiligen Warenlager auf D zur Bedingung für ihre Beteiligung an D gemacht. Die Übernahme des Warenlagers steht daher in Zusammenhang mit der Übernahme der Geldeinlage, insbesondere in dem erforderlichen engen zeitlichen Zusammenhang, für den regelmäßig sogar ca. sechs Monate anzusetzen sind.[15] Durch den Ankauf des Warenlagers ist die Geldeinlage von A voll aus dem Gesellschaftsvermögen von D abgeflossen, ohne dass eine registergerichtliche Werthaltigkeitskontrolle stattgefunden hätte oder Registerpublizität bestünde. Die für eine Sachgründung geltenden Regelungen zu Werthaltigkeitskontrolle und Publizität (§§ 33 Abs. 2 Nr. 4, 34 Abs. 1 Nr. 2, 38 Abs. 2 Satz 2, 27 Abs. 1, 39 AktG) sind daher umgangen, sodass eine wirtschaftliche Gleichstellung („wirtschaftliche Betrachtung") mit einer Sacheinlage gerechtfertigt ist.

Gegen das Vorliegen eines gewöhnlichen Umsatzgeschäfts zwischen D und A bei **18**
der Übernahme des Warenlagers von H durch D spricht ferner, dass diese Übernahme bereits Gegenstand des Gründungskonzepts ist. Außerdem beläuft sich der Gesamtwert der Übernahme der Warenlager von H und S durch D auf über 60% des Grundkapitals von D. Darüber hinaus erfolgt die Übernahme eines ganzen Warenlagers nicht im laufenden Geschäftsbetrieb von H und S. Auch aus der Sicht von D stellt die Übernahme der Warenlager eine einmalige außergewöhnliche Maßnahme dar. Schließlich fehlt es im Gründungsstadium einer Aktiengesellschaft regelmäßig an einem schützenswerten bereits „laufenden Geschäftsver-

[15] *OLG Köln* ZIP 1999, 399, 400; *Hüffer/Koch* § 27 Rn. 34 a.E.

kehr".[16] Dies beschränkt die Handlungsfähigkeit der Gesellschaft nicht. Einem Gesellschafter, der Sachwerte in unmittelbarem zeitlichem Zusammenhang mit der Bareinlagezahlung an die Gesellschaft veräußert, ist die Einhaltung der Sacheinlage- und Sachübernahmeregeln zuzumuten.[17] Die (Sach-)Übernahme eines Warenlagers des einlageverpflichteten Gesellschafters oder eines von ihm beherrschten Dritten anlässlich der Gründung einer Aktiengesellschaft stellt danach „kein gewöhnliches Umsatzgeschäft im Rahmen des laufenden Geschäftsverkehrs" dar.

19 Der objektive Tatbestand von § 27 Abs. 3 Satz 1 AktG ist erfüllt.

(4) Subjektiver Tatbestand

20 Das Umgehungsproblem ist nicht nur eine Frage der objektiven Gesetzesanwendung. Denn der Gesetzgeber verlangt in § 27 Abs. 3 Satz 1 AktG, dass die Beteiligten im Zusammenhang mit der Übernahme der Geldeinlage eine Abrede (über Veräußerung oder Verrechnung) treffen. Ob A, B und C den Zweck verfolgt haben, die Sacheinlagevorschriften zu umgehen, bleibt im Sachverhalt zwar offen. Doch spricht eine Vermutung für das Vorliegen einer Abrede i.S.d. § 27 Abs. 3 Satz 1 AktG, wenn – wie hier – zwischen der Geldeinlage und dem Rückfluss an den Einlageverpflichteten ein sachlicher und zeitlicher Zusammenhang besteht.[18] Es stellt sich aber die Frage, ob diese Vermutung auch für „normale" (alltägliche) Umsatzgeschäfte des laufenden Geschäftsverkehrs zwischen der Gesellschaft und ihrem Gesellschafter gilt.[19] Es geht dabei um die Frage, ob der Einlageverpflichtete die Beweislast dafür tragen soll, dass eine Vorabsprache fehlt. Dies erscheint jedenfalls dann nicht geboten, wenn er einige Zeit nach der Gründung der Gesellschaft mit ihr ein normales Umsatzgeschäft des laufenden Geschäftsverkehrs wie mit jedem Dritten abschließt (vgl. auch § 52 Abs. 9 AktG). Letztlich kommt es hier auf die Vermutung einer Vorabsprache nicht an, da die Gründungsgesellschafter eine solche getroffen haben. In einem solchen Fall kommt es auf Indizien sowie Darlegungs- und Beweislastregeln nicht an.

21 Auch der subjektive Tatbestand des § 27 Abs. 3 Satz 1 AktG ist erfüllt.

(5) Bestehen einer Wertdifferenz

22 Auch wenn – wie hier – eine verdeckte Sacheinlage nach § 27 Abs. 3 Satz 1 AktG gegeben ist, so besteht ein Anspruch des S gegen A auf Zahlung seiner Geldeinlage nur insoweit, als A der Gesellschaft wertmäßig nicht das Kapital zur Verfügung gestellt hat, zu dessen Einbringung er sich verpflichtet hat. Insoweit ist zu berücksichtigen, dass insoweit auf die fortbestehende Geldeinlagepflicht des Aktionärs der Wert des als verdeckte Sacheinlage eingebrachten Vermögensgegenstandes im Zeitpunkt der Gesellschaft zur Eintragung in das Handelsregister oder im Zeitpunkt seiner Überlassung an die Gesellschaft, falls diese später erfolgt, anzurechnen ist (§ 27 Abs. 3 Satz 3 AktG; sog. Anrechnungslösung). Der Abfluss des Kaufpreises für das Warenlager von H aus dem Gesellschaftsvermögen von D lässt die Einlageverpflichtung des A unberührt, weil der Kaufpreis dem Verkehrswert des Warenlagers entspricht. Da A infolgedessen der Gesellschaft mit der verdeckten Sacheinlage der Gesellschaft

[16] BGHZ 170, 47 Tz. 29.

[17] *Priester* ZIP 1991, 345, 353.

[18] *BGH* NJW 1996, 1286, 1288; *Hüffer/Koch* § 27 Rn. 34.

[19] Befürwortend GroßkommAktG/*Röhricht* § 27 Rn. 205.

wertmäßig das Kapital zur Verfügung gestellt hat, zu dessen Einbringung er sich verpflichtet hat, ist seine Geldeinlagepflicht erfüllt i.S.d. § 362 Abs. 1 BGB.

(6) Zwischenergebnis

Der Anspruch gegen A auf Zahlung von 128000 EUR ist damit erloschen nach § 362 Abs. 1 BGB. **23**

3. Anspruch nicht erloschen nach § 389 BGB

A steht wegen der wirksamen Leistung von 128000 EUR kein Herausgabeanspruch **24** gegen D nach § 812 Abs. 1 Satz 1 Alt. 1 BGB zu. Eine Aufrechnung des A nach § 387 BGB mit der Wirkung des Erlöschens der gegenseitigen Forderungen in dem Umfang, in dem sie sich decken (§ 389 BGB), scheiterte im Übrigen an § 66 Abs. 1 und 2 AktG.

Hinweis: Das Aufrechnungsverbot des § 66 Abs. 1 AktG betrifft die Aufrechnung durch den Aktionär, um das Gebot der realen Kapitalaufbringung zu gewährleisten und die Liquidität der Gesellschaft zu sichern (vgl. auch § 54 Abs. 3 AktG). Die Aufrechnung der Gesellschaft ist vom Wortlaut des § 66 Abs. 1 AktG nicht erfasst. Dennoch ist sie wegen teleologischer Extension von § 66 Abs. 1 AktG nur begrenzt zulässig. So ist eine Aufrechnung der Gesellschaft gegenüber Einlagepflichten, die vor der Anmeldung zu erfüllen sind, unzulässig. Denn andernfalls käme es zu einer Beschränkung der Leistungsformen nach § 54 Abs. 3 AktG. Im Übrigen ist die Aufrechnung der Gesellschaft nur dann zulässig, wenn die Forderung des Aktionärs gegen die Gesellschaft vollwertig, fällig und liquide ist. Andernfalls läge eine nach § 66 Abs. 1 AktG unzulässige Befreiung vor.[20]

4. Anspruch durchsetzbar

a) Kein Leistungsverweigerungsrecht nach § 273 BGB

A steht wegen der wirksamen Leistung von 128000 EUR kein Herausgabeanspruch **25** gegen D nach § 812 Abs. 1 Satz 1 Alt. 1 BGB zu. Die Geltendmachung eines Zurückbehaltungsrechts nach § 273 BGB scheiterte an § 66 Abs. 1 AktG. Zwar enthält die Regelung lediglich ein Aufrechnungsverbot. Wegen der faktisch gleichen Wirkungen von Aufrechnung und Zurückbehaltung ist ihr Anwendungsbereich aber auch auf das Zurückbehaltungsrecht nach § 273 BGB zu erstrecken.[21]

b) Kein Leistungsverweigerungsrecht nach § 54 Abs. 4 Satz 1 AktG

Der Erfüllungsanspruch verjährt in zehn Jahren von seiner Entstehung (= Einklag- **26** barkeit) an (§ 54 Abs. 4 Satz 1 AktG; Ablaufhemmung im Fall der Insolvenz im Interesse der Insolvenzgläubiger für sechs Monate, § 54 Abs. 4 Satz 2 AktG). Diese Frist (Beginn: 21.10.2011, § 187 Abs. 1 BGB; Ende: 20.10.2021; § 188 Abs. 2 Alt. 1 BGB) ist hier noch nicht abgelaufen und würde daher einem Anspruch von D nicht entgegenstehen.

5. Ergebnis

D steht gegen A kein Anspruch auf Leistung seiner Einlage durch Zahlung des von **27** S geltend gemachten Teilbetrags von 25000 EUR nach § 54 Abs. 2 AktG i.V.m. § 27 Abs. 3 Satz 1 AktG i.V.m. der Übernahmeerklärung (§ 29 AktG) zu.

[20] *Hüffer/Koch* § 66 Rn. 6.

[21] KölnKomm/*Arnold* § 27 Rn. 113.

II. Anspruch der D gegen A auf Zahlung von 25000 EUR nach § 46 Abs. 1 AktG

1. Aktivlegitimation der AG

28 Ein Anspruch nach § 46 Abs. 1 AktG steht der mit der Eintragung entstandenen Gesellschaft (vgl. § 41 Abs. 1 Satz 1 AktG),[22] nicht hingegen der Vor-AG zu. Denn die Eintragung ist der maßgebliche Zeitpunkt für die Kapitalaufbringung. Eine Haftung der Gründer zu einem früheren Zeitpunkt wäre systemwidrig.

Hinweis: Aktionäre und Gesellschaftsgläubiger sind nicht berechtigt, einen Anspruch nach § 46 Abs. 1 AktG geltend zu machen.

2. Passivlegitimation von A

29 Passivlegitimiert sind die Gründer. Gründer ist jeder, der an der Feststellung der Satzung mitwirkt und wenigstens eine Aktie übernimmt (vgl. § 28 AktG).[23]

30 A wirkt an der Feststellung der Satzung mit und übernimmt wenigstens eine Aktie. Er ist daher Gründer i. S. d. § 46 Abs. 1 AktG.

3. Unrichtige oder unvollständige Angaben zum Zwecke der Gründung

31 Nach § 46 Abs. 1 Satz 1 AktG sind die Gründer der Gesellschaft für die Richtigkeit und Vollständigkeit der Angaben verantwortlich. Diese Aufzählung ist abschließend. Eine Angabe ist unrichtig, wenn sie Tatsachen unzutreffend darstellt. Eine Angabe ist unvollständig, wenn gründungsrelevante Informationen fehlen.[24] Die Angaben müssen nicht von den Gründern stammen. Der Wortlaut von § 46 Abs. 1 AktG erfasst nämlich auch die Angaben Dritter.[25] Maßgeblich ist der Zeitpunkt, zu dem die Gründer die richtigen Angaben machen oder die notwendigen Angaben machen müssten. Dies ist bei Angaben gegenüber dem Registergericht der Eingang der Anmeldung.[26] Bis zur Eintragung kommt eine haftungsbefreiende Berichtigung oder Ergänzung in Betracht, sofern noch kein Schaden entstanden ist.[27] Die Angaben erfolgen stets dann zum Zweck der Gründung, wenn die Gründer sie gegenüber dem Registergericht machen, um die Eintragung zu erlangen.

32 In dem hier zu beurteilenden Fall handelt es sich um unvollständige Angaben der Gründer gegenüber dem Registergericht, da im Gesellschaftsvertrag von D Angaben im Hinblick auf die Übernahme des Warenlagers von H und S fehlen.

4. Verschulden

33 Die Haftung nach § 46 Abs. 1 AktG ist eine Verschuldenshaftung unter Umkehr der Beweislast.[28] Das Verschulden der Gründer ist danach zu vermuten. Die Grün-

[22] MünchKommAktG/*Pentz* § 46 Rn. 8; *Hüffer/Koch* § 46 Rn. 5.
[23] *Hüffer/Koch* § 46 Rn. 5.
[24] *Hüffer/Koch* § 46 Rn. 7.
[25] MünchKommAktG/*Pentz* § 46 Rn. 26.
[26] MünchKommAktG/*Pentz* § 46 Rn. 16; a. A. KölnKomm/*Arnold* § 46 Rn. 23.
[27] MünchKommAktG/*Pentz* § 46 Rn. 25, 28; *Hüffer/Koch* § 46 Rn. 7.
[28] *Hüffer/Koch* § 46 Rn. 14.

der können diese Vermutung widerlegen, indem sie den Entlastungsbeweis nach § 46 Abs. 3 AktG führen. Sie müssen dazu nachweisen, dass sie die Sorgfalt eines ordentlichen Geschäftsmanns beachtet haben. Insoweit ist nicht generell auf einen Geschäftsmann abzustellen. Vielmehr kommt es auf die Sorgfalt eines Geschäftsmanns an, der sich an Gründungen zu beteiligen pflegt.[29] Die persönliche Unfähigkeit der Gründer zur ordnungsgemäßen Gründung einer AG entlastet sie daher nicht. Sie trifft ein Übernahmeverschulden.[30]

Umstände, die A entlasten könnten, sind nicht ersichtlich. Im Gegenteil: Vielmehr **34** sind einem Geschäftsmann, der sich an Gründungen zu beteiligen pflegt, die Regelungen über eine Sacheinlage und das Verbot der Umgehung dieser Regelungen bekannt. Das Verschulden des A an den unvollständigen Angaben ist daher zu vermuten.

5. Art und Umfang der Haftung

Die gesamtschuldnerische Gründerhaftung nach § 46 Abs. 1 AktG ist auf Scha- **35** densersatz gerichtet. Art und Umfang des Schadensersatzes richten sich nach §§ 249 ff. BGB. Allerdings kommt es insoweit nicht auf die Entstehung eines Schadens an, als die Gründer zur Leistung fehlender Einzahlungen verpflichtet sind (§ 46 Abs. 1 Satz 3 AktG) und infolgedessen einer verschuldensabhängigen Gewährleistungshaftung unterliegen. Denn § 46 Abs. 1 AktG dient der Kapitalaufbringung. Aus diesem Grunde ist eine Kürzung des Ersatzanspruchs wegen Mitverschuldens von Vorstand oder Aufsichtsrat nach §§ 254, 31 BGB analog jedenfalls im Gründungsstadium ausgeschlossen.[31] Daran ändert auch die spätere Eintragung der Gesellschaft nichts.[32]

Die Geldeinlagepflicht von A ist indes erfüllt, da er nicht nach § 54 Abs. 2 AktG **36** i. V. m. § 27 Abs. 3 Satz 1 AktG i. V. m. der Übernahmeerklärung (§ 29 AktG) noch einmal leisten muss (siehe Rn. 27).

6. Ergebnis

D steht gegen A kein Anspruch auf Zahlung eines Teilbetrags in Höhe von **37** 25 000 EUR nach § 46 Abs. 1 AktG zu.

III. Anspruch der D gegen A auf Zahlung von 25 000 EUR nach § 46 Abs. 2 AktG

1. Anwendbarkeit von § 46 Abs. 2 AktG neben § 46 Abs. 1 AktG

§ 46 Abs. 2 AktG ist nicht subsidiär gegenüber § 46 Abs. 1 AktG. Beide Vorschrif- **38** ten sind nebeneinander anwendbar. Daher kommt eine Ersatzpflicht nach § 46 Abs. 2 AktG auch dann in Betracht, wenn die Schädigung auf unrichtige oder unvollständige Angaben zurückzuführen ist.[33]

---

[29] RGZ 95, 16, 17 f.; *Hüffer* § 46 Rn. 14.
[30] *Hüffer/Koch* § 46 Rn. 14.
[31] BGHZ 64, 52, 61.
[32] *Hüffer/Koch* § 46 Rn. 10.
[33] KölnKomm/*Arnold* § 46 Rn. 38 ff.; MünchKommAktG/*Pentz* § 46 Rn. 42; *Hüffer/Koch* § 46 Rn. 11.

2. Schädigung durch Einlagen

39 Eine Schädigung durch Einlagen kann z.B. durch die Überbewertung von Sacheinlagen erfolgen. § 46 Abs. 2 AktG enthält außerdem – anders als § 46 Abs. 1 AktG – keine Gewährleistungshaftung für nicht erbrachte Einlagen. Daher besteht kein Schaden, wenn der Gesellschaft gegen den betroffenen Gesellschafter ein durchsetzbarer Anspruch zusteht und der Gesellschafter diesen Anspruch auf Grund seiner persönlichen Vermögenssituation auch tatsächlich erfüllen könnte.

40 Hier übernimmt D die Warenlager von H und S zum Verkehrswert. Außerdem erhält D die von A geschuldete Geldeinlage in Höhe von 128000 EUR in bar. Es kommt daher nicht zu einer Schädigung durch Einlagen. Selbst wenn A zur erneuten Leistung seiner Geldeinlage nach § 54 Abs. 2 AktG i.V.m. § 27 Abs. 3 Satz 1 AktG verpflichtet wäre, führte dies nicht zum Eintritt eines Schadens bei D. Denn insoweit stünde D gegen A ein durchsetzbarer Anspruch zu, für dessen fehlende Werthaltigkeit hier keine Anhaltspunkte bestünden.

Hinweis: Die Haftung nach § 46 Abs. 2 AktG setzt ein Verschulden voraus. Es bedarf hierzu (1.) des – im Streitfall von der Gesellschaft zu beweisenden – Verschuldens in Form von Vorsatz oder grober Fahrlässigkeit mindestens eines Gründers und (2.) des – zu vermutenden, aber nach § 46 Abs. 3 AktG zu widerlegenden – Verschuldens in Form zumindest einfacher Fahrlässigkeit der übrigen Gründer.[34]

3. Ergebnis

41 D steht gegen A kein Anspruch auf Zahlung eines Teilbetrages in Höhe von 25000 EUR nach § 46 Abs. 2 AktG zu.

IV. Anspruch der D gegen A auf Zahlung von 25000 EUR nach § 48 AktG

1. Aktivlegitimation der AG

42 Ein Anspruch nach § 48 AktG steht der Gesellschaft nach ihrer Eintragung als juristische Person zu.

Hinweis: Dritte sind nicht nach § 48 AktG aktivlegitimiert. Sie können auch nicht nach § 823 Abs. 2 BGB i.V.m. § 48 AktG vorgehen. Für Dritte kommen lediglich Ansprüche nach § 823 Abs. 2 BGB i.V.m. § 399 Abs. 1 Nr. 1 AktG in Betracht. Außerdem können Gesellschaftsgläubiger unter bestimmten Umständen nach §§ 48 Satz 2, 93 Abs. 5 AktG auf Leistung an sich klagen.[35]

2. Passivlegitimation des A

43 Passivlegitimiert sind die Vorstands- oder Aufsichtsratsmitglieder.

44 A ist neben B und C Mitglied des Vorstands.

3. Pflichtverletzung

45 § 48 Satz 1 Hs. 2 AktG nennt ein Beispiel für eine Pflichtverletzung der Verwaltung. Daneben kommt als Pflichtverletzung jeder Verstoß gegen (irgend-)eine Pflicht während der Gründung in Betracht.

---

[34] *Hüffer/Koch* § 46 Rn. 12.
[35] *Hüffer* § 48 Rn. 2, 7.

Die Vorschriften über die Sacheinlage gelten zwar auch für die Vorstandsmitglieder als Anmeldende (§ 38 Abs. 1 Satz 1 AktG). Hier liegt jedoch kein Verstoß gegen Vorschriften über die Sacheinlage vor. **46**

4. Ergebnis

D hat keinen Anspruch gegen A nach § 48 AktG aus. 47

V. Anspruch der D gegen A auf Zahlung von 25 000 EUR nach § 985 BGB

D müsste noch Eigentümerin des an H gezahlten Kaufpreises sein. Nach § 27 Abs. 3 Satz 2 AktG, wonach Verträge über eine verdeckte Sacheinlage und die Rechtshandlungen zu ihrer Ausführung nicht unwirksam sind, ergibt sich aber die Wirksamkeit sowohl der schuldrechtlichen als auch dinglichen Geschäfte.[36] Daher hat D den Kaufpreis (bei Annahme von Barzahlung) wirksam an H übereignet und damit das Eigentum daran verloren. **48**

---

[36] *Hüffer* § 27 Rn. 33.

Fall 11. Vertrauen ist gut, Kontrolle ist besser

Nach BGHZ 135, 244 – ARAG/Garmenbeck.

Sachverhalt

Der sehr vermögende Dr. August Amberg (A) ist als Finanzvorstand Mitglied des achtköpfigen Vorstands der Rechtsschutz AG (R), deren Unternehmensgegenstand auf das Angebot, den Abschluss und die Abwicklung von Rechtsschutzversicherungen gerichtet ist. Im Jahr 2007 gründet R eine 100%ige Tochtergesellschaft mit dem Namen Rechtsschutz Finanz GmbH (F), zu deren alleinvertretungsberechtigtem Geschäftsführer A bestellt ist.

F – vertreten durch A – tritt in Geschäftsbeziehungen zu der Garmenbeck Ltd. (G), um steuergünstig Zinsgewinne zu realisieren. G ist eine in London gegründete, dort jedoch nur eine Briefkastenadresse unterhaltende Gesellschaft, deren geschäftsführender Direktor und alleiniger Gesellschafter der mehrfach vorbestrafte Elektroinstallateur Walter Wiesel (W) ist. W wickelt über G vor allem von der Schweiz aus Anlagen- und Anlagenvermittlungsgeschäfte ab.

Zunächst erzielt F aus den Geschäften mit G Gewinne. Daraufhin nimmt G bei F ein Darlehen in Höhe von 28 Mio. EUR zu sehr niedrigen Zinsen auf. Die Mittel dafür verschafft F der G vorher durch die Inanspruchnahme von Bankkredit als sog. Vor-Darlehen bei der Easy Money Bank AG (E), das G unmittelbar an E zurückzahlen soll. Für dieses Geschäft liegt ausnahmsweise – wie A weiß – keine Bankgarantie vor.

Da G einerseits Kapital zu erheblich über dem Kapitalmarktniveau liegenden Zinsen entgegennimmt und andererseits unterhalb des marktüblichen Zinsniveaus liegende Billigkredite gewährt, kann G die Verluste aus dieser Geschäftstätigkeit nur für eine begrenzte Zeit durch Ausweitung des Geschäftsumfanges nach Art eines „Schneeball-Systems" auffangen. Anfang des Jahres 2013 bricht G schließlich zusammen. G kann infolge des Zusammenbruchs ihre gegenüber F eingegangenen Verpflichtung, das G von F gewährte, mit Bankkrediten finanzierte Darlehen in Höhe von 28 Mio. EUR durch unmittelbare Rückführung des Bankkredits zu tilgen, bei deren Fälligkeit nicht nachkommen. Da auch F den von ihr bei E in Anspruch genommenen Bankkredit nicht bedienen kann, sieht sich R zur Vermeidung der Insolvenz von F und der damit verbundenen Beschädigung ihres Ansehens als Finanz- und Versicherungsunternehmen gezwungen, für deren Rückzahlung einzustehen.

Aufsichtsratsmitglied Bert Borsig (B) ist der Ansicht, A habe im Rahmen der mit G getätigten Geschäfte seine ihm gegenüber der Gesellschaft obliegenden Sorgfaltspflichten verletzt und müsse ihr den entstandenen Schaden ersetzen. Der Aufsichtsratsvorsitzende und die übrigen Aufsichtsratsmitglieder lehnen den Antrag von B, einen entsprechenden Beschluss zu fassen, jedoch ab. B hält dies für rechtswidrig und möchte dagegen gerichtlich vorgehen. Auch ein Gesellschafter von R, Carl Coller (C), möchte wissen, was er gegen die ablehnende Haltung des Aufsichtsrats unternehmen kann.

1. Hat das Begehren von B Aussicht auf Erfolg?
2. Was ist C zu antworten?

Skizze

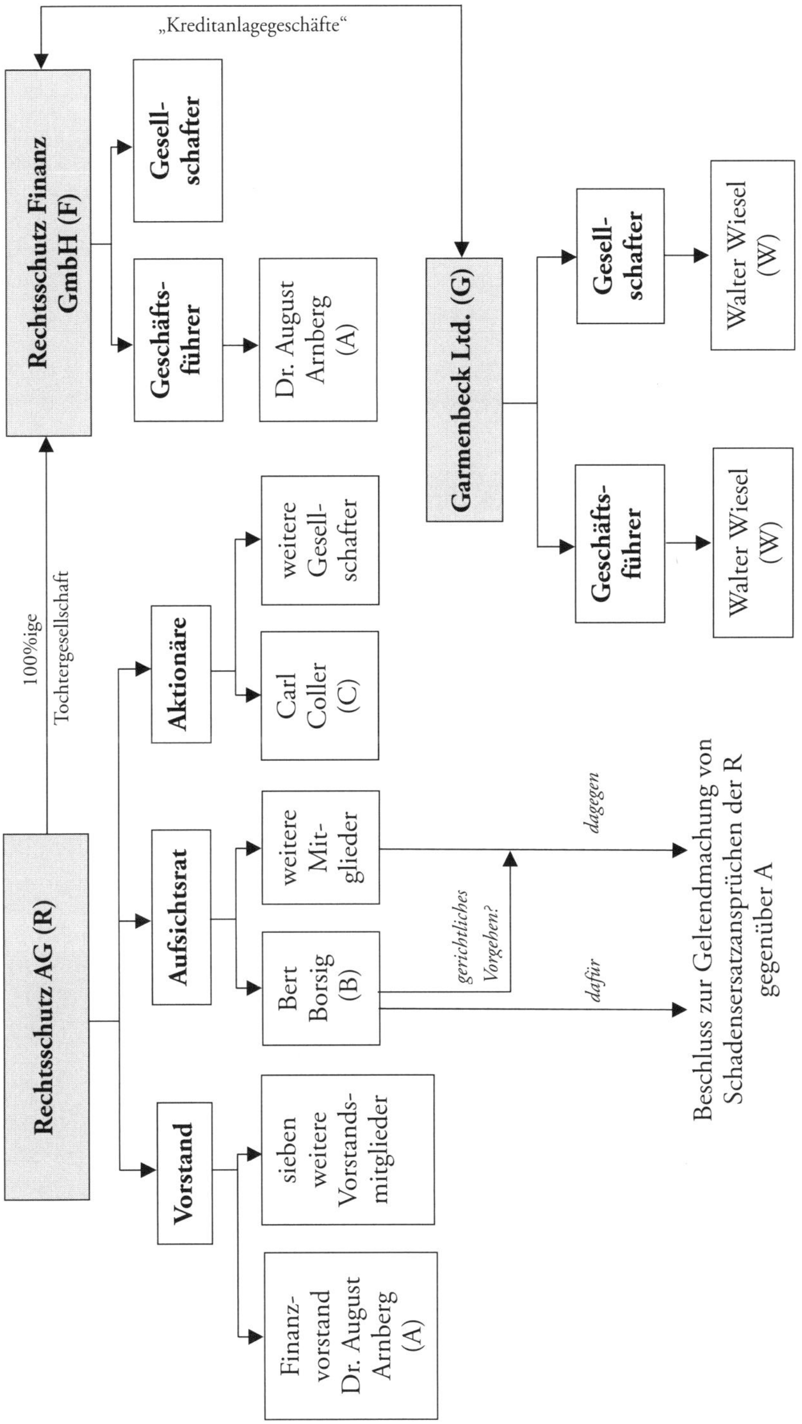
„Kreditanlagegeschäfte"
Rechtsschutz Finanz GmbH (F)
Gesell-schafter
Geschäfts-führer
Dr. August Arnberg (A)
Garmenbeck Ltd. (G)
Gesell-schafter
Walter Wiesel (W)
Geschäfts-führer
Walter Wiesel (W)
100%ige Tochtergesellschaft
Rechtsschutz AG (R)
Aktionäre
Carl Coller (C)
weitere Gesell-schafter
Aufsichtsrat
Bert Borsig (B)
weitere Mit-glieder
gerichtliches Vorgehen?
dagegen
dafür
Beschluss zur Geltendmachung von Schadensersatzansprüchen der R gegenüber A
Vorstand
Finanz-vorstand Dr. August Arnberg (A)
sieben weitere Vorstands-mitglieder

Gliederung

Lösung

I. Erfolgsaussichten einer Klage des B

1. Zulässigkeit

a) Statthafte Klageart[1]

aa) Ansatz 1: Anwendung der §§ 241 ff. AktG analog

1 Die Rechtsfolge fehlerhafter Aufsichtsratsbeschlüsse (§ 108 AktG) ist im AktG nicht geregelt. Das Schrifttum[2] hält teilweise eine analoge Anwendung der Vorschriften über die Anfechtbarkeit und die Nichtigkeit fehlerhafter Hauptversammlungsbeschlüsse nach §§ 241 ff. AktG für geboten. Es bestünde nämlich die grundsätzliche Notwendigkeit einer „kassatorischen Klage" auch für Beschlüsse dieses Gesellschaftsorgans. Denn gerade bei Aufsichtsratsbeschlüssen bestehe ein Bedürfnis nach Rechtssicherheit. Diesem Bedürfnis sei mit der grundsätzlichen Nichtigkeit aller inhaltlich oder verfahrensmäßig fehlerhaften Beschlüsse nicht hinreichend Rechnung getragen.

bb) Ansatz 2: Feststellungsklage nach § 256 Abs. 1 ZPO

2 Nach anderer Auffassung ist die Klärung der Fehlerhaftigkeit von Aufsichtsratsbeschlüssen nicht nach §§ 241 ff. AktG zu beurteilen. Gegenstand von Nichtigkeits- und Anfechtungsklage nach §§ 241 ff. AktG seien nämlich allein Beschlüsse der

[1] Siehe allgemein zu Organstreitigkeiten in der AG *Windbichler* § 25 Rn. 42 ff.
[2] *K. Schmidt* § 15 II 3b; *Baums* ZGR 1983, 300, 305 ff.

Hauptversammlung einer AG. Beschlüsse des Aufsichtsrats, die unter Verletzung zwingenden Gesetzes- oder Satzungsrechts zu Stande kämen oder inhaltlich gegen derartiges Recht verstießen, seien nichtig nach §§ 134, 138 BGB. Diese Nichtigkeit sei mit der Feststellungsklage nach § 256 Abs. 1 ZPO geltend zu machen.[3] Für eine analoge Anwendung der §§ 241 ff. AktG fehle es an der Vergleichbarkeit der Interessenlage. Denn bei Hauptversammlungsbeschlüssen sei das Vertrauen der Öffentlichkeit, insbesondere einer Vielzahl von Anlegern, darauf zu schützen, dass grundlegende Entscheidungen der Gesellschaft nicht zeitlich unbegrenzt Angriffen aus einem großen Kreis von Aktionären ausgesetzt sei. Dieser Normzweck treffe auf Aufsichtsratsbeschlüsse nicht in gleicher Weise zu. Denn der Aufsichtsrat bestehe aus einer verhältnismäßig kleinen Zahl von Mitgliedern, die zu vertrauensvoller Zusammenarbeit im Gesellschaftsinteresse verpflichtet sind. Das Gesetz weise dem Aufsichtsrat im Wesentlichen Überwachungs- und Kontrollaufgaben mit bloßer Innenwirkung (§ 111 AktG) zu. Deshalb seien nach außen wirkende, einer breiten Öffentlichkeit bekannt werdende Aufsichtsratsbeschlüsse die Ausnahme. Hinzu komme, dass die auf Hauptversammlungsbeschlüsse zugeschnittene Abgrenzung von Anfechtungs- und Nichtigkeitsgründen mit den Besonderheiten von Aufsichtsratsbeschlüssen nicht zu vereinbaren sei. Darüber hinaus passt – bei einer analogen Anwendung der §§ 241 ff. AktG – die Leitbildfunktion des § 246 AktG nicht für Aufsichtsratsbeschlüsse.

cc) Zwischenergebnis

3 Da die besseren Gründe für den zuletzt genannten Ansatz sprechen, ist die Feststellungsklage nach § 256 Abs. 1 ZPO die statthafte Klageart.

b) Parteifähigkeit nach § 50 Abs. 1 ZPO

4 Parteifähig ist, wer rechtsfähig ist (§ 50 Abs. 1 ZPO). Die Organe einer AG sind nicht selbst rechtsfähig und damit auch nicht parteifähig. Sie sind vielmehr der juristischen Person zuzurechnen. Eine juristische Person ist rechtsfähig und damit auch parteifähig. Sie ist dies vom Erwerb bis zum Verlust ihrer Rechtsfähigkeit. Daher ist die Klage gegen die AG zu richten.

5 R ist als juristische Person rechtsfähig (§ 1 Abs. 1 Satz 1 AktG) und damit parteifähig (§ 50 Abs. 1 ZPO).

c) Prozessfähigkeit nach § 51 Abs. 1 ZPO

6 Eine AG ist nicht prozessfähig i. S. d. § 51 Abs. 1 ZPO. Sie muss daher wirksam vertreten sein. Diese Vertretung erfolgt regelmäßig durch den Vorstand als organschaftlichen Vertreter (§ 78 Abs. 1 Satz 1 AktG).

d) Besondere Voraussetzungen für Feststellungsklage i. S. d. § 256 Abs. 1 ZPO

aa) Rechtsverhältnis

7 Rechtsverhältnis i. S. d. § 256 Abs. 1 ZPO ist eine aus dem vorgetragenen Sachverhalt abgeleitete rechtliche Beziehung von Personen untereinander oder zu einem Gegenstand.[4] Es kann sich um Rechte jeder Art handeln.

[3] BGHZ 122, 342, 347 ff.; 124, 111, 125; 135, 244, 247 – ARAG/Garmenbeck.
[4] BGHZ 22, 43, 46.

Hier geht es um das Verhältnis zwischen den Aufsichtsratsmitgliedern von R. Dies ist ein Rechtsverhältnis i. S. d. § 256 Abs. 1 ZPO. **8**

bb) Gegenwärtigkeit des Rechtsverhältnisses

Das Rechtsverhältnis muss gegenwärtig bestehen. Es darf nicht erst künftig entstehen. Dass es bereits vergangen ist, steht der Gegenwärtigkeit nicht entgegen, wenn der Kläger daraus noch Wirkungen herleiten kann.[5] **9**

A ist nach wie vor Aufsichtsratsmitglied von R. Es ist daher ein gegenwärtiges Rechtsverhältnis betroffen. **10**

cc) Feststellungsinteresse

(1) Interessen des Aufsichtsrats

(a) Vorbeugung gegenüber Rückgriffsansprüchen der Gesellschaft

Das Rechtsschutzinteresse könnte sich bereits aus dem persönlichen Interesse eines Aufsichtsratsmitglieds ergeben, sich von einem Beschluss dieses Organs zu distanzieren und möglichen Rückgriffsansprüchen nach § 116 AktG wegen der Mitwirkung an rechtswidrigem Organhandeln vorzubeugen.[6] Dagegen spricht jedoch, dass sich die Rückgriffsgefahr ohne weiteres durch die Dokumentation des Abstimmungsverhaltens abwehren lässt.[7] **11**

(b) Kontrollfunktion des Aufsichtsratsmitglieds

Das Feststellungsinteresse könnte sich aus der Organstellung der Aufsichtsratsmitglieder und ihrer sich daraus ergebenden gemeinsamen Verantwortung für die Rechtmäßigkeit der von ihnen gefassten Beschlüsse ergeben.[8] Das Aufsichtsratsmitglied ist berechtigt und verpflichtet, die ihm übertragenen Aufgaben nach den Anforderungen von Gesetz und Satzung wahrzunehmen. Das Aufsichtsratsmitglied muss auch darauf hinwirken, dass der Aufsichtsrat seine Entscheidungen im Einklang mit Gesetz und Satzung trifft. Bleibt im Aufsichtsrat streitig, ob ein Beschluss diesen Anforderungen entspricht, muss das Aufsichtsratsmitglied das Recht haben, eine gerichtliche Klärung herbeizuführen. Daher besteht ein Rechtsschutzinteresse. Einer persönlichen Betroffenheit des Aufsichtsratsmitglieds bedarf es nicht. **12**

B hat als Aufsichtsratsmitglied ein Interesse daran, dass die Ablehnung eines Vorgehens der Gesellschaft gegen A durch die übrigen Aufsichtsratsmitglieder rechtwidrig ist. **13**

Hinweis: Geht es um eine Verkürzung oder Verletzung organschaftlicher Mitwirkungsrechte, ergibt sich das rechtliche Interesse an der Feststellung der Nichtigkeit des Aufsichtsratsbeschlusses aus der Stellung als Mitglied des Aufsichtsrates.[9]

(2) Kein Ausschluss des Feststellungsinteresses

(a) Keine entgegenstehende Wertung des § 245 Nr. 5 AktG

Dem Feststellungsinteresse eines Aufsichtsratsmitglieds könnte die Wertung des § 245 Nr. 5 AktG entgegenstehen. § 245 Nr. 5 AktG begründet für bestimmte Fäl- **14**

---

5 Thomas/Putzo/*Reichold* § 256 Rn. 8.
6 So *Bork* ZIP 1991, 137, 146 und *Stodolkowitz* ZHR 154 (1990), 1, 18.
7 BGHZ 135, 244, 248 – ARAG/Garmenbeck; *Noack* DZWiR 1994, 341, 343.
8 BGHZ 122, 342, 350; 135, 244, 248 – ARAG/Garmenbeck.
9 BGHZ 83, 144, 146; vgl. auch BGHZ 124, 111, 115.

le die Befugnis von Mitgliedern des Aufsichtsrats und Vorstands, einen Beschluss der Hauptversammlung anzufechten. Es besteht aber eine Beschränkung auf bestimmte Fälle, nämlich wenn durch die Ausführung des Beschlusses der Hauptversammlung Mitglieder des Vorstands oder des Aufsichtsrats eine strafbare Handlung oder eine Ordnungswidrigkeit begehen oder wenn sie ersatzpflichtig werden würden. Außerhalb dieses „Notwehrrechts“ für Mitglieder des Vorstands und Aufsichtsrats sind nach dem Gesetz zur Kontrolle von Hauptversammlungsbeschlüssen auf ihre Gesetz- und Satzungsmäßigkeit allein die Aktionäre (Mitglieder des Beschlussorgans) und der Gesamtvorstand (Geschäftsführungsorgan) berufen. Folgerichtig sind einzelne Mitglieder von Vorstand und Aufsichtsrat nur dann zur Klageerhebung berechtigt, wenn sie bei Ausführung des Hauptversammlungsbeschlusses in ihrer Organstellung in besonderer Weise betroffen sind. Diese Wertung des § 245 Nr. 5 AktG ist auf Aufsichtsratsbeschlüsse aber nicht übertragbar.[10]

(b) Hauptversammlungsbeschluss zur Geltendmachung von Schadensersatzansprüchen der Gesellschaft gegenüber deren Vorstand

15 Das Feststellungsinteresse eines Aufsichtsratsmitglieds könnte auf den Fall beschränkt sein, dass sich der Aufsichtsrat mehrheitlich weigert, einen nach § 147 Abs. 1 Satz 1 AktG gefassten Beschluss der Hauptversammlung umzusetzen, der darauf abzielt, Schadensersatzansprüche gegen ein Vorstandsmitglied geltend zu machen. Der Aufsichtsrat ist auf Grund seiner Kontrollfunktion (§ 111 Abs. 1 AktG) und Vertretungsfunktion (§ 112 AktG) verpflichtet, Schadensersatzansprüche gegen ein Vorstandsmitglied zu prüfen und gegebenenfalls geltend zu machen.[11] Die Hauptversammlung ist zwar berechtigt, nach § 147 Abs. 1 Satz 1 AktG über die Geltendmachung von Schadensersatzansprüchen gegenüber einem Vorstandsmitglied zu entscheiden. Der Aufsichtsrat ist jedoch zu einer eigenverantwortlichen Prüfung und Entscheidung verpflichtet, solange die Hauptversammlung nicht über die Verfolgung eines Schadensersatzanspruches beschlossen oder in rechtswirksamer Weise (§ 93 Abs. 4 Satz 3 AktG) auf den Anspruch verzichtet hat. Die Möglichkeit der Beschlussfassung durch die Hauptversammlung nach § 147 Abs. 1 Satz 1 AktG berührt danach nicht das Recht des einzelnen Aufsichtsratsmitglieds, die Rechtmäßigkeit einer Entscheidung des Aufsichtsrats gerichtlich überprüfen zu lassen.

e) Zwischenergebnis

16 Eine Klage des B gegen die Ablehnung des Aufsichtsrats, Schadensersatzansprüche gegenüber A geltend zu machen, ist in Gestalt der Feststellungsklage nach § 256 Abs. 1 ZPO zulässig.

2. Begründetheit

17 Der Aufsichtsrat entscheidet durch Beschluss (§ 108 Abs. 1 AktG). Die Klage des B ist begründet, wenn der Beschluss des Aufsichtsrats, keine Schadensersatzansprüche gegen A geltend zu machen, fehlerhaft ist. Ein Aufsichtsratsbeschluss ist dann fehlerhaft, wenn (1.) das Beschlussverfahren nicht ordnungsgemäß durchgeführt ist oder (2.) der Beschluss inhaltlich gegen Gesetz oder Satzung verstößt. Anders als nach §§ 241 ff. AktG bei Hauptversammlungsbeschlüssen ist bei Aufsichtsratsbe-

[10] BGHZ 135, 244, 249 – ARAG/Garmenbeck; KölnKomm/*Mertens/Cahn* § 111 Rn. 43.

[11] Zur Überwachungsaufgabe des Aufsichtsrats siehe *Windbichler* § 28 Rn. 32 f.

schlüssen nicht zwischen anfechtbarem und nichtigem Beschluss zu unterscheiden (siehe Rn. 2f.).

a) Kein ordnungsgemäßes Beschlussverfahren

Anhaltspunkte für Mängel des Beschlussverfahrens liegen nicht vor. 18

b) Gesetzes- oder Satzungsverstoß – hier: Verstoß gegen §§ 111f. AktG

Der Aufsichtsratsbeschluss, keine Schadensersatzansprüche gegen A geltend zu machen, ist dann nichtig nach § 134 BGB, wenn der Aufsichtsrat nach §§ 111f. AktG zur Geltendmachung von Schadensersatzansprüchen der Gesellschaft gegenüber dem Vorstand verpflichtet ist. Dies setzt zunächst voraus, dass der Gesellschaft überhaupt ein Schadensersatzanspruch gegen den Vorstand zusteht. 19

(1) Schadensersatzanspruch der Gesellschaft gegenüber dem Vorstand nach § 93 Abs. 2 Satz 1 AktG

§ 93 AktG regelt die Sorgfaltspflicht und Verantwortlichkeit der Vorstandsmitglieder gegenüber der Gesellschaft.[12] § 93 Abs. 2 AktG umschreibt den Haftungstatbestand. Danach haften Vorstandsmitglieder bei Pflichtverletzung auf Schadensersatz (§ 93 Abs. 2 Satz 1 AktG), wenn sie entgegen der Sorgfalt eines ordentlichen und gewissenhaften Geschäftsleiters handeln (§ 93 Abs. 1 Satz 1 AktG). Die Haftung des Vorstands nach § 93 Abs. 2 Satz 1 AktG setzt voraus, dass der in Anspruch Genommene (1.) Vorstandsmitglied ist, (2.) eine Pflicht verletzt (vgl. auch § 93 Abs. 1 Satz 2 AktG) und (3.) diese Pflichtverletzung schuldhaft geschieht. Außerdem muss (4.) der Gesellschaft aus der Pflichtwidrigkeit ein Schaden entstanden sein. Schließlich darf (5.) der Anspruch nicht ausgeschlossen oder untergegangen sein. 20

(a) Mitglied des Vorstands

A ist Mitglied des Vorstands von R. 21

(b) Pflichtverletzung

(aa) Sorgfaltspflicht gegenüber AG auch bei Handeln für Tochtergesellschaft

Zunächst stellt sich die Frage, ob A überhaupt eine Sorgfaltspflicht gegenüber R trifft. Denn A handelt hier für die Tochtergesellschaft F und nicht für R selbst. Doch kann in einem Konzernverhältnis das Vorstandsmitglied einer herrschenden Gesellschaft seine Pflichten gegenüber der von ihm geleiteten herrschenden Gesellschaft auch dadurch verletzen, dass er das beherrschte Unternehmen in einer Weise führt, die nicht den Interessen der herrschenden Gesellschaft entspricht.[13] Die Anwendung von § 93 AktG ist nicht durch §§ 291ff. AktG ausgeschlossen. Zwar finden sich dort Regelungen, die sich mit der Haftung des Vorstands des herrschenden Unternehmens befassen (vgl. §§ 309 Abs. 2 Satz 1, 323 Abs. 1, 317 Abs. 3 AktG). Doch sind diese nur auf die Verantwortlichkeit des Vorstands der Muttergesellschaft gegenüber der Tochtergesellschaft, nicht aber gegenüber der Muttergesellschaft gerichtet. 22

A treffen auch bei der Geschäftsführung von F Sorgfaltspflichten gegenüber R. 23

[12] GroßkommAktG/*Hopt* § 93 Rn. 18; *Hüffer/Koch* § 93 Rn. 1.
[13] *OLG Düsseldorf* AG 1997, 231, 235; GroßkommAktG/*Hopt* § 93 Rn. 114.

(bb) Umfang der Sorgfaltspflicht

24 Dem Vorstand steht bei der eigenverantwortlichen Leitung der Geschäfte des Gesellschaftsunternehmens (§ 76 Abs. 1 AktG) ein weiter Handlungsspielraum zu.[14] Denn ohne einen solchen Spielraum ist eine unternehmerische Tätigkeit nicht durchführbar. Unternehmerische Tätigkeit macht nämlich ein bewusstes Eingehen geschäftlicher Risiken erforderlich. Angesichts fehlender Prognostizierbarkeit von Marktentwicklungen besteht dabei auch die Gefahr von Fehleinschätzungen. Deshalb ist eine Schadensersatzpflicht des Vorstands ausgeschlossen, wenn das Vorstandsmitglied bei einer unternehmerischen Entscheidung vernünftigerweise annehmen darf, auf der Grundlage angemessener Information zum Wohle der Gesellschaft zu handeln (§ 93 Abs. 1 Satz 2 AktG). Damit kommt es zu einem Ausgleich des Verfolgungsrechts der Aktionäre nach § 148 AktG. Denn es besteht für unternehmerische Entscheidungen des Vorstands auch haftungsrechtlich ein Freiraum *(Safe harbour)*. § 93 Abs. 1 Satz 2 AktG betrifft schon die objektive Sorgfaltspflicht, nicht erst das Verschulden. Es handelt sich bei dieser Regelung nicht um eine bloße Beweislastregel wie in § 93 Abs. 2 Satz 2 AktG. Denn fehlt es an einer objektiven Sorgfaltspflichtverletzung, greift der Haftungstatbestand des § 93 Abs. 2 Satz 1 AktG schon materiell-rechtlich nicht. Vielmehr begründet § 93 Abs. 1 Satz 2 AktG eine unwiderlegbare Rechtsvermutung.[15] Genügt der Vorstand den Anforderungen des § 93 Abs. 1 Satz 2 AktG, handelt er nicht sorgfaltswidrig. Den Gegenbeweis lässt § 93 Abs. 1 Satz 2 AktG nicht zu, um die Haftungsrisiken des Vorstands rechtssicher zu begrenzen *(Safe harbour)*. Eine Schadensersatzpflicht des Vorstands kommt danach erst in Betracht, wenn *„die Grenzen, in denen sich ein von Verantwortungsbewusstsein getragenes, ausschließlich am Unternehmenswohl orientiertes, auf sorgfältiger Ermittlung der Entscheidungsgrundlagen beruhendes unternehmerisches Handeln bewegen muss, deutlich überschritten sind, die Bereitschaft, unternehmerische Risiken einzugehen, in unverantwortlicher Weise überspannt worden ist oder das Verhalten des Vorstands aus anderen Gründen als pflichtwidrig gelten muss"*.[16]

25 Erforderlich ist daher, dass ein Leitungsfehler in Form schlechthin unvertretbaren Handelns vorliegt und dieser im Zeitpunkt der Entscheidung (*ex-ante*-Beurteilung) objektiv evident ist.[17]

Hinweis: Das US-amerikanische Recht räumt der Geschäftsleitung unter dem Begriff der *Business Judgement Rule* – an die sich § 93 Abs. 1 Satz 2 AktG anlehnt – einen weiten Ermessensspielraum ein. Danach unterliegt die Entscheidung eines *Director* nicht der gerichtlichen Nachprüfung, wenn der *Director* (1.) kein eigenes Interesse an der Sache hat (kein Interessenkonflikt), (2.) sich ausreichend über die Sache unterrichtet hat (ausreichender Informationsstand) und (3.) nachvollziehbar in bestem Interesse des Unternehmens zu handeln geglaubt hat (Handeln im Unternehmensinteresse).[18]

26 Die Auszahlung von 28 Mio. EUR von F – vertreten durch A – an G ohne das Vorliegen von Sicherheiten an ein zweifelhaftes Anlageunternehmen stellt einen Leitungsfehler in Form schlechthin unvertretbaren Handelns, der im Zeitpunkt der Entscheidung objektiv evident ist, dar.[19] Denn die grob leichtsinnige Weggabe er-

[14] BT-Drs. 13/9712 S. 21; BGHZ 135, 244, 253 – ARAG/Garmenbeck.
[15] *Hüffer/Koch* § 93 Rn. 14.
[16] BGHZ 135, 244, 253 f. – ARAG/Garmenbeck.
[17] *Hüffer/Koch* § 93 Rn. 12.
[18] GroßkommAktG/*Hopt* § 93 Rn. 83.
[19] *OLG Düsseldorf* AG 1997, 231, 234 f.; GroßkommAktG/*Hopt* § 93 Rn. 82; *Hüffer/Koch* § 93 Rn. 11.

heblicher Vermögenswerte der Gesellschaft ist keinesfalls durch unternehmerisches Ermessen gedeckt. Es liegt ein unverantwortliches Risiko vor, das A ohne weiteres bekannt ist.

(cc) Zwischenergebnis

A hat eine ihm gegenüber R obliegende Pflicht verletzt. 27

(c) Verschulden

Die Nichtbeachtung der Sorgfalt eines ordentlichen und gewissenhaften Geschäftsleiters (§ 93 Abs. 1 Satz 1 AktG) ist zu vermuten (§ 93 Abs. 2 Satz 2 AktG). 28

Anhaltspunkte für eine Widerlegung der Verschuldensvermutung liegen hier nicht vor. Daher handelt A schuldhaft. 29

(d) Schaden

(aa) Schadensumfang

Für den Schaden der Gesellschaft gelten die §§ 249ff. BGB. Danach liegt ein Schaden der Gesellschaft vor, wenn das Gesellschaftsvermögen verringert ist, ohne dass es zumindest zu einem Ausgleich durch einen damit im Zusammenhang stehenden Vermögenszuwachs kommt. Ist ein Schaden unmittelbar lediglich bei einer Tochtergesellschaft entstanden, ist das Vermögen der Muttergesellschaft über den Wertverlust ihrer Beteiligung nur mittelbar betroffen (bloßer Reflexschaden). Bei Schädigung einer Tochtergesellschaft darf es nicht zu einer doppelten Inanspruchnahme eines Vorstandsmitglieds, nämlich durch die Muttergesellschaft einerseits und die Tochtergesellschaft andererseits, kommen. Wegen des Grundsatzes der Kapitalerhaltung ist hier durch den Vorstand der Muttergesellschaft nur an die Tochtergesellschaft Schadensersatz zu leisten. Ein Schadensersatzanspruch der Muttergesellschaft ist daher nur auf Schadensersatzleistung an die Tochtergesellschaft gerichtet.[20] Andernfalls wäre eine Umgehung der Kapitalerhaltungsvorschriften bei der unmittelbar geschädigten Tochtergesellschaft möglich.[21] 30

Etwas anderes gilt aber dann, wenn die Pflichtverletzung des Organmitglieds gegenüber dem Beteiligungsunternehmen (Tochtergesellschaft) gleichzeitig nach § 93 Abs. 2 Satz 1 AktG eine Haftung des Schädigers gegenüber dem herrschenden Unternehmen begründet und das herrschende Unternehmen (Muttergesellschaft) den zunächst unmittelbar bei dem Beteiligungsunternehmen entstandenen Schaden durch entsprechende Zahlungen an seine Tochtergesellschaft oder durch die Befriedigung ihrer Gläubiger ausgeglichen hat. In diesem Fall stellen sich die Aufwendungen zur Behebung des Schadens beim Beteiligungsunternehmen grundsätzlich als eigener Vermögensschaden der Muttergesellschaft dar. Denn der Schadensausgleich wandelt den ursprünglich beim herrschenden Unternehmen bestehenden bloßen Reflexschaden in einen unmittelbaren Vermögensnachteil, wohingegen die Minderung des Vermögens der Beteiligungsgesellschaft beseitigt ist. Aufgrund dieser Gegebenheiten ist das herrschende Unternehmen, sofern seine Aufwendungen tatsächlich allein der Beseitigung des Schadens bei der Tochtergesellschaft und nicht bloß einer davon unabhängigen Kapitalzufuhr dienen sollten, anschließend prinzipiell berechtigt, von dem Organmitglied den Ausgleich des nunmehr nur noch bei ihm bestehenden 31

[20] GroßkommAktG/*Hopt* § 93 Rn. 115.
[21] KölnKomm/*Mertens/Cahn* § 93 Rn. 208.

Schadens zu verlangen. Der Schädiger ist infolge der Beseitigung des Schadens beim Beteiligungsunternehmen vor einer doppelten Inanspruchnahme geschützt.

32 Da Muttergesellschaft R den Schaden von Tochtergesellschaft F durch Zahlung von 28 Mio. EUR ausgleicht, erleidet R einen Schaden in Höhe von 28 Mio. EUR. Dieser Schaden müsste A zurechenbar sein.

(bb) Zurechenbarkeit des Schadens

33 Gerade die Pflichtwidrigkeit muss den Schaden verursachen. Auch insoweit gelten die allgemeinen Grundsätze und insbesondere die Adäquanztheorie.[22] Das setzt voraus, dass die Pflichtverletzung des Vorstands adäquat kausal für den Schaden bei der Tochtergesellschaft ist. Daran kann es fehlen, wenn es sich um eine rein freiwillige Leistung der Gesellschaft handelt. Doch reicht es für die adäquate Kausalität zwischen Pflichtwidrigkeit und Schaden aus, dass die Handlung des Verletzten durch das haftungsbegründende Ereignis herausgefordert ist und eine nicht ungewöhnliche Reaktion auf dieses darstellt.[23] So, wenn vernünftige und billigenswerte Gründe für den Ausgleich bestehen. Einer rechtlichen Verpflichtung bedarf es hierfür nicht.

34 Hier will R einen Imageschaden durch die drohende Insolvenz von F vermeiden. Daher bestehen vernünftige und billigenswerte Gründe für den Schadensausgleich durch R. Adäquate Kausalität zwischen Pflichtwidrigkeit und Schaden liegt vor.

(e) Kein Ausschluss der Haftung des Vorstands nach § 93 Abs. 2 Satz 1 AktG

35 Anhaltspunkte für einen Ausschluss der Haftung des Vorstands nach § 93 Abs. 2 Satz 1 AktG, wie er sich etwa aus § 93 Abs. 4 Satz 1 AktG ergeben kann, liegen nicht vor.

(f) Zwischenergebnis

36 A haftet gegenüber R nach § 93 Abs. 2 Satz 1 AktG auf Zahlung von 28 Mio. EUR.

(2) Verpflichtung des Aufsichtsrats zur Geltendmachung von Schadensersatzansprüchen der Gesellschaft gegenüber dem Vorstand nach §§ 111 f. AktG

37 Der Aufsichtsrat ist auf Grund seiner Kontrollfunktion (§ 111 Abs. 1 AktG) und Vertretungsfunktion (§ 112 AktG) verpflichtet, Schadensersatzansprüche gegen ein Vorstandsmitglied zu prüfen und gegebenenfalls geltend zu machen (siehe Rn. 15).

38 Die Maßstäbe, an denen der Aufsichtsrat seine Prüfung und Entscheidung auszurichten hat, ergeben sich aus einer dreistufigen Prüfung:[24] Es ist (1.) das Bestehen und die Durchsetzbarkeit eines Schadensersatzanspruchs der Gesellschaft gegen den Vorstand zu prüfen, (2.) das Prozessrisiko festzustellen sowie (3.) zu entscheiden, ob ausnahmsweise von der Geltendmachung von Ansprüchen der Gesellschaft gegenüber dem Vorstand abzusehen ist.

(a) Bestehen und Durchsetzbarkeit eines Anspruchs der Gesellschaft

39 Die Entscheidung des Aufsichtsrats erfordert zunächst die Feststellung des Bestehens und der Durchsetzbarkeit eines Schadensersatzanspruchs der Gesellschaft gegen den Vorstand.

[22] GroßkommAktG/*Hopt* § 93 Rn. 266.

[23] *BGH* NJW 2001, 512, 513; Palandt/*Grüneberg* Vor § 249 Rn. 47 ff.

[24] BGHZ 135, 244, 253 ff. – ARAG/Garmenbeck.

Hier muss der Aufsichtsrat von R zum Beurteilung gelangen, dass R ein Schadensersatzanspruch gegen A in Höhe von 28 Mio. EUR zusteht (siehe Rn. 20ff.). 40

(b) Analyse des Prozessrisikos und der Beitreibbarkeit der Forderung

Der Aufsichtsrat muss das Prozessrisiko, also die voraussichtlichen Erfolgsaussichten einer Klage, und die Beitreibbarkeit der Forderung analysieren. 41

Die hier von R anzustellende Analyse des Prozessrisikos und der Beitreibbarkeit der Forderung lassen die Geltendmachung des Schadensersatzanspruchs von R gegen „den sehr vermögenden" A geboten erscheinen. 42

(c) Ausnahmsweise Absehen von der Rechtsverfolgung

Es stellt sich die Frage, ob der Aufsichtsrat trotz hinreichender Erfolgsaussichten einer Schadensersatzklage der Gesellschaft gegen den Vorstand von einer Verfolgung des Anspruchs und damit einer Wiedergutmachung des der Gesellschaft zugefügten Schadens absehen kann. Da die Entscheidung über die Geltendmachung von Schadenersatzansprüchen gegen pflichtwidrig handelnde Vorstandsmitglieder Teil der nachträglichen Kontrolltätigkeit des Aufsichtsrates ist, den Vorstand zur Erfüllung seiner Pflichten anzuhalten und Schäden von der Gesellschaft abzuwenden, steht dem Aufsichtsrat bei dieser Entscheidung kein unternehmerischer Ermessensspielraum zu.[25] 43

Die Entscheidung des Aufsichtsrats ist allein dem Unternehmensinteresse verpflichtet. Dieses Interesse verlangt grundsätzlich die Wiederherstellung des geschädigten Gesellschaftsvermögens. Die Verfolgung der Schadensersatzansprüche gegenüber einem Vorstandsmitglied muss deshalb die Regel sein. Hierfür sprechen auch die Beschränkungen, denen der Verzicht auf einen Schadenersatzanspruch unterliegt (§ 93 Abs. 4 Satz 3 AktG). Die Entscheidung, Schadensersatzansprüche der Gesellschaft nicht gegenüber dem Vorstand geltend zu machen, kommt einem solchen Verzicht sehr nahe. Deshalb darf der Aufsichtsrat von der Geltendmachung voraussichtlich begründeter Schadensersatzansprüche gegen einen pflichtwidrig handelnden Vorstand nur ausnahmsweise absehen. Diese Ausnahme bedarf besonderer Rechtfertigung durch gewichtige Interessen der Gesellschaft (z.B. negative Auswirkungen auf Geschäftstätigkeit und Ansehen der Gesellschaft in der Öffentlichkeit, Behinderung der Vorstandsarbeit und Beeinträchtigung des Betriebsklimas). Andere Gesichtspunkte als das Gesellschaftsinteresse (z.B. Schonung eines verdienten Vorstandsmitglieds) darf der Aufsichtsrat nur in Ausnahmefällen in seine Erwägungen einbeziehen. 44

Der Aufsichtsrat darf und muss das Ansehen von R, das die Geltendmachung von Schadensersatzansprüchen gegen A beschädigen könnte, berücksichtigen. Dies gilt insbesondere dann, wenn hierzu ein öffentlich auszutragendes Gerichtsverfahren erforderlich ist. Dem stehen ein schwerer Pflichtenverstoß von A und ein hoher Schaden für R gegenüber. Letzteres führt zu einem Überwiegen des Gesellschaftsinteresses. 45

(d) Zwischenergebnis

Der Aufsichtsrat von R ist nach §§ 111f. AktG verpflichtet, den Schadensersatzanspruch von R gegen A nach § 93 Abs. 2 Satz 1 AktG auf Zahlung von 46

[25] BGHZ 135, 244, 255 – ARAG/Garmenbeck.

28 Mio. EUR geltend zu machen. Der dies ablehnende Beschluss ist daher nichtig nach § 134 BGB.

3. Ergebnis

47 Eine Klage des B auf Feststellung der Nichtigkeit des Aufsichtsratsbeschlusses, A nicht auf Schadensersatz gegenüber der Gesellschaft R in Anspruch zu nehmen, ist zulässig und begründet.

II. Geltendmachung von Schadensersatzansprüchen durch Aktionäre

1. Klage eines einzelnen Aktionärs

48 Nach § 147 Abs. 1 Satz 1 AktG muss die Gesellschaft Schadensersatzansprüche gegen den Vorstand geltend machen, wenn es die Hauptversammlung mit einfacher Mehrheit beschließt (zum Klagezulassungsverfahren vgl. § 148 AktG). Diese Regelung bezweckt die Durchsetzung von Ersatzansprüchen im Gesellschaftsinteresse gegen Vorstand und Aufsichtsratsmitglieder.[26] Ohne § 147 Abs. 1 Satz 1 AktG wäre die Geltendmachung von Schadensersatzansprüchen der Gesellschaft gegen Vorstand oder Aufsichtsrat gefährdet, denn Vorstand und Aufsichtsrat vertreten die Gesellschaft (§§ 78, 112 AktG). Eigene Interessen können Vorstand und/oder Aufsichtsrat von der Geltendmachung von Schadensersatzansprüchen der Gesellschaft abhalten.

49 Das AktG enthält keine Berechtigung einzelner Aktionäre zur Geltendmachung von Schadensersatzansprüchen der Gesellschaft gegenüber Vorstand und/oder Aufsichtsrat *(actio pro socio)*. Darin liegt keine planwidrige Regelungslücke. Vielmehr ist klar geregelt, dass Schadensersatzansprüche gegen Vorstand und Aufsichtsrat immer nur einem ganz bestimmten Personenkreis zustehen sollen. So weist § 147 Abs. 1 Satz 1 AktG die Zuständigkeit zur Geltendmachung von Schadensersatzansprüchen der Hauptversammlung zu, die mit einfacher Stimmenmehrheit beschließt. § 93 Abs. 5 Satz 1 AktG erweitert die Zuständigkeit zur Geltendmachung von Schadensersatzansprüchen der Gesellschaft gegen den Vorstand lediglich auf die Gesellschaftsgläubiger. § 117 Abs. 5 Satz 1 AktG erweitert die Zuständigkeit zur Geltendmachung von Schadensersatzansprüchen der Gesellschaft gegen den Aufsichtsrat (zu Sorgfaltspflicht und Verantwortlichkeit der Aufsichtsratsmitglieder vgl. § 116 AktG) ebenfalls nur auf die Gesellschaftsgläubiger. Den einzelnen Gesellschafter berechtigt das AktG bewusst nicht zur Geltendmachung von Schadensersatzansprüchen der Gesellschaft gegenüber Vorstand und Aufsichtsrat. Daher kommt die Klage eines einzelnen Aktionärs über § 147 AktG hinaus auf Schadensersatz an die Gesellschaft gegen Vorstand und/oder Aufsichtsrat nicht in Betracht.[27]

2. Herbeiführung eines Beschlusses der Hauptversammlung nach § 147 Abs. 1 Satz 1 AktG

50 Ein einzelner Aktionär kann sein Anliegen, Schadensersatzansprüche der Gesellschaft gegenüber Vorstand und/oder Aufsichtsrat geltend zu machen, dadurch verfolgen, dass er einen Beschluss der Hauptversammlung nach § 147 Abs. 1 Satz 1

[26] *Hüffer/Koch* § 147 Rn. 1.
[27] *Zöllner* ZGR 1988, 392, 408.

AktG herbeiführt. In diesem Fall ist die Gesellschaft verpflichtet („müssen geltend gemacht werden"), die Ersatzansprüche geltend zu machen.

a) Ersatzanspruch der Gesellschaft i. S. d. § 147 Abs. 1 Satz 1 AktG

§ 147 Abs. 1 Satz 1 AktG bezieht sich nur auf Ersatzansprüche der Gesellschaft, 51
nicht auch auf deren Erfüllungsansprüche. § 147 Abs. 1 Satz 1 AktG nennt hierzu §§ 46–48, 53 und 117 AktG. Ersatzansprüche i. S. d. § 147 Abs. 1 Satz 1 AktG sind insbesondere aber auch Schadensersatzansprüche nach §§ 93, 116 AktG. Ersatzansprüche können ferner Ansprüche nach §§ 667, 681 Satz 2, 687 Abs. 2, 812 Abs. 1 Satz 1 BGB oder § 88 Abs. 2 AktG sein. Ob die Person, gegen die ein Anspruch geltend zu machen ist, zum Zeitpunkt der Geltendmachung des Anspruchs noch Mitglied von Vorstand und/oder Aufsichtsrat ist, spielt keine Rolle.[28]

R steht hier ein Schadensersatzanspruch gegen A zu (siehe Rn. 20 ff.). 52

b) Beschluss der Hauptversammlung

Die Hauptversammlung muss mit einfacher Mehrheit (§§ 147 Abs. 1 Satz 1, 133 53
Abs. 1 AktG) die Geltendmachung von Ansprüchen der Gesellschaft gegen den Vorstand und/oder Aufsichtsrat beschließen. Dieser Beschluss muss hinreichend bestimmt sein. Aus ihm muss sich insbesondere genau ergeben, welche Ansprüche gemeint sind. Richten sich Ersatzansprüche auch gegen Aktionäre, so unterliegen diese Aktionäre dem Stimmverbot des § 136 Abs. 1 Satz 1 Alt. 3 AktG. Die Wirksamkeit des Beschlusses der Hauptversammlung setzt voraus, dass die Geltendmachung von Ersatzansprüchen gegen Vorstand und/oder Aufsichtsrat auf der Tagesordnung angekündigt (§ 124 Abs. 4 Satz 1 AktG) oder ein darauf gerichteter Antrag nach § 124 Abs. 4 Satz 2 Alt. 2 AktG nicht bekannt zu machen ist.

c) Art und Weise der Geltendmachung

Ein Beschluss der Hauptversammlung ändert nichts an der Zuständigkeit zur Ver- 54
tretung der Gesellschaft. Daher vertritt der Vorstand die Gesellschaft (§ 78 Abs. 1 Satz 1 AktG). Ist der Vorstand selbst Anspruchsgegner, vertritt der Aufsichtsrat die Gesellschaft (§ 112 AktG). Nach § 147 Abs. 2 Satz 1 AktG kann die Hauptversammlung einen besonderen Vertreter bestellen, der Ersatzansprüche geltend machen soll. Dann vertritt dieser die Gesellschaft. Erforderlich und genügend für einen hierauf gerichteten Beschluss der Hauptversammlung ist auch hier eine einfache Stimmenmehrheit (§ 133 Abs. 1 AktG). Ein besonderer Vertreter in diesem Sinne kann, muss aber nicht ein Aktionär sein. Der vorgeschlagene besondere Vertreter ist bei der Beschlussfassung selbst stimmberechtigt. Die Bestellung zum besonderen Vertreter setzt die Annahme dieser Bestellung voraus. Es besteht jedoch auch für Aktionäre keine Verpflichtung zu dieser Annahme. Nach § 147 Abs. 2 Satz 2 AktG hat das Gericht (§ 14 AktG) einen besonderen Vertreter zu bestellen, wenn (1.) 10 % des Grundkapitals oder Aktionäre, deren Aktienbesitz den anteiligen Betrag von 1 Mio. EUR erreicht, dies beantragen und (2.) dem Gericht die Bestellung für eine gehörige Geltendmachung zweckmäßig erscheint.

[28] *Hüffer/Koch* § 147 Rn. 2.

55 Das zuständige Gesellschaftsorgan soll den Ersatzanspruch binnen sechs Monaten seit dem Tag der Hauptversammlung geltend machen (§ 147 Abs. 1 Satz 2 AktG). Für die Fristberechnung gelten §§ 187ff. AktG. Welche Handlung innerhalb der Frist vorzunehmen ist, lässt § 147 Abs. 1 Satz 2 AktG offen. Ausreichend ist jedenfalls jede Form der gerichtlichen Geltendmachung (Klageerhebung; Mahnbescheid).

d) Rechtsfolge

56 Das Vertretungsorgan ist verpflichtet, den Ersatzanspruch geltend zu machen.

e) Ergebnis

57 C muss für die Geltendmachung von Schadensersatzansprüchen der R gegen A einen Hauptversammlungsbeschluss i.S.d. § 147 Abs. 1 Satz 1 AktG herbeiführen.

Fall 12. Start up

Sachverhalt

Am 1.2.2016 erscheinen vor dem Notar Norbert Nussbaum (N) in Potsdam Andreas Albert (A), Bert Beier (B) und Curt Cürdig (C), wobei C im eigenen Namen, aber für Rechnung des Dieter Dorn (D) handelt. Sie erklären zur Urkunde des N:

„Wir errichten eine nicht börsennotierte Aktiengesellschaft unter der Firma Euro Electronic International AG. Als Gründer beteiligen sich Andreas Albert (A; wohnhaft Berliner Straße 5, Potsdam), Bert Beier (B; Rosa-Luxemburg-Straße 3, Potsdam) und Curt Cürdig (C; Friedrichstraße 85, Berlin). Standort des Unternehmens ist Potsdam.

Wir stellen die Satzung in der aus der beigefügten Anlage ersichtlichen Fassung fest. Vom Grundkapital der Gesellschaft in Höhe von 1500000 EUR übernehmen A, B und C je 5000 Aktien im Nennbetrag von je 100 EUR. Die Aktien lauten auf Namen. Sie werden zum Nennbetrag ausgegeben. Die Einlagen sind in bar zu leisten und sofort in voller Höhe zur Zahlung fällig. A hat bereits 200000 EUR auf seine Einlageverpflichtung in bar geleistet.

Zu Mitgliedern des ersten Aufsichtsrats bestellen wir die Herren Andreas Albert (A), Peter Putzig (P) und Quill Quadflieg (Q) für die Zeit bis zur Beendigung der Hauptversammlung, die über die Entlastung des Aufsichtsrats für das am 31.12.2016 endende Rumpfgeschäftsjahr beschließt.

Zum Abschlussprüfer für das am 31.12.2016 endende Rumpfgeschäftsjahr bestellen wir die Consulting Wirtschaftsprüfungsgesellschaft mbH in Berlin."

N liest den Erschienenen die Niederschrift vor. A, B und C genehmigen sie und unterschreiben ebenso wie N die Urkunde.

In der Anlage zur Niederschrift findet sich folgender Gesellschaftsvertrag:

„§ 1. Firma, Sitz, Geschäftsjahr und Bekanntmachungen
(1) Die Gesellschaft führt die Firma „Euro Electronic International AG".
(2) Die Gesellschaft hat ihren Sitz in Potsdam.

§ 2. Gegenstand des Unternehmens
(1) Gegenstand des Unternehmens ist der Vertrieb von Elektronikartikeln aller Art in Deutschland sowie verwandte Geschäfte.
(2) Die Gesellschaft ist zu allen Geschäften und Maßnahmen berechtigt, die geeignet erscheinen, dem Gegenstand des Unternehmens zu dienen. Sie kann zu diesem Zweck auch andere Unternehmen gründen, erwerben oder sich an ihnen beteiligen sowie ihren Betrieb ganz oder teilweise in verbundene Unternehmen ausgliedern. Sie kann ihre Tätigkeit auf einen Teil der in Absatz 1 bezeichneten Arbeitsgebiete beschränken.

§ 3. Höhe und Einteilung des Grundkapitals
(1) Das Grundkapital der Gesellschaft beträgt 1500000 EUR und ist eingeteilt in 15000 Aktien im Nennbetrag von je 100 EUR. Die Aktien lauten auf Namen .

(2) Die Aktienurkunden sind mit der vervielfältigten Unterschrift von zwei Vorstandsmitgliedern zu versehen.
(3) Bei einer Kapitalerhöhung kann eine Bestimmung der Gewinnbeteiligung neuer Aktien abweichend von § 60 AktG erfolgen.

§ 4. Zusammensetzung und Geschäftsordnung
(1) Der Vorstand der Gesellschaft besteht aus mindestens zwei Mitgliedern. Im Übrigen bestimmt der Aufsichtsrat die Zahl der Mitglieder des Vorstands.
(2) Der Aufsichtsrat erlässt eine Geschäftsordnung.

§ 5. Vertretung der Gesellschaft
Die gesetzliche Vertretung der Gesellschaft erfolgt durch mindestens ein Mitglied des Vorstands, wenn ihm der Aufsichtsrat die Befugnis zur Alleinvertretung erteilt hat. Im Übrigen erfolgt die gesetzliche Vertretung der Gesellschaft durch zwei Mitglieder des Vorstands oder durch ein Mitglied des Vorstands in Gemeinschaft mit einem Prokuristen.

§ 6. Geschäftsführungsbefugnis
(1) Die Geschäftsführungsbefugnis des Vorstandes ist grundsätzlich nicht beschränkt.
(2) Der Verkauf von Grundstücken bedarf der vorherigen Zustimmung des Aufsichtsrats.

§ 7. Zusammensetzung, Amtszeit, Beschlussfassung, Amtsniederlegung
(1) Der Aufsichtsrat besteht aus zwei Mitgliedern und einem Aufsichtsratsvorsitzenden. Der erste Aufsichtsrat ist von den Gründern nach beiliegender Bestellungsurkunde bestellt.
(2) Die Aufsichtsratsmitglieder werden für die Zeit bis zur Beendigung der Hauptversammlung gewählt, die über ihre Entlastung für das vierte Geschäftsjahr nach dem Beginn der Amtszeit beschließt. Das Geschäftsjahr, in dem die Amtszeit beginnt, ist nicht mitzurechnen.
(3) Der Aufsichtsrat gibt sich eine Geschäftsordnung.
(4) Eine Beschlussfassung des Aufsichtsrats kann auf Anordnung des Vorsitzenden auch in einer Telefon- oder Videokonferenz oder außerhalb einer Sitzung durch schriftliche, fernmündliche oder in Textform übermittelte Stimmabgaben erfolgen, wenn sich alle Mitglieder mit dieser Art der Beschlussfassung einverstanden erklären oder sich an ihr beteiligen.
(5) Die Mitglieder des Aufsichtsrats sind berechtigt, ihr Amt durch eine an den Vorsitzenden des Aufsichtsrats oder an den Vorstand zu richtende schriftliche Erklärung unter Einhaltung einer Frist von zwei Wochen niederzulegen.

§ 8. Vergütung
Die Mitglieder des Aufsichtsrats erhalten außer dem Ersatz ihrer Auslagen eine nach Ablauf des Geschäftsjahres zahlbare Vergütung in Höhe von mindestens 10 000 EUR und höchstens 30 000 EUR. Die Höhe bestimmt die Hauptversammlung.

§ 9. Einberufung
Die Hauptversammlung ist mindestens dreißig Tage vor dem Tag der Versammlung einzuberufen. Der Tag der Einberufung ist nicht zu berücksichtigen.

§ 10. Teilnahmerecht und Stimmrecht
(1) Aktionäre, die an der Hauptversammlung teilnehmen und das Stimmrecht ausüben wollen, müssen sich zur Hauptversammlung anmelden. Sie haben dabei ihre Berechti-

gung durch einen vom depotführenden Institut erstellten Nachweis über den Anteilsbesitz nachzuweisen.
(2) Die Anmeldung und der Berechtigungsnachweis erfolgen schriftlich oder in Textform (§ 126b BGB) in deutscher oder englischer Sprache. Sie müssen der Gesellschaft unter der in der Einberufung bestimmten Adresse vor Ablauf des dritten Tages vor der Versammlung zugehen.

§ 11. Beschlussfassung
(1) Die Beschlüsse der Hauptversammlung werden, soweit nicht zwingende gesetzliche Vorschriften entgegenstehen, mit einfacher Mehrheit der abgegebenen Stimmen gefasst.
(2) Je 100 EUR Nennbetrag der Aktien gewähren in der Hauptversammlung eine Stimme."

In einem Gutachten ist dazu Stellung zu nehmen, ob die gesetzlichen Bestimmungen für die Errichtung einer AG beachtet sind.

Gliederung

Lösung

I. Handeln vor dem Notar

1. Gründer

Nach § 2 AktG muss sich an der Feststellung des Gesellschaftsvertrages mindestens eine Person beteiligen.[1] 1

Hier beteiligen sich mit A, B und C drei Personen an der Feststellung des Gesellschaftsvertrages. Zwar handelt C für Rechnung des D. Doch ist die Beteiligung von „Strohmännern" (Handeln im eigenen Namen, aber für fremde Rechnung) möglich.[2] Es liegt weder ein Scheingeschäft i. S. d. § 117 BGB noch eine Gesetzesumgehung mit der Nichtigkeitsfolge des § 134 BGB vor. Auch ein Fall der Bevollmächtigung, der nach § 23 Abs. 1 Satz 2 AktG eine notariell beglaubigte Vollmacht erforderte, ist bei Handeln in eigenem Namen, aber für fremde Rechnung nicht gegeben. 2

Hinweis: Bei der Einmann-Gründung ist ebenso wie bei dem späteren Erwerb aller Anteile die besondere Mitteilungspflicht nach § 42 AktG zu beachten. Eine Vorratsgründung ist nur dann zulässig, wenn die Verwendung als „Mantel" für die spätere Aufnahme des Geschäftsbetriebs in der Satzung offen gelegt ist (sog. offene Vorratsgründung).[3] Die Gründer schaffen hier eine juristische Person „auf Vorrat". Denn wegen des Fehlens einer eigenen wirtschaftlichen Betätigung besteht nur die äußere Rechts-

[1] Siehe grundsätzlich zur Gründung einer AG *Windbichler* § 26 Rn. 1 ff.
[2] MünchKommAktG/*Heider* § 2 Rn. 22 ff.; *Hüffer/Koch* § 2 Rn. 4.
[3] BGHZ 117, 323, 335.

form einer solchen als „leere Hülse". Dahinter steht regelmäßig die Absicht der Gründer, einem späteren Nutzer, insbesondere auch Erwerber, bei Bedarf sofort für den angegebenen oder jeden beliebigen anderen Zweck eine Kapitalgesellschaft zur Verfügung stellen zu können. Die mit der (Neu-)Gründung einer Kapitalgesellschaft zum Zwecke der Erlangung der Haftungsbeschränkung verbundenen erheblichen und zeitaufwendigen Gründungsformalitäten einschließlich etwaiger Haftungsgefahren bleiben damit erspart. Eine wegen der Angabe eines unzutreffenden Unternehmensgegenstands nach § 23 Abs. 3 Nr. 2 AktG unwirksame, sog. verdeckte Vorratsgründung liegt auch dann vor, wenn die Gesellschaft den angegebenen Unternehmensgegenstand nicht in absehbarer Zeit verwirklichen soll.

2. Notarielle Beurkundung der Satzung nach § 23 Abs. 1 Satz 1 AktG

3 Die nach § 23 Abs. 1 Satz 1 AktG erforderliche notarielle Beurkundung der Satzung ist nach § 9 Abs. 1 Satz 2 BeurkG auch dann gewahrt, wenn der Satzungstext der Gründungsniederschrift als Anlage beigefügt und in der Niederschrift auf die Anlage verwiesen ist.[4] Mit der Feststellung der Satzung und der Übernahme aller Aktien durch die Gründer ist die AG errichtet (§ 29 AktG). Sie besteht aber vor der Eintragung in das Handelsregister „als solche" noch nicht (§ 41 Abs. 1 Satz 1 AktG). Die Rechtsnatur der Vor-AG im Stadium zwischen Errichtung und Eintragung und die für sie geltenden Rechtsregeln beurteilen sich in ganz ähnlicher Weise wie bei der GmbH (vgl. dazu eingehend Fall 5). Insbesondere sind die Grundsätze zur Unterbilanzhaftung und Verlustdeckungshaftung der Gründer bei der Vor-GmbH auch für die Vor-AG maßgeblich.[5]

3. Grundkapital

4 Das Grundkapital muss mindestens 50 000 EUR betragen (§ 7 AktG).

4. Mitteilungspflichten der Gesellschaft nach § 20 AktG

5 Die Mitteilungspflichten nach § 20 AktG beim Erwerb von mehr als 25% und beim Mehrheitserwerb gelten auch für den Aktienerwerb bei Gründung der Gesellschaft.[6]

5. Aufsichtsrat

6 Die Gründer haben den ersten Aufsichtsrat der Gesellschaft zu bestellen (§ 30 Abs. 1 Satz 1 AktG). Die Bestellung bedarf der notariellen Beurkundung (§ 30 Abs. 1 Satz 2 AktG). Dies erfolgt zweckmäßig, aber nicht notwendig zusammen mit der Feststellung der Satzung und der Übernahme der Aktien in der Gründungsniederschrift.

Hinweis: Der erste Aufsichtsrat bestellt den ersten Vorstand (§ 30 Abs. 4 AktG). Die Bestellung des ersten Vorstands bedarf keiner besonderen Form. Sie ist wie jeder andere Aufsichtsratsbeschluss in einer Niederschrift nach § 107 Abs. 2 Satz 1 AktG festzuhalten.

7 Die Zahl der Mitglieder des ersten Aufsichtsrats richtet sich nach der Festlegung in der Satzung. Für sie gilt § 95 AktG (drei Mitglieder oder eine durch drei teilbare höhere Zahl; höchstens neun, fünfzehn oder einundzwanzig Mitglieder, abhängig von der Höhe des Grundkapitals). Die Vorschriften über die Bestellung von Auf-

[4] MünchKommAktG/*Pentz* § 23 Rn. 28; KölnKomm/*Arnold* § 23 Rn. 29ff.

[5] *Hüffer/Koch* § 41 Rn. 8, 9a, 16.

[6] *Hüffer/Koch* § 20 Rn. 2.

sichtsratsmitgliedern der Arbeitnehmer sind auf die Zusammensetzung und die Bestellung des ersten Aufsichtsrats nicht anzuwenden (§ 30 Abs. 2 AktG). Die Mitglieder des ersten Aufsichtsrats sind höchstens für die Zeit bis zur Beendigung der ersten ordentlichen Hauptversammlung bestellt (§ 30 Abs. 3 Satz 1 AktG). Eine Mindestdauer schreibt das Gesetz nicht vor.

6. Gründungsprüfung

Gehört ein Mitglied des Vorstands oder des ersten Aufsichtsrats zu den Gründern, 8
hat auch bei einer reinen Bargründung eine Gründungsprüfung durch Gründungsprüfer stattzufinden (§ 33 Abs. 2 Nr. 1 AktG). Diese Prüfung kann anstelle eines Gründungsprüfers der beurkundende Notar (§ 23 Abs. 1 Satz 1 AktG) vornehmen (§ 33 Abs. 3 Satz 1 AktG).

7. Abschlussprüfung

Die Gründer haben den Abschlussprüfer für das erste Voll- oder Rumpfgeschäfts- 9
jahr zu bestellen (§ 30 Abs. 1 Satz 1 AktG). Die Bestellung bedarf ebenso wie die Bestellung des ersten Aufsichtsrats der notariellen Beurkundung (§ 30 Abs. 1 Satz 2 AktG). Sie erfolgt zweckmäßig, aber nicht notwendig in der Gründungsurkunde.

II. Aktienübernahmeerklärung nach § 23 Abs. 2 AktG

1. Funktion

Mit der Erklärung, Aktien zu übernehmen, verpflichten sich die Gründer zur Leis- 10
tung der Einlagen (§ 54 AktG). Das Rechtsgeschäft der Aktienübernahmeerklärung ist nach einer Auffassung von dem Rechtsgeschäft der Feststellung der Satzung zu unterscheiden.[7] Nach anderer Auffassung besteht für eine solche Trennung kein Bedürfnis.[8] Die Aktienübernahmeerklärung nach § 23 Abs. 2 AktG ist aus formalen Erwägungen aus der Satzung herausgenommen. Danach soll die Satzung nicht mit Angaben überladen sein, die lediglich im Gründungsstadium von öffentlichem Interesse sind.[9]

2. Notwendiger Inhalt

a) Gründer nach § 23 Abs. 2 Nr. 1 AktG

Nach § 23 Abs. 2 Nr. 1 AktG sind die Gründer in der Urkunde anzugeben. Die 11
Legaldefinition des Gründerbegriffs ist in § 28 AktG enthalten. Erforderlich ist danach die rechtswirksame Mitwirkung bei der Feststellung der Satzung und Zeichnung mindestens einer Aktie. Vertreter sind von § 23 Abs. 2 Nr. 1 AktG nicht erfasst. Der als Strohmann im eigenen Namen, aber auf fremde Rechnung Handelnde ist hingegen selbst Gründer.[10] Die Angaben müssen eine Individualisierung der Gründer ermöglichen. Deshalb sind bei natürlichen Personen Vorname, Nachname und Anschrift anzugeben, bei juristischen Personen Firma und Sitz.

---

[7] KölnKomm/*Arnold* § 23 Rn. 56f.
[8] MünchKommAktG/*Pentz* § 23 Rn. 55.
[9] *Hüffer/Koch* § 23 Rn. 16.
[10] MünchKommAktG/*Pentz* § 28 Rn. 9.

12 Hier sind Vorname, Nachnahme und Wohnort von A, B und C, die sämtliche Aktien zeichnen, angegeben. Dass C auf fremde Rechnung handelt, steht seiner Eigenschaft als Gründer nicht entgegen.

b) Aktien nach § 23 Abs. 2 Nr. 2 AktG

13 Bei Nennbetragsaktien muss in der Urkunde der Nennbetrag (§§ 23 Abs. 2 Nr. 2 Alt. 1, 8 Abs. 2 AktG), der Ausgabebetrag (§ 9 AktG) und ggf. die Aktiengattung (§ 11 AktG) angegeben sein. Nach dem Wortlaut von § 23 Abs. 2 Nr. 2 AktG genügt es, dass die Summe der Nennbeträge und die Summe der Ausgabebeträge für jeden einzelnen Gründer angegeben ist. Doch kann der Normzweck weitere Angaben erforderlich machen. So bei Ausgabe von Aktien mit unterschiedlichen Nennbeträgen. Es ist dann anzugeben, wie viele Aktien der jeweils unterschiedlichen Art jeder Gründer übernimmt.[11] Denn nur so ist eine eindeutige Festlegung der Rechte und Pflichten der Gründer möglich. Der Ausgabebetrag ist auch dann anzugeben, wenn es zu einer Ausgabe ohne Aufschlag (sog. *Agio*), d.h. zur Ausgabe zum Nennbetrag (Pariemission) kommt. Wegen des Verbots der Unterpariemission (§ 9 Abs. 1 AktG) ist die Ausgabe zum Nennbetrag der geringste Ausgabebetrag.

14 Hier übernehmen A, B und C 5000 Aktien im Nennbetrag 100 EUR. Dies ist auch so in der Urkunde angegeben. Im Hinblick auf die Aktiengattung nach § 11 AktG bestehen keine Besonderheiten.

c) Eingezahlter Betrag nach § 23 Abs. 2 Nr. 3 AktG

15 Die Gründer müssen nach § 23 Abs. 2 Nr. 3 AktG den von ihnen im Zeitpunkt der Satzungsfeststellung auf das Grundkapital tatsächlich eingezahlten (Gesamt-)Betrag angeben.[12]

16 Dies ist hier geschehen.

III. Gesellschaftsvertrag

1. Gründer

17 Die nach § 2 AktG erforderliche Gründerzahl ist gegeben (siehe Rn. 1 f.).

2. Zulässigkeit der Firma

a) Begriff

18 Die Firma (ital.: Unterschrift) im Rechtssinne ist nicht das Unternehmen als solches, sondern der Name des Kaufmanns, unter dem er seine Geschäfte betreibt und die Unterschrift abgibt (§ 17 Abs. 1 HGB). Die Firma ist daher der Handelsname des Kaufmanns und bezeichnet den Unternehmensträger.[13] Davon zu unterscheiden ist der Gebrauch des Begriffs „Firma" im allgemeinen Sprachgebrauch, der den Begriff der Firma mit dem Unternehmen als solchem gleichsetzt (z.B. Geschäftsräume

[11] MünchKommAktG/*Pentz* § 23 Rn. 59; *Hüffer/Koch* § 23 Rn. 18; a.A. GroßkommAktG/*Röhricht* § 23 Rn. 73: nur empfehlenswert.

[12] *Hüffer/Koch* § 23 Rn. 19.

[13] Vgl. dazu im Einzelnen *Lettl* § 4.

der „Firma"). Die Firma i.S.d. § 17 Abs. 1 HGB muss zwei Teile enthalten, nämlich (1.) einen den Kaufmann kennzeichnenden Teil (§ 18 Abs. 1 HGB) und (2.) den Rechtsformzusatz (§ 19 Abs. 1 HGB, § 4 AktG, § 4 GmbHG).

b) Funktionen

Eine wichtige Funktion der Firma liegt in ihrer Eignung zur Kennzeichnung eines Unternehmens und dessen Unterscheidung von anderen Unternehmen (Namensfunktion). Dies kommt insbesondere in § 18 Abs. 1 HGB (Unterscheidungskraft) und § 30 Abs. 1 HGB (Unterscheidung von anderen Firmen am gleichen Ort) zum Ausdruck. Die Firma schützt den Kaufmann daher vor Verwechslungen und ermöglicht ihm den Aufbau eines *Goodwill* (Vertrauen des Publikums in dieses Unternehmen). Deshalb wird bei der Veräußerung eines Unternehmens häufig auch die Firma mitveräußert und als besonderer Vermögenswert behandelt. Denn sie ist häufig das wichtigste Werbemittel zur einheitlichen und einprägsamen Bezeichnung eines Unternehmens *(Corporate identity)* sowie seiner Produkte. **19**

Die Firma soll außerdem über die Haftungsverhältnisse unterrichten. Dies kommt insbesondere mit dem Gebot des Rechtsformzusatzes (§ 19 Abs. 1 HGB, § 4 AktG, § 4 GmbHG) und dem Erfordernis der Kennzeichnung von Haftungsbeschränkungen (§ 19 Abs. 2 HGB) zum Ausdruck. Ein Verstoß gegen dieses Gebot kann zur firmenrechtlichen Rechtsscheinhaftung führen. **20**

c) Bestimmung der Firma in der Satzung nach § 23 Abs. 3 Nr. 1 Alt. 1 AktG

Die Firma der AG ist in der Satzung zu bestimmen (§ 23 Abs. 3 Nr. 1 Alt. 1 AktG). **21**
Dies ist hier in § 1 Abs. 1 der Satzung geschehen.

Hinweis: Die Firma der Gesellschaft ist außerdem in das Handelsregister einzutragen (§ 39 Abs. 1 Satz 1 AktG).

d) Grundsätze des Firmenrechts

Jeder Kaufmann – eine AG ist jedenfalls Kaufmann kraft Rechtsform (vgl. § 6 Abs. 1 und 2 HGB i.V.m. § 3 Abs. 1 AktG) – ist verpflichtet, eine Firma, also einen Handelsnamen, anzunehmen und zur Eintragung in das Handelsregister anzumelden (§ 29 HGB). Es handelt sich dabei um eine einzutragende Tatsache i.S.d. § 15 HGB. Für die Bildung der Firma bestehen bestimmte Regelungen, insbesondere folgende Grundsätze: (1.) Firmenklarheit (§ 18 Abs. 1 HGB), (2.) Firmenwahrheit (§§ 18 Abs. 2, 23 HGB), (3.) Firmeneinheit (gesetzlich nicht vorgesehen, aber beruhend auf dem Grundsatz der Firmenwahrheit), (4.) Firmenbeständigkeit (§§ 21, 22, 24 HGB), (5.) Firmenpublizität (§§ 19, 29, 31, 33, 34, 37a, 106ff. HGB) und (6.) Firmenunterscheidbarkeit (§ 30 HGB). **22**

Im Übrigen gilt der (ungeschriebene) Grundsatz der Firmengestaltungsfreiheit. Stets muss die Firma jedoch einen den Kaufmann kennzeichnenden Teil (§ 18 Abs. 1 HGB) und einen Rechtsformzusatz (§ 19 Abs. 1 HGB, § 4 AktG, § 4 GmbHG) enthalten. Da es sich dabei um die namensrechtlichen Grundanforderungen an eine Firma handelt, spricht man insoweit vom Firmennamensrecht. Die übrigen Anforderungen an eine Firma zum Schutz des Rechtsverkehrs bilden das Firmenordnungsrecht. **23**

e) Irreführungsverbot nach § 18 Abs. 2 Satz 1 HGB

24 Die Firmengestaltungsfreiheit ist eingeschränkt durch das Irreführungsverbot. Nach § 18 Abs. 2 Satz 1 HGB darf die Firma nämlich keine Angaben enthalten, die geeignet sind, über geschäftliche Verhältnisse, die für die angesprochenen Verkehrskreise wesentlich sind, irrezuführen (Irreführungsverbot). Der sich daraus ergebende Grundsatz der Firmenwahrheit erfordert, dass die Firma als Name des Kaufmanns die Verhältnisse seines Unternehmens zutreffend wiedergibt. § 18 Abs. 2 Satz 1 HGB verbietet also, dass (1.) eine Angabe (2.) über geschäftliche Verhältnisse, die (3.) für den angesprochenen Verkehr wesentlich sind, (4.) geeignet ist, irrezuführen.

aa) Angabe

25 Das Tatbestandsmerkmal der Angabe setzt eine Information, d.h. eine inhaltliche Aussage mit einem objektiv nachprüfbaren Tatsachenkern, voraus. Allgemeine Redewendungen, vollmundige Anpreisungen ohne Tatsachenkern (z.B. „riesig"), schlagwortartige Formulierungen, die sich einer objektiven Nachprüfung entziehen, und suggestive Appelle und Übertreibungen, die nur unbestimmte Qualitätsvorstellungen auslösen (z.B. „Dieses und nichts anderes"[14] oder „Das Beste"[15]), enthalten keine Aussage in diesem Sinne. Doch können auch in Werturteilen Angaben enthalten sein, wenn sie erkennbar auf Tatsachen beruhen, sich also ihre Richtigkeit objektiv nachprüfen lässt. Für die Abgrenzung kommt es entscheidend darauf an, ob die durchschnittlich informierte, situationsadäquat aufmerksame und verständige Durchschnittsperson[16] des angesprochenen Verkehrskreises der Aussage eine Information entnimmt. Bei dem angesprochenen Verkehrskreis kann es sich um Verbraucher oder Gewerbetreibende/Handwerker/Angehörige eines freien Berufs handeln. Sind gewerbliche Abnehmer angesprochen, ist wegen deren Geschäftserfahrung ein im Vergleich zu einem Verbraucher erhöhter Kenntnisstand sowie Aufmerksamkeits- und Verständigkeitsgrad zu Grunde zu legen. Denn dann kommt es auf die Auffassung eines durchschnittlich informierten, situationsadäquat aufmerksamen und verständigen gewerblichen Abnehmers an.

26 Der Vertrieb von Elektronikartikeln unter der Firma „Euro Electronic International AG" (§ 1 Abs. 1 der Satzung) ist schwerpunktmäßig auf ein Auftreten gegenüber Verbrauchern gerichtet. Daher bilden Verbraucher den angesprochenen Verkehrskreis. Der Durchschnittsverbraucher entnimmt dem Firmenbestandteil „Euro" die Information, dass das Unternehmen nach Größe und Marktstellung den Verhältnissen des europäischen Markts entspricht.[17] Der Firmenbestandteil „Electronic" gibt einem Durchschnittsverbraucher zu erkennen, dass der Unternehmensgegenstand auf eine anbietende Tätigkeit im Zusammenhang mit Elektroartikeln gerichtet ist. Der Firmenbestandteil „International" enthält schließlich nach Auffassung des Durchschnittsverbrauchers die Information, dass das Unternehmen grenzüberschreitend tätig ist.[18] Die Firmenbestandteile „Euro", „Electronic" und „International" enthalten daher Angaben.

[14] *BGH* GRUR 1965, 365, 367 – Lavamat II.
[15] *BGH* WRP 2002, 74, 77f. – Das Beste jeden Morgen.
[16] Baumbach/Hopt/*Hopt* § 18 Rn. 12f.
[17] *BGH* GRUR 1970, 461, 462 – Euro-Spirituosen.
[18] Vgl. auch *BGH* NJW 1994, 196, 197 – Euroconsult.

bb) Geschäftliche Verhältnisse

Die Angabe muss sich auf geschäftliche Verhältnisse beziehen. Damit sind rein private Umstände ausgenommen. Geschäftliche Verhältnisse betreffen den Geschäftsbetrieb des Unternehmens und den Träger des Unternehmens. 27

Die Angabe „Euro" bezieht sich auf die Größe und Marktstellung des Unternehmens, die Angabe „Electronic" auf den Vertrieb von Elektronikartikeln und die Angabe „International" auf die geografische Reichweite der Geschäftstätigkeit. Sämtliche Angaben haben daher geschäftliche Verhältnisse zum Gegenstand. 28

cc) Für die angesprochenen Verkehrskreise wesentliche geschäftliche Verhältnisse

Die Beschränkung auf Angaben über geschäftliche Verhältnisse, die für die angesprochenen Verkehrskreise wesentlich sind, soll verhindern, dass auch Irreführungen über unbedeutende und nebensächliche geschäftliche Verhältnisse unter das Verbot des § 18 Abs. 2 Satz 1 HGB fallen. Wesentlich sind für die angesprochenen Verkehrskreise geschäftliche Verhältnisse, wenn sie aus der Sicht einer durchschnittlich informierten, situationsadäquat aufmerksamen und verständigen Durchschnittsperson des angesprochenen Verkehrskreises von wettbewerblicher Relevanz sind. Sie müssen also für diese Durchschnittsperson hinsichtlich ihrer Wertschätzung des Unternehmensträgers von Gewicht sein. 29

Größe, Marktstellung sowie Inhalt und geografische Reichweite der Geschäftstätigkeit des Unternehmens sind für den Durchschnittsverbraucher, aber auch für den Durchschnittsunternehmer als Geschäftspartner von entscheidender Bedeutung und daher wesentlich. 30

dd) Eignung zur Irreführung

Da es nur auf die Eignung zur Irreführung ankommt, muss es nicht tatsächlich zu einer Irreführung kommen. Eine Angabe ist zur Irreführung geeignet, wenn sie objektiv unrichtig ist oder bei der durchschnittlich informierten, situationsadäquat aufmerksamen und verständigen Durchschnittsperson des angesprochenen Verkehrskreises eine unrichtige Vorstellung hervorrufen kann. Daher ist zu fragen, ob die Angaben in der Firma, so wie sie die maßgebliche Durchschnittsperson versteht, mit der Wirklichkeit übereinstimmen. Sofern es sich nicht um eine objektiv unrichtige und damit per se irreführende Angabe handelt, ist also – in drei Schritten – zu prüfen, (1.) welchen Verkehrskreis die Angabe anspricht (maßgeblicher Personenkreis), (2.) wie die durchschnittlich informierte, situationsadäquat aufmerksame und verständige Durchschnittsperson dieses Verkehrskreises die Angabe auffasst (maßgebliche Auffassung) und (3.) ob diese Auffassung mit der Wirklichkeit übereinstimmt. Auf die Unterscheidung nach dem angesprochenen Verkehrskreis kommt es deshalb an, da Fachkreise bestimmte Angaben anders verstehen als Laien. 31

(1) Maßgeblicher Personenkreis

Maßgeblicher Personenkreis sind hier Verbraucher (siehe Rn. 26). 32

(2) Maßgebliche Auffassung

33 Für die Ermittlung, wie die maßgebliche Durchschnittsperson eine Angabe auffasst, kommt es entscheidend auf den Wortsinn der Aussage, d.h. den allgemeinen Sprachgebrauch und das allgemeine Sprachverständnis, an.[19]

34 Der Durchschnittsverbraucher entnimmt dem Firmenbestandteil „Euro" die Information, dass das Unternehmen nach Größe und Marktstellung den Verhältnissen des europäischen Markts entspricht (siehe Rn. 26, 28). Dem Firmenbestandteil „Electronic" gibt einem Durchschnittsverbraucher zu erkennen, dass der Unternehmensgegenstand auf den Vertrieb von Elektroartikeln gerichtet ist (siehe Rn. 26, 28). Der Firmenbestandteil „International" enthält nach Auffassung des Durchschnittsverbrauchers die Information, dass das Unternehmen grenzüberschreitend tätig ist (siehe Rn. 26, 28).

(3) Fehlende Übereinstimmung von maßgeblicher Auffassung und Wirklichkeit

35 Stimmen maßgebliche Auffassung und Wirklichkeit nicht überein, ist die Angabe geeignet, irrezuführen. Bei objektiv unrichtigen Angaben ist dies stets der Fall. Eine Irreführung kommt aber auch bei lediglich missverständlichen Angaben in Betracht. Da bei der Firmenbildung kein Zwang zur Verwendung von Personennamen besteht, ist die Verwendung des Namens anderer Personen grundsätzlich zulässig. Doch ist die Verkehrserwartung bei Verwendung des realen Namens einer Person regelmäßig darauf gerichtet, dass er den Unternehmensträger identifiziert. Ist dies tatsächlich nicht der Fall, liegt die Eignung zur Irreführung nahe. So insbesondere bei Namen bekannterer, nicht schon seit längerer Zeit verstorbener Personen. Die Einwilligung des Namensträgers ist unerheblich, da das Irreführungsverbot im öffentlichen Interesse liegt.

36 Der Durchschnittsverbraucher entnimmt dem Firmenbestandteil „Euro" die Information, dass das Unternehmen nach Größe und Marktstellung den Verhältnissen des europäischen Markts entspricht (siehe Rn. 26, 28). Da dies bei einem neu gegründeten Unternehmen, das über eine finanzielle Grundausstattung von lediglich 1500000 EUR verfügt, nicht zutrifft, ist die Angabe zur Irreführung geeignet.

37 Der Firmenbestandteil „Electronic" gibt einem Durchschnittsverbraucher zu erkennen, dass der Unternehmensgegenstand auf den Vertrieb von Elektronikartikeln gerichtet ist (siehe Rn. 26, 28). Dies trifft zu. Die Angabe ist daher nicht zur Irreführung geeignet.

38 Der Firmenbestandteil „International" enthält nach Auffassung des Durchschnittsverbrauchers die Information, dass das Unternehmen grenzüberschreitend tätig ist (siehe Rn. 28). Dies ist nach § 2 Abs. 1 des Gesellschaftsvertrages nicht der Fall („innerhalb Deutschlands"). Daher ist die Angabe zur Irreführung geeignet.

ee) Zwischenergebnis

39 Die Firma „Euro Electronic International AG" ist zur Irreführung geeignet i.S.d. § 18 Abs. 2 Satz 1 HGB.

[19] *BGH* GRUR 2003, 361, 362 – Sparvorwahl.

ff) Rechtsfolgen

(1) Verfahren vor dem Registergericht

Im Verfahren vor dem Registergericht ist die Eignung zur Irreführung nur zu berücksichtigen, wenn sie ersichtlich ist (§ 18 Abs. 2 Satz 2 HGB). Diese Beschränkung soll die registerrichterliche Prüfung von umfangreichen Beweisaufnahmen entlasten.[20] Denn ersichtlich i. S. d. § 18 Abs. 2 Satz 2 HGB sind nur die Umstände, von denen das Gericht auf Grund eigener Sachkenntnis und verfügbarer Informationsquellen Kenntnis hat. § 18 Abs. 2 Satz 2 HGB konkretisiert damit den Grundsatz der Amtsermittlung durch das Registergericht (§ 26 FamFG; vgl. auch §§ 1, 374 Nr. 1 FamFG, § 23 Abs. 2 Nr. 3 GVG) in der Weise, dass im registergerichtlichen Verfahren an die Eignung zur Irreführung lediglich ein „Grobraster" anzulegen ist. Für das Verfahren vor den Prozessgerichten auf Unterlassung (z. B. nach § 37 Abs. 2 Satz 1 HGB oder § 8 Abs. 1 UWG i. V. m. §§ 3, 5 UWG) gilt die Beschränkung auf ersichtliche Irreführungseignung nicht, sodass insoweit die „Feinsteuerung" erfolgt. 40

(2) Rechtsschutz

Die Firma stellt häufig einen Vermögenswert dar. Es besteht daher die Gefahr, dass andere Unternehmer versuchen, durch Firmennachahmung an diesem Vermögenswert teilzuhaben. Dies kann den Wert der Firma beeinträchtigen. Daher ist ein rechtlicher Schutz der Firma geboten. Das HGB gewährt in § 37 HGB Rechtsbehelfe zum Schutz der Firma. Darüber hinaus kommt ein Schutz der Firma nach Markenrecht, Lauterkeitsrecht und bürgerlichem Recht in Betracht. § 37 HGB dient dem öffentlichen Interesse an korrekter Firmenführung.[21] § 37 Abs. 1 HGB ermöglicht hierzu ein Einschreiten des Registergerichts. Daneben überlässt § 37 Abs. 2 Satz 1 HGB die Durchsetzung der Grundsätze des Firmenrechts auch privater Initiative. 41

f) Rechtsformzusatz nach § 4 AktG

§ 4 AktG enthält das Gebot des Rechtsformzusatzes. Ihm ist hier durch den Zusatz „AG" als allgemein verständliche Abkürzung der Bezeichnung „Aktiengesellschaft" entsprochen. 42

Hinweis: Ein Verstoß gegen das Gebot des Rechtsformzusatzes begründet den Rechtsschein unbeschränkter Haftung zu Lasten desjenigen, der für die nicht ordnungsgemäße Firmierung verantwortlich ist.[22] Neben eine Verbindlichkeit der Gesellschaft (die nach den Grundsätzen über das unternehmensbezogene Handeln[23] auch bei Falschbezeichnung wirksam vertreten ist, sofern die übrigen Voraussetzungen des § 164 Abs. 1 BGB gegeben sind) tritt dann die Rechtsscheinhaftung der Person, die die Voraussetzungen der Rechtsscheinhaftung (insbesondere zurechenbare Setzung eines Rechtsscheins) erfüllt. Dies gilt auf Grund teleologischer Reduktion von § 15 Abs. 2 Satz 1 HGB[24] auch dann, wenn die Firma zutreffend in das Handelsregister eingetragen und bekannt gemacht ist. Zu beachten ist insbesondere § 37a Abs. 1 HGB. Danach ist auf allen Geschäftsbriefen eines Einzelkaufmanns, die an einen bestimmten Empfänger gerichtet sind, u. a. seine Firma und der Rechtsformzusatz nach § 19 Abs. 1 Nr. 1 HGB anzugeben (vgl. auch §§ 125a, 177a HGB, § 80 AktG, § 35a GmbHG, § 25a GenG). Diese Verpflichtung soll Informationsdefizite ausgleichen, die beim Einzelkaufmann insbesondere wegen der Zulässigkeit von Sach- und Fantasiefirmen entstehen können.

---

[20] BT-Drs. 340/97 S. 54; Baumbach/Hopt/*Hopt* § 18 Rn. 20.

[21] Koller/Kindler/Roth/Morck/*Roth* § 37 Rn. 1.

[22] *BGH* WM 1990, 600, 601 f.; 1991, 2627 m. Anm. *Canaris;* BGHZ 71, 354, 357 f.

[23] Vgl. dazu *Lettl* § 4 Rn. 10.

[24] Vgl. dazu *Lettl* § 3 Rn. 47, 54.

3. Sitz der Gesellschaft

a) Funktion

43 Der Sitz dient neben der Firma der Individualisierung der Gesellschaft.

b) Rechtliche Bedeutung

44 Der Sitz der Gesellschaft ist vor allem verfahrensrechtlich von Bedeutung (vgl. § 14 AktG, § 17 Abs. 1 ZPO)

c) Bestimmung in der Satzung nach § 23 Abs. 3 Nr. 1 Alt. 2 AktG

45 Der Sitz der Gesellschaft ist nach § 23 Abs. 3 Nr. 1 Alt. 2 AktG in der Satzung anzugeben. Dies ist hier in § 1 Abs. 2 der Satzung geschehen.

Hinweis: Der Sitz der Gesellschaft ist außerdem in das Handelsregister einzutragen (§ 39 Abs. 1 Satz 1 AktG).

d) Zutreffende Bestimmung des Sitzes nach § 5 AktG

46 Maßgeblich ist der in der Satzung angegebene Sitz (§ 5 AktG).

47 Hier ist in der Satzung Potsdam als Sitz der AG angegeben, so dass nach § 5 AktG die Gesellschaft in Potsdam ihren Sitz hat.

4. Unternehmensgegenstand

a) Begriff

48 § 23 Abs. 3 Nr. 2 AktG spricht vom Unternehmensgegenstand. Davon ist der Gesellschaftszweck zu unterscheiden. Dieser Begriff ist im AktG nicht erwähnt (anders § 61 Abs. 1 GmbHG). Der Unternehmensgegenstand umfasst die konkrete Tätigkeit der Gesellschaft (z.B. Vertrieb von Elektronikartikeln), der Unternehmenszweck hingegen das gemeinsame Ziel, d.h. den finalen Sinn des Zusammenschlusses der Gesellschafter (regelmäßig: Gewinnerzielung). Der Begriff des Gesellschaftszwecks ist daher weiter als der Begriff des Unternehmensgegenstands.

b) Rechtliche Bedeutung

49 Die rechtliche Bedeutung des Unternehmensgegenstands ist in erster Linie im Außenverhältnis der Gesellschaft zu Dritten rechtlich von Bedeutung (vgl. auch § 39 Abs. 1 Satz 1 AktG). Der Gesellschaftszweck wirkt sich hingegen in erster Linie im Innenverhältnis etwa bei der Bestimmung der Reichweite der Treuepflicht der Gesellschafter aus.

c) Bestimmung in der Satzung nach § 23 Abs. 3 Nr. 2 AktG

50 Der Gegenstand des Unternehmens ist nach § 23 Abs. 3 Nr. 2 Hs. 1 AktG in der Satzung anzugeben. Dies ist hier in § 2 geschehen.

Hinweis: Der Gegenstand des Unternehmens ist außerdem in das Handelsregister einzutragen (§ 39 Abs. 1 Satz 1 AktG).

d) Individualisierung insbesondere nach § 23 Abs. 3 Nr. 2 Hs. 2 AktG

Nach § 23 Abs. 3 Nr. 2 Hs. 2 AktG muss die Angabe des Unternehmensgegenstands eine Individualisierung in der Weise ermöglichen, dass der Schwerpunkt der Geschäftstätigkeit nach außen erkennbar ist.[25] Dieses Erfordernis gilt allgemein und nicht nur für die in § 23 Abs. 3 Nr. 2 Hs. 2 AktG genannten Industrie- und Handelsunternehmen.[26] Es ist anzugeben, ob die Gesellschaft Produkte herstellt, bearbeitet und/oder handelt. Bei Dienstleistungsunternehmen ist die Tätigkeit (z.B. Vermögensverwaltung) anzugeben. Leerformeln wie „Betrieb eines Kaufmannsgeschäfts" genügen nicht. Ist eine Individualisierung nicht möglich, besteht ein Eintragungshindernis nach § 38 Abs. 1 AktG. Zulässig sind hingegen Zusätze wie „und verwandte Geschäfte" und „einschließlich des Erwerbs von Beteiligungen".[27] Die Nennung von Hilfsgeschäften ist im Hinblick auf § 52 Abs. 9 AktG sinnvoll. 51

§ 2 Abs. 1 der Satzung genügt den genannten Erfordernissen. Er nennt den Vertrieb von Elektronikartikeln aller Art. Der Zusatz „sowie verwandte Geschäfte" steht der Beachtung des Individualisierungsgebots nicht entgegen. Dasselbe gilt für den Zusatz in § 2 Abs. 2 Satz 2 „Gründung anderer Unternehmen, Erwerb anderer Unternehmen oder von Beteiligungen sowie Ausgliederung des Betriebs in verbundene Unternehmen". Auch die Formulierung in § 2 Abs. 2 Satz 1 der Satzung („alle Geschäfte und Maßnahmen, die geeignet erscheinen, dem Gegenstand des Unternehmens zu dienen") ist zulässig, da sie hinreichend konkret Hilfsgeschäfte umschreibt. Die Formulierung „alle Geschäfte und Maßnahmen, die geeignet erscheinen, dem Zweck der Gesellschaft zu dienen", wäre hingegen mangels Individualisierbarkeit nicht zulässig.[28] 52

Teile des Schrifttums vertreten die Auffassung, dass die Ausgliederung eines Unternehmensbereichs in eine Tochtergesellschaft einer besonderen Ermächtigung im Unternehmensgegenstand der Satzung bedarf.[29] Im Holzmüller-Fall (vgl. dazu Fall 2) konnte der BGH[30] diese Frage offen lassen, da die Satzung – wie hier nach § 2 Abs. 2 Satz 2 der Satzung – die „Überlassung" des Betriebs an Tochtergesellschaften ausdrücklich erlaubte. 53

e) Keine rechtlichen Hindernisse

Dem Unternehmensgegenstand dürfen keine rechtlichen Hindernisse entgegenstehen. Zu beachten sind insbesondere §§ 134, 138 BGB und Art. 101 AEUV, § 1 GWB. 54

Dem Vertrieb von Elektronikartikeln und Hilfsgeschäften stehen keine rechtlichen Hindernisse entgegen. 55

f) Unerheblichkeit der Aufgabe eines wesentlichen Tätigkeitsbereichs

Die Beschreibung des Unternehmensgegenstands ist im Zweifel so auszulegen, dass der Vorstand verpflichtet ist, auf den genannten Gebieten tätig zu sein. Deshalb erfor- 56

[25] *Hüffer/Koch* § 23 Rn. 24.
[26] KölnKomm/*Arnold* § 23 Rn. 85; MünchKommAktG/*Pentz* § 23 Rn. 68.
[27] *Hüffer/Koch* § 23 Rn. 24.
[28] OLG Köln OLGZ 1981, 428; *Hüffer/Koch* § 23 Rn. 24a.
[29] So z.B. *Rehbinder* ZGR 1983, 92, 96.
[30] BGHZ 83, 122 – Holzmüller.

dert die nicht nur vorübergehende Aufgabe eines wesentlichen Tätigkeitsbereichs eine Satzungsänderung (sog. Unterschreitung des Unternehmensgegenstands).[31]

57 Die hier in § 2 Abs. 2 Satz 3 der Satzung verwendete Klausel vermeidet das Erfordernis der Satzungsänderung bei nicht nur vorübergehender Aufgabe eines wesentlichen Tätigkeitsbereichs.

5. Grundkapital

a) Begriff

58 Nach § 1 Abs. 2 AktG hat die AG ein in Aktien zerlegtes Grundkapital. Das Grundkapital ist ein Betrag, der sich aus den aufzubringenden Gesellschaftereinlagen zusammensetzt. Davon zu unterscheiden ist das Gesellschaftsvermögen. Sein Wert schwankt, sodass eine Angabe in der Satzung ausgeschlossen ist.

Hinweis: Ansatzfähige Gegenstände des Gesellschaftsvermögens sind als Aktivposten zu bilanzieren.

b) Funktion

59 Das Grundkapital bietet den notwendigen Ausgleich für den in § 1 Abs. 1 Satz 2 AktG vorgesehenen Ausschluss der persönlichen Haftung der Gesellschafter. Das Grundkapital dient deshalb der Sicherung der Gläubiger und künftigen Aktionäre. Dies ist nur gewährleistet, wenn die Gesellschafter das Grundkapital auch tatsächlich zur Verfügung stellen. Hierauf ist das Prinzip der Kapitalaufbringung gerichtet. Zu diesem Prinzip gehören das Verbot der Stufengründung (vgl. §§ 2, 29 AktG) und der Unterpariemission (§ 9 Abs. 1 AktG), die Satzungspublizität von Sondervorteilen, Gründungsaufwand, Sacheinlagen und Sachübernahmen (§§ 26f. AktG; zu § 27 AktG), das Erfordernis der Gründungsprüfung (z. B. §§ 32 Abs. 2, 33 Abs. 2 Nr. 3, 34 AktG), Vorschriften über die Einlageleistung (§ 36 Abs. 2 AktG i. V. m. §§ 54 Abs. 3, 36a AktG), die gerichtliche Prüfung des Gründungsvorgangs (§ 38 AktG), die Regelungen der Gründerhaftung (§§ 46ff. AktG) und das Nachgründungserfordernis (§ 52 AktG). Dass das Grundkapital auch nach Gründung der AG zur Gläubigersicherung zur Verfügung steht, gewährleistet das Prinzip der Kapitalerhaltung. Ausprägung dieses Prinzips sind das Verbot jeglicher Einlagenrückgewähr (§ 57 Abs. 1 und 2 AktG; vgl. dazu Fall 1), das prinzipielle Verbot der §§ 71–71e AktG, eigene Aktien zu erwerben sowie das Verbot, vor Auflösung der AG mehr Gewinn auszuschütten, als dem Bilanzgewinn entspricht (§ 57 Abs. 3 AktG).

c) Höhe

60 Das Grundkapital muss auf einen Nennbetrag in Euro lauten (§ 6 AktG) und einen Mindestnennbetrag von 50000 EUR bezeichnen (§ 7 AktG).

61 Diese Voraussetzungen sind hier durch § 3 Abs. 1 Satz 1 der Satzung erfüllt.

d) Bestimmung in der Satzung nach § 23 Abs. 3 Nr. 3 AktG

62 Das Grundkapital ist in der Satzung nach § 23 Abs. 3 Nr. 3 AktG zu bestimmen.
63 Dieses Erfordernis ist hier beachtet.

[31] *Hüffer/Koch* § 179 Rn. 9a.

Hinweis: Das Grundkapital ist im Jahresabschluss als Passivposten auszuweisen (§ 266 Abs. 3 A. I. HGB). Die Rechtsnatur des Grundkapitals ist daher eine satzungsmäßig fixierte Bilanzziffer.[32] Die Höhe des Grundkapitals ist außerdem in das Handelsregister einzutragen (§ 39 Abs. 1 Satz 1 AktG).

e) Bestandteile – Aktien

aa) Nennbetragsaktien oder Stückaktien

Das Grundkapital ist in Aktien zerlegt (§ 1 Abs. 2 AktG). Bei diesen Aktien kann es sich um Nennbetragsaktien oder Stückaktien handeln (§ 8 AktG). Daraus ergeben sich bestimmte Anforderungen an die in der Satzung zu machenden Angaben (§ 23 Abs. 3 Nr. 4 AktG). **64**

Hier liegen Nennbetragsaktien vor. Die sich dafür aus § 23 Abs. 3 Nr. 4 AktG ergebenen Anforderungen sind in § 3 Abs. 1 der Satzung beachtet. **65**

bb) Mindestnennbetrag

Der Mindestnennbetrag der Aktien ist 1 EUR (§ 8 Abs. 2 Satz 1 AktG). Die Aktien lauten – wie hier – auf Namen (§ 10 Abs. 1 Satz 1 AktG). Sie können unter den Voraussetzungen des § 10 Abs. 1 Satz 2 AktG auf den Inhaber lauten. Zur Unterzeichnung von Aktien genügt eine vervielfältigte Unterschrift (§ 13 Satz 1 AktG). **66**

Diese Voraussetzungen erfüllt § 3 Abs. 1 und 2 der Satzung. **67**

cc) Aktiengattung

Das AktG unterscheidet zwischen verschiedenen Aktiengattungen, nämlich Stammaktien und Vorzugsaktien (§ 11 AktG). Der Zweck dieser Unterscheidung liegt darin, dass mit den unterschiedlichen Aktien unterschiedliche mitgliedschaftliche Rechte wie das Stimmrecht oder das Recht auf Gewinnausschüttung verbunden sind. Das Gleichbehandlungsgebot nach § 53a AktG verlangt nicht schlechthin Gleichberechtigung der Aktionäre. Insoweit stellen § 11 Satz 1 AktG i. V. m. § 23 Abs. 3 Nr. 4 AktG klar, dass die Stellung als Mitglied der AG unterschiedlich gestaltet sein darf, wenn hierfür eine Grundlage in der Satzung besteht. **68**

Hier ist nur eine Art von Aktien, nämlich Stammaktien, vorgesehen. Dies ist zulässig. **69**

dd) Wertpapiermäßige Verbriefung

(1) Wahlrecht zwischen Inhaber- und Namensaktien nach § 10 Abs. 1 AktG

Nach § 10 Abs. 1 Satz 1 AktG lauten die Aktien – wie hier – auf Namen, können aber auch unter den Voraussetzungen des § 10 Abs. 1 Satz 2 AktG auf den Inhaber lauten. Es besteht daher – vorbehaltlich der Ausnahme in § 10 Abs. 2 Satz 1 AktG – die Möglichkeit, zwischen Inhaber- und Namensaktien frei danach zu wählen, welche Wertpapierart den Gesellschaftsverhältnissen am besten entspricht. Die Vinkulierung von Namensaktien ist in § 68 Abs. 2 AktG vorgesehen. **70**

(2) Bestimmung in der Satzung nach § 23 Abs. 3 Nr. 5 AktG

Die Satzung hat nach § 23 Abs. 3 Nr. 5 AktG zu bestimmen, ob die Aktien auf den Inhaber oder auf den Namen ausgestellt sind. **71**

Diese Voraussetzung ist hier durch § 3 Abs. 1 Satz 2 der Satzung erfüllt. **72**

---

[32] *Hüffer/Koch* § 1 Rn. 10.

ee) Von § 60 Abs. 2 AktG abweichende Gewinnberechtigung

73 § 3 Abs. 3 der Satzung soll gewährleisten, dass bei Kapitalerhöhungen ausreichende Gestaltungsfreiheit besteht. Insbesondere soll die Möglichkeit bestehen, die Gewinnberechtigung der jungen Aktien ohne Bindung an den genauen Zeitpunkt und Umfang der Einzahlung abweichend von § 60 Abs. 2 AktG zu regeln. Eine solche Klausel ist zulässig. Nach überwiegender Auffassung ist sie sogar entbehrlich, da der Kapitalerhöhungsbeschluss ohnehin eine Satzungsänderung enthält und somit auch nach § 60 Abs. 3 AktG die Gewinnberechtigung abweichend regeln kann.[33]

6. Vorstand

a) Leitungsorgan nach § 76 Abs. 1 AktG

74 Der Vorstand ist zwingendes Leitungsorgan einer AG (§ 76 Abs. 1 AktG i. V. m. § 23 Abs. 5 AktG; vgl. auch §§ 33, 36 Abs. 1, 37 Abs. 4, 39 AktG).[34] Eine AG kann ohne Vorstand nicht entstehen. Dies ergibt sich aus § 39 Abs. 1 Satz 1 AktG. Der Vorstand ist als Leitungsorgan für die gesamte tatsächliche und rechtsgeschäftliche Tätigkeit der AG zuständig (und verantwortlich), soweit nicht eine anderweitige Kompetenzzuweisung gegeben ist. Hierzu gehört die Unternehmensplanung, -koordination, -kontrolle und die Besetzung der Führungspositionen im Unternehmen.[35]

b) Bestimmung der Mitgliederzahl in der Satzung nach § 23 Abs. 3 Nr. 6 AktG

75 Nach § 23 Abs. 3 Nr. 6 Alt. 1 AktG ist die Zahl der Vorstandsmitglieder in der Satzung festzulegen. Alternativ dazu genügt es, wenn die Regeln, nach denen die Zahl der Vorstandsmitglieder zu bestimmen ist, genannt sind (§ 23 Abs. 3 Nr. 6 Alt. 2 AktG). Anzugeben ist nach § 23 Abs. 3 Nr. 6 Alt. 1 AktG die (konkrete) Zahl der Vorstandsmitglieder. Ausreichend konkret ist auch die Festlegung einer Mindest- oder/und Höchstzahl.[36] Als Regel i. S. d. § 23 Abs. 3 Nr. 6 Alt. 2 AktG genügt die Satzungsbestimmung, dass der Aufsichtsrat die konkrete Zahl der Vorstandsmitglieder festlegt.[37]

76 Die hier in § 4 der Satzung gewählte Formulierung genügt den genannten Anforderungen des § 23 Abs. 3 Nr. 6 AktG.

Hinweis: Die Satzung kann auch bei einem über 3 Mio. EUR liegenden Grundkapital vorsehen, dass der Vorstand nur aus einer Person besteht (§ 76 Abs. 2 Satz 2 AktG).

c) Persönliche Anforderungen nach § 76 Abs. 3 AktG

77 Die persönlichen Anforderungen an Mitglieder des Vorstands ergeben sich aus § 76 Abs. 3 AktG.

d) Bestellung nach §§ 84 Abs. 1 Satz 1, 30 Abs. 4 AktG

78 Der Aufsichtsrat bestellt den Vorstand (§§ 84 Abs. 1 Satz 1 AktG; 30 Abs. 4 AktG). Diese Zuständigkeit des Aufsichtsrats ist zwingend (§ 23 Abs. 5 AktG). Daher fällt

---

[33] *OLG Celle* ZIP 1989, 511, 513; *Hüffer/Koch* § 60 Rn. 9.

[34] Siehe allgemein zum Vorstand der AG *Windbichler* § 27.

[35] KölnKomm/*Mertens/Cahn* § 76 Rn. 5; *Goette,* FS 50 Jahre BGH, 2000, S. 123, 125.

[36] *LG Köln* AG 1999, 137 f.; MünchKommAktG/*Pentz* § 23 Rn. 147; *Hüffer/Koch* § 23 Rn. 31; einschränkend KölnKomm/*Arnold* § 23 Rn. 123.

[37] *BGH* NZG 2002, 817, 818; MünchKommAktG/*Pentz* § 23 Rn. 146.

die Bestellung des Vorstands ausschließlich und zwingend in die Kompetenz des Aufsichtsrats.[38] Eine Bestellung durch Satzungsregelung oder die Hauptversammlung ist daher unzulässig. Die Bestellung begründet das Organverhältnis zur AG. Die Rechtsnatur des Bestellungsvorgangs ist umstritten. Teile des Schrifttums sehen ihn als körperschaftlichen Akt oder Organisationsakt, der der Mitteilung an den Bestellten bedarf.[39] Andere sprechen von einem Vertrag.[40]

Neben dem durch die Bestellung begründeten Organverhältnis ist das Vorstandsmitglied durch einen Anstellungsvertrag – Dienstvertrag nach §§ 611, 675 BGB[41] – mit der AG verbunden. Die Mitglieder des Vorstands sind danach zur Leistung von Diensten berechtigt und verpflichtet. Ihnen stehen Vergütungsansprüche zu. Vorstandsmitglieder sind jedoch keine Arbeitnehmer, sondern üben als Organe der AG die Arbeitgeberfunktion aus.[42] **79**

§ 4 Abs. 1 der Satzung genügt den Anforderungen an die Bestellung des Vorstands. Insbesondere ist die ausschließliche und zwingende Zuständigkeit des Aufsichtsrats hierfür gewahrt. **80**

e) Vertretung nach § 78 AktG

Nach § 78 Abs. 1 Satz 1 AktG vertritt der Vorstand die Gesellschaft gerichtlich und außergerichtlich. Vertretung betrifft das Außenverhältnis der Gesellschaft mit Dritten. Die Vertretungsbefugnis des Vorstands ist aus Gründen des Verkehrsschutzes unbeschränkbar (§ 82 Abs. 1 AktG). Jedoch gilt § 181 BGB auch für den Vorstand. **81**

Für Aktivvertretung besteht bei einem mehrköpfigen Vorstand Gesamtvertretung (§ 78 Abs. 2 Satz 1 AktG). Die Satzung kann bestimmen, dass einzelne Vorstandsmitglieder allein oder in Gemeinschaft mit einem Prokuristen zur Vertretung berechtigt sind (§ 78 Abs. 3 Satz 1 AktG). Auch der Aufsichtsrat darf bestimmen, dass einzelne Mitglieder des Vorstands allein oder in Gemeinschaft mit einem Prokuristen (sog. unechte Gesamtvertretung) zur Vertretung befugt sind, sofern der Aufsichtsrat hierzu durch die Satzung ermächtigt ist (§ 78 Abs. 3 Sätze 1 und 2 AktG). Der Umfang der Vertretungsmacht ergibt sich bei unechter Gesamtvertretung nicht nach der Prokura, sondern nach der Vertretungsmacht des Vorstandsmitglieds. Denn die Mitwirkung des Prokuristen soll eine organschaftliche Einzelvertretungsmacht im Umfang der ohnehin bestehenden Gesamtvertretungsmacht verschaffen.[43] **82**

§ 4 Abs. 1 der Satzung genügt den Anforderungen des § 78 Abs. 3 Sätze 1 und 2 AktG. **83**

f) Geschäftsführung nach § 77 AktG

Geschäftsführung ist jede tatsächliche oder rechtsgeschäftliche Tätigkeit für die AG und umfasst insbesondere die Leitung der AG nach § 76 Abs. 1 AktG.[44] Die Ge- **84**

[38] MünchKommAktG/*Spindler* § 84 Rn. 9; KölnKomm/*Mertens/Cahn* § 84 Rn. 7.
[39] MünchKommAktG/*Spindler* § 84 Rn. 15; KölnKomm/*Mertens/Cahn* § 84 Rn. 2.
[40] *Baums* S. 40.
[41] BGHZ 10, 187, 191; 36, 142, 143; MünchKommAktG/*Spindler* § 84 Rn. 48.
[42] BGHZ 10, 187, 191; 12, 1, 8; 36, 142, 143; 49, 30, 31; *Hüffer/Koch* § 84 Rn. 14.
[43] BGHZ 13, 61, 64; 62, 166, 170; MünchKommAktG/*Spindler* § 78 Rn. 45; *Hüffer/Koch* § 78 Rn. 17; KölnKomm/*Mertens/Cahn* § 78 Rn. 39.
[44] MünchKommAktG/*Spindler* § 78 Rn. 1; *Hüffer/Koch* § 77 Rn. 3.

schäftsführung betrifft das Innenverhältnis. § 77 Abs. 1 Satz 1 AktG geht bei mehrköpfigem Vorstand vom Prinzip der Gesamtvertretung aus. Anders als die Vertretungsmacht ist die Geschäftsführungsbefugnis beschränkbar (§§ 82 Abs. 2, 111 Abs. 4 AktG). Die Missachtung einer solchen Beschränkung führt zur Schadensersatzverpflichtung nach § 93 Abs. 2 Satz 1 AktG.

85 Die Beschränkung der Geschäftsführungsbefugnis durch § 5 Abs. 2 der Satzung ist zulässig.

g) Geschäftsordnung

86 Die Zuständigkeit für den Erlass einer Geschäftsordnung obliegt grundsätzlich dem Aufsichtsrat (§ 77 Abs. 2 Satz 1 AktG).

87 Damit steht § 4 Abs. 2 der Satzung in Einklang.

7. Aufsichtsrat

a) Notwendiges Organ

88 Der Aufsichtsrat ist – wie §§ 95ff. AktG voraussetzen – notwendiges Organ der Aktiengesellschaft.[45] Er muss auch so bezeichnet sein. § 95 AktG betrifft die Zahl der Aufsichtsratsmitglieder. Diese Regelung soll die Satzungsautonomie beschränken. Sie soll die Einflussmöglichkeiten der Hauptversammlung begrenzen und die Effektivität des Aufsichtsrats sichern.[46]

b) Funktion

89 Der Aufsichtsrat überwacht die Geschäftsführung (§ 111 Abs. 1 AktG). Ihm kommt daher Kontrollfunktion zu.

90 Außerdem vertritt der Aufsichtsrat die Gesellschaft gegenüber dem Vorstand (§ 112 AktG). Er hat hierfür zwingende gesetzliche Vertretungsmacht. Insoweit bedarf es keiner Regelung in der Satzung.

c) Persönliche Anforderungen nach § 100 AktG

91 Die persönlichen Anforderungen, die Mitglieder des Aufsichtsrats erfüllen müssen, sind in § 100 AktG vorgesehen.

d) Mitgliederzahl nach § 95 AktG

92 Nach § 95 Satz 1 AktG besteht der Aufsichtsrat aus drei Mitgliedern. Die Satzung kann eine höhere – durch drei teilbare – Zahl festsetzen, bei einem Grundkapital unter 10 Mio. EUR aber nicht mehr als fünfzehn (§ 95 Sätze 3 und 4 AktG).

93 § 7 Abs. 1 Satz 1 der Satzung genügt § 95 Satz 1 AktG, da drei Aufsichtsratsmitglieder bestimmt sind.

Hinweis: Nach dem Drittelbeteiligungsgesetz (DrittelbG) muss der Aufsichtsrat zu einem Drittel aus Vertretern der Arbeitnehmer bestehen.

[45] Siehe allgemein zum Aufsichtsrat der AG *Windbichler* § 28.

[46] *Hüffer/Koch* § 95 Rn. 1.

e) Bestellung

Die Mitglieder des Aufsichtsrats sind bei Gründung der AG durch die Gründer (§§ 30f. AktG) und nach der Gründung durch die Hauptversammlung zu wählen (§ 101 Abs. 1 Satz 1 AktG). Nur die durch die Satzung bestimmte Aktionäre oder die jeweiligen Inhaber bestimmter Aktien dürfen berechtigt sein, Mitglieder in den Aufsichtsrat zu entsenden (§ 101 Abs. 2 Satz 1 AktG). Mit der Bestellung zum Mitglied des Aufsichtsrats und ihrer Annahme entsteht ein korporationsrechtliches Verhältnis zwischen dem Mitglied und der AG.[47] Sein Inhalt ergibt sich aus den Rechten und Pflichten, die einem Mitglied des Aufsichtsrats in seiner Eigenschaft als Organ der AG zustehen. **94**

Hinweis: Anders als für den Vorstand ist für die Mitglieder des Aufsichtsrats umstritten, ob neben der Organeigenschaft ein Anstellungsverhältnis besteht. Die früher überwiegende Auffassung[48] nimmt das Bestehen eines solchen Anstellungsverhältnisses auf vertraglicher Grundlage an. Andere[49] verneinen jegliches Anstellungsverhältnis und beschränken das Verhältnis zwischen Aufsichtsratsmitglied und AG auf das korporationsrechtliche Verhältnis. Allein daraus ergäben sich die Rechte und Pflichten des Aufsichtsratsmitglieds. Nach wieder anderer Auffassung[50] besteht zwar ein Anstellungsverhältnis, das aber allein auf der Bestellung und ihrer Annahme beruhe. Ein weiterer Ansatz will eine fiktive Vertragskonstruktion vermeiden. Bestehe kein Vertrag, liege lediglich ein Verhältnis mit korporations- und schuldrechtlichem Inhalt vor (Doppelnatur).[51]

Hier erfolgt die Bestellung des Aufsichtsrats nach § 7 Abs. 1 Satz 2 der Satzung durch beiliegende Bestellungsurkunde. Dies ist zulässig. **95**

f) Vorsitzender nach § 107 Abs. 1 AktG

Nach § 107 Abs. 1 Satz 2 AktG hat der Aufsichtsrat nach näherer Bestimmung der Satzung aus seiner Mitte einen Vorsitzenden und mindestens einen Stellvertreter zu wählen. **96**

g) Amtszeit

Die regelmäßige Amtszeit nach § 7 Abs. 2 der Satzung entspricht der gesetzlichen Höchstdauer nach § 102 Abs. 1 AktG. **97**

Hinweis: Die regelmäßige Amtszeit gilt auch für die von den Arbeitnehmern gewählten Mitglieder (§ 5 Abs. 1 DrittelbG). Wenn die Hauptversammlung (nicht die Satzung) bei der Wahl von Vertretern der Aktionäre eine kürzere Amtszeit bestimmt, gilt dies nicht für die Vertreter der Arbeitnehmer; für sie gilt die in der Satzung bestimmte Amtszeit.

Wenn die Hauptversammlung nicht über die Entlastung (vgl. § 120 Abs. 1 Satz 1 AktG) für das vierte Geschäftsjahr beschließt, endet die Amtszeit mit Ablauf der Frist von acht Monaten nach § 175 Abs. 1 Satz 2 AktG.[52] **98**

h) Geschäftsordnung

Der Aufsichtsrat darf sich – wie hier nach § 7 Abs. 3 der Satzung vorgesehen – eine Geschäftsordnung geben (§ 82 Abs. 2 AktG). **99**

---

47 *Hüffer/Koch* § 101 Rn. 2.
48 RGZ 123, 351, 354; 146, 145, 152.
49 MünchKommAktG/*Habersack* § 101 Rn. 56.
50 KölnKomm/*Mertens/Cahn* § 101 Rn. 6f.
51 *Hüffer/Koch* § 101 Rn. 2.
52 *BGH* ZIP 2002, 1619, 1620.

Hinweis: Soweit die Satzung einzelne Fragen der Geschäftsordnung regelt, kann der Aufsichtsrat keine abweichenden Regelungen treffen.[53] Die Satzung kann allerdings nicht die Bildung und Besetzung bestimmter Ausschüsse vorschreiben.[54]

i) Beschlussfassung

100 Das Gesetz gestattet – vorbehaltlich abweichender Regelungen der Satzung oder der Geschäftsordnung des Aufsichtsrats – schriftliche, fernmündliche oder andere vergleichbare Formen der Beschlussfassung, wenn kein Mitglied diesem Verfahren widerspricht (§ 108 Abs. 4 AktG).[55] Die Textform nach § 126b BGB erfasst insbesondere die Übermittlung durch Telefax und E-Mail.[56]

101 § 7 Abs. 4 der Satzung genügt diesen Anforderungen.

Hinweis: Der missverständlich formulierte § 108 Abs. 4 AktG ist so zu verstehen, dass die Satzung oder Geschäftsordnung das Widerspruchsrecht ausschließen kann.[57] Umgekehrt können auch Satzung oder Geschäftsordnung die Beschlussfassung ohne Sitzung erschweren.

j) Vergütung

102 Die Gewährung einer Vergütung für die Tätigkeit als Aufsichtsratsmitglied ist zulässig (§ 113 Abs. 1 Satz 1 AktG). Nach § 113 Abs. 1 Satz 2 Alt. 1 AktG kann diese Vergütung in der Satzung festgesetzt sein. Bei Publikumsgesellschaften ist eine solche satzungsmäßige Festsetzung sogar üblich. Nach § 113 Abs. 1 Satz 2 Alt. 2 AktG kann auch der Hauptversammlung das Recht eingeräumt sein, die Vergütung der Aufsichtsratstätigkeit zu bewilligen. Möglich ist außerdem eine bloße Rahmenbestimmung in der Satzung. So, wenn lediglich eine Höchstgrenze und/oder eine Untergrenze festgelegt ist, die die Hauptversammlung durch jährliche Festsetzungen konkretisiert.

103 § 8 der Satzung genügt den gesetzlichen Anforderungen.

Hinweis: Die Satzung kann sich auch darauf beschränken, einen Gesamtbetrag für den Aufsichtsrat festzusetzen und die Verteilung auf die Mitglieder dem Aufsichtsrat überlassen.[58] Wenn sich eine gewinnabhängige Vergütung nicht nach der ausgeschütteten Dividende, sondern nach dem Jahresgewinn der Gesellschaft bestimmt, ist der zwingende Berechnungsmodus des § 113 Abs. 3 AktG zu beachten.[59]

k) Amtsniederlegung

104 Die Amtsniederlegung ist – anders als die Abberufung von Aufsichtsratsmitgliedern nach § 103 AktG – im AktG nicht geregelt. Es ist jedoch anerkannt, dass ein Mitglied des Aufsichtsrats sein Amt niederlegen darf. Dies ist auch ohne wichtigen Grund zulässig, sofern die Amtsniederlegung nicht zur Unzeit erfolgt.[60] Denn das Aufsichtsratsmitglied muss durch freie Entscheidung über den Verbleib oder das

---

53 BGHZ 64, 325, 327 f.
54 BGHZ 83, 106, 115.
55 Zur Beschlussfassung ohne Sitzung siehe *Hoffmann-Becking,* FS Happ, 2006, S. 81, 82 ff.
56 Palandt/*Ellenberger* § 126b Rn. 3.
57 GroßkommAktG/*Hopt/Roth* § 108 Rn. 124; *Hüffer/Koch* § 108 Rn. 21 ff.; *Kindl* ZHR 166 (2002), 335, 337.
58 KölnKomm/*Mertens/Cahn* § 113 Rn. 47 f.; *Hüffer/Koch* § 113 Rn. 3; *Gehling* ZIP 2005, 549, 552.
59 Vgl. dazu *Hoffmann-Becking* ZHR 169 (2005), 155, 174 ff.
60 KölnKomm/*Mertens/Cahn* § 103 Rn. 57; *Hüffer/Koch* § 103 Rn. 17.

Ausscheiden aus dem Aufsichtsrat auf Interessenkonflikte reagieren können. Bei wichtigem Grund zur Niederlegung des entgeltlichen Mandats muss das Aufsichtsratsmitglied die in der Satzung vorgesehene Frist nicht einhalten. Adressat der Niederlegungserklärung ist, wenn die Satzung dazu schweigt, allein der Vorstand. Die Erklärung gegenüber dem Aufsichtsratsvorsitzenden genügt nicht.[61] Die Satzung kann jedoch eine Erklärung gegenüber dem Aufsichtsratsvorsitzenden genügen lassen.

§ 7 Abs. 5 der Satzung steht mit der dargestellten Rechtslage in Einklang. 105

8. Hauptversammlung

a) Begriff

Nach § 118 Abs. 1 Satz 1 AktG üben die Aktionäre ihre Rechte in den Angelegenheiten der Gesellschaft in der Hauptversammlung aus, soweit das Gesetz nichts anderes bestimmt. Die Hauptversammlung ist ein notwendiges Organ der AG.[62] 106

b) Funktion

Die Hauptversammlung hat die Aufgabe der internen Willensbildung in dem gesetzlich zugewiesenen Zuständigkeitsbereich. Die Hauptversammlung ist deshalb Willensbildungsorgan. Vorstand und Aufsichtsrat sind demgegenüber Handlungsorgane. Eine Hierarchie zwischen Hauptversammlung, Vorstand und Aufsichtsrat besteht nicht. Insbesondere ist die Hauptversammlung nicht das oberste Organ der AG.[63] Das AktG begründet vielmehr zwingend (§ 23 Abs. 5 AktG) eine Machtbalance zwischen Hauptversammlung, Vorstand, Aufsichtsrat.[64] Von Vorstand und Aufsichtsrat unterscheidet sich die Hauptversammlung dadurch, dass sie kein ständiges Gesellschaftsorgan ist. 107

c) Einberufung

Die Einberufung der Hauptversammlung erfolgt gewöhnlich durch den Vorstand (§ 121 Abs. 2 AktG). Daneben bestehen die außerordentlichen Einberufungsrechte des Aufsichtsrats nach § 111 Abs. 3 AktG und einer Aktionärsminderheit unter den Voraussetzungen des § 122 Abs. 3 AktG. Nach § 123 Abs. 1 Satz 1 AktG ist die Hauptversammlung mindestens dreißig Tage vor dem Tag der Versammlung einzuberufen. Der Tag der Einberufung ist nicht mitzurechnen (§ 123 Abs. 1 Satz 2 AktG). 108

§ 9 der Satzung genügt den gesetzlichen Anforderungen. 109

d) Teilnahme- und Stimmrecht

Die Satzung kann die Teilnahme an der Hauptversammlung oder die Ausübung des Stimmrechts davon abhängig machen, dass die Aktionäre sich vor der Hauptver- 110

[61] GroßkommAktG/*Hopt/Roth* § 103 Rn. 89; *Hüffer/Koch* § 103 Rn. 17; a.A. KölnKomm/*Mertens/Cahn* § 103 Rn. 59f.

[62] KölnKomm/*Zöllner* § 118 Rn. 4; MünchKommAktG/*Kubis* § 118 Rn. 8ff.

[63] *BVerfG* NJW 2000, 349, 350.

[64] *Hüffer/Koch* § 118 Rn. 4.

sammlung anmelden (§ 123 Abs. 2 Satz 1 AktG). Die Anmeldung muss der Gesellschaft unter der in der Einberufung hierfür mitgeteilten Adresse mindestens sechs Tage vor der Versammlung zugehen (§ 123 Abs. 2 Satz 2 AktG). In der Satzung oder in der Einberufung auf Grund einer Ermächtigung durch die Satzung kann eine kürzere, in Tagen zu bemessende Frist vorgesehen werden (§ 123 Abs. 2 Satz 3 AktG). Nach § 123 Abs. 3 Hs. 1 AktG kann die Satzung bestimmen, wie die Berechtigung zur Teilnahme an der Versammlung oder zur Ausübung des Stimmrechts nachzuweisen ist (für Inhaberaktien börsennotierter Gesellschaften vgl. auch § 123 Abs. 4 AktG, für Namensaktien börsennotierter Gesellschaften § 123 Abs. 5 AktG).

111 § 10 der Satzung beachtet die in § 123 Abs. 2 und 3 AktG vorgesehenen Regelungen. Deshalb bestehen gegen § 10 der Satzung keine Bedenken.

e) Beschlussfassung

aa) Erforderliche Mehrheiten

112 Die Willensbildung der Hauptversammlung erfolgt durch Beschluss. Nach § 133 Abs. 1 AktG bedürfen die Beschlüsse der Hauptversammlung der Mehrheit der abgegebenen Stimmen (einfache Stimmenmehrheit), soweit nicht Gesetz oder Satzung eine größere Mehrheit oder weitere Erfordernisse bestimmen. Eine größere Mehrheit verlangt z.B. § 103 Abs. 1 Satz 2 AktG für die Abberufung von Aufsichtsratsmitgliedern, die mindestens eine Mehrheit von drei Vierteln der abgegebenen Stimmen umfassen muss. Eine größere Mehrheit verlangt darüber hinaus z.B. § 180 Abs. 1 AktG. Denn danach setzt ein Beschluss, der Aktionären Nebenverpflichtungen auferlegt, die Zustimmung aller betroffenen Aktionäre voraus. Für eine Änderung des Gesellschaftszwecks bedarf es eines Beschlusses, dem alle Gesellschafter zustimmen.[65] Weiterhin bestimmt das Gesetz bei besonders wesentlichen Entscheidungen eine qualifizierte Kapitalmehrheit (z.B. §§ 52 Abs. 5, 179 Abs. 2 Satz 1, 179a Abs. 1 Satz 1, 182 Abs. 1 Satz 1, 193 Abs. 1, 202 Abs. 2, 221 Abs. 1 Satz 2, 222 Abs. 1 Satz 1 AktG). Darin liegt keine Alternative zur einfachen Stimmenmehrheit, sondern ein zusätzliches Erfordernis.[66] Daher müssen stets beide Mehrheiten gegeben sein.[67] Das Erfordernis einer qualifizierten Kapitalmehrheit ist in einigen Fällen abdingbar (z.B. §§ 179 Abs. 2 Satz 2, 182 Abs. 1 Satz 2, 207 Abs. 2 Satz 1, 221 Abs. 1 Satz 3 AktG). Zur Reduzierung auf eine einfache Kapitalmehrheit reicht eine Satzungsbestimmung, wonach zur Beschlussfassung eine einfache Mehrheit der Stimmen genügt, nicht aus.[68]

113 Die Regelung zur Beschlussfassung in § 11 Abs. 1 der Satzung wiederholt lediglich die gesetzlichen Anforderungen. Sie ist daher nur deklaratorisch.

bb) Stimmkraft

114 § 134 AktG regelt die Stimmrechtsausübung. Er setzt das Stimmrecht der Aktionäre voraus. Regelungen zur Stimmkraft finden sich in § 134 Abs. 1 und 2 AktG.

---

[65] MünchKommAktG/*Stein* § 179 Rn. 132; KölnKomm/*Zöllner* § 179 Rn. 113; *Hüffer/Koch* § 179 Rn. 33.

[66] *Hüffer/Koch* § 133 Rn. 13.

[67] *BGH* NJW 1975, 212f.; MünchKommAktG/*Schröer* § 133 Rn. 37ff.; KölnKomm/*Zöllner* § 133 Rn. 67.

[68] *BGH* NJW 1975, 212, 213; WM 1987, 1070; vgl. auch BGHZ 76, 191, 195 zu einer ähnlichen Satzungsklausel.

§ 134 Abs. 1 AktG betrifft den gesetzlichen Regelfall des § 12 Abs. 1 Satz 1 AktG (Aktien mit einfachem Stimmrecht) und sieht die Möglichkeit der Abstimmung nach Nennbeträgen (§ 8 Abs. 2 AktG) oder nach Zahl der Aktien (§ 8 Abs. 3 AktG) vor.

§ 11 Abs. 2 der Satzung knüpft die Stimmkraft im Einklang mit § 134 Abs. 1 **115**
Satz 1 Alt. 1 AktG an den Aktiennennbetrag. Auch § 11 Abs. 2 der Satzung ist infolgedessen nur deklaratorisch.

Fall 13. Niemand kann zwei Herren dienen

Nach BGHZ 170, 60.

Sachverhalt

Rechtsanwalt Klaus Kniefiselig (K) ist Vorsitzender des Aufsichtsrats der Pixelmedien AG (P). K ist zugleich zu 50% Gesellschafter der Rengier Corporate Governance GmbH (R). Diese erbringt für P auf Grund eines schriftlichen Rahmenvertrages und nachfolgender, mündlich geschlossener Einzelverträge Unternehmensberatungsleistungen, für die sie Honorare in Höhe von zusammen 264000 EUR in bar erhält. Eine Zustimmung der Hauptversammlung und des Aufsichtsrates zu diesen vom Vorstand der P geschlossenen Verträgen liegt nicht vor.

Der Gegenstand des Rahmenvertrages ist in § 1 wie folgt festgelegt:

„R berät den Auftraggeber in wirtschaftlichen und strategischen Angelegenheiten. R wird hierbei insbesondere folgende Aufgaben erbringen:

1. *Beratung der Gesellschaft bei dem Abschluss von Unternehmens- und Beteiligungskaufverträgen und bei der Eingehung strategischer Allianzen (Joint Ventures).*
2. *Beratung zu Finanzierungsmodellen zur Ausstattung mit liquiden Mitteln (Kapitalerhöhungen, Inhaber- und Wandelschuldverschreibungen, Kreditverträge).*
3. *Beratung bei sonstigen Kapitalmaßnahmen, z.SB. Aktiensplits.*
4. *Beratung bei internen Strukturierungen."*

Die Einzelverträge gestalten diese Beratungsgegenstände für konkrete Fälle aus.

Nachdem P in wirtschaftliche Schwierigkeiten geraten ist, muss sie Insolvenzantrag stellen. Insolvenzverwalter Ingo Immermann (I) hält die der Bezahlung von 264000 EUR zu Grunde liegenden Verträge für unwirksam und verlangt Rückzahlung der Honorare. R rechnet demgegenüber mit Ansprüchen, die ihr auf Grund ungerechtfertigter Bereicherung von P tatsächlich gegenüber P in Höhe von 250000 EUR zustehen, auf. Vorsorglich genehmigt der Aufsichtsrat von P auf Bitten des K die Verträge zwischen P und R.

Ist das Verlangen des I begründet?

Gliederung

Rn.

Anspruch der P gegen R auf Zahlung von 264 000 EUR nach § 114 Abs. 2 Satz 1 AktG

Lösung

Anspruch der P gegen R auf Zahlung von 264000 EUR nach § 114 Abs. 2 Satz 1 AktG

I. Unwirksamkeit der Verträge nach §§ 113f. AktG

1. Anwendbarkeit der §§ 113f. AktG

a) Unmittelbare Anwendung

Die zwischen P und R geschlossenen Beratungsverträge müssten in den Anwendungsbereich der §§ 113f. AktG fallen. So betrifft § 114 Abs. 1 AktG (Vergütung des Aufsichtsratsmitgliedes auf Grund eines Vertrages über eine Dienst- oder Werkleistung höherer Art außerhalb der Tätigkeit als Aufsichtsrat) nur den Fall, dass Gesellschaft und Aufsichtsratsmitglied einen Beratungsvertrag schließen. Ein solcher Vertrag bedarf zu seiner Wirksamkeit der Zustimmung des Aufsichtsrats (§ 114 Abs. 1 AktG). Hier kommt jedoch ein Vertrag zwischen der Gesellschaft (P) und einer anderen Gesellschaft (R) zu Stande, sodass möglicherweise die Zustimmung des Aufsichtsrats entbehrlich sein könnte. Eine unmittelbare Anwendung der §§ 113f. AktG kommt daher nicht in Betracht. 1

b) Analoge Anwendung

Fraglich ist, ob §§ 113f. AktG über ihren Wortlaut hinaus analog dann anzuwenden sind, wenn die AG einen Vertrag nicht mit einem Mitglied ihres Aufsichtsrats selbst, sondern mit einer Gesellschaft schließt, deren Gesellschafter dieses Aufsichtsratsmitglied ist. Für eine solche Analogie bedarf es (1.) einer planwidrigen Regelungslücke und (2.) einer vergleichbaren Interessenlage. 2

aa) Planwidrige Regelungslücke

§ 115 AktG erstreckt den Zustimmungsvorbehalt für Kreditgewährungen an Aufsichtsratsmitglieder ausdrücklich auf eine Reihe von Umgehungssachverhalten (vgl. auch § 89 AktG für die Kreditgewährung an Vorstandsmitglieder). Bei § 114 AktG ist dies nicht der Fall. Daraus könnte sich im Umkehrschluss ergeben, dass es an einer „planwidrigen Regelungslücke“ fehlt, weil der Gesetzgeber bewusst davon abgesehen hat, Umgehungen der §§ 113f. AktG in deren Anwendungsbereich einzubeziehen. Ein Grund hierfür ist jedoch nicht erkennbar. 3

4 Wären die Fälle, in denen das Aufsichtsratsmitglied und der Vertragspartner der AG eine wirtschaftliche Einheit darstellen, von einer analogen Anwendung der §§ 113f. AktG ausgeschlossen, wären Umgehungen der genannten Vorschriften durch Einschaltung einer Ein-Mann-GmbH ohne weiteres möglich.[1] Außerdem ist ein bewusstes Absehen des Gesetzgebers von einem Umgehungsschutz regelmäßig nicht anzunehmen.[2] Die besonderen, für Kreditgewährungen geltenden Regeln des § 115 AktG entfalten daher für eine erweiternde Anwendung der §§ 113f. AktG keine Sperrwirkung. Es besteht eine planwidrige Regelungslücke.

bb) Vergleichbare Interessenlage

5 Für die Frage nach einer Vergleichbarkeit der Interessenlage im Hinblick auf eine analoge Anwendung von § 114 Abs. 1 AktG kommt es entscheidend auf dessen Normzweck an, der sich aus dem Zusammenhang mit § 113 AktG erschließt.[3] Nach § 113 AktG obliegt die Entscheidung über die Vergütung für die Amtsführung der Aufsichtsratsmitglieder, soweit dies nicht bereits in der Satzung geregelt ist, allein der Hauptversammlung.[4] Damit sollen Aktionäre und Gläubiger der Gesellschaft vor einer „Selbstbedienung" der Aufsichtsratsmitglieder, auf Grund der Berechtigung der Aufsichtsratsmitglieder, ihre Vergütung selbst zu bestimmen, geschützt sein.[5] Außerdem soll nicht der Vorstand über die Vergütung der Mitglieder seines Überwachungsorgans befinden, da es andernfalls zu Interessenkollisionen kommen könnte.[6] § 114 Abs. 1 AktG ergänzt diesen Schutzzweck, indem er für die Wirksamkeit von Verträgen zwischen Vorstand und einzelnen Aufsichtsratsmitgliedern über Dienstleistungen höherer Art, insbesondere Beratungsverträge, die Zustimmung des Aufsichtsrats fordert. Dadurch ist der Aufsichtsrat in die Lage versetzt, zu überprüfen, ob der jeweilige Vertrag tatsächlich nur Dienstleistungen außerhalb der organschaftlichen Tätigkeit (vgl. § 114 Abs. 1 AktG) betrifft. Davon abzugrenzen sind verdeckte Sonderzuwendungen, die das einzelne Aufsichtsratsmitglied unter Umgehung der Entscheidungsbefugnis der Hauptversammlung (§ 113 Abs. 1 AktG) erhält. Denn sie können das Aufsichtsratsmitglied von seiner Verpflichtung zur unabhängigen Überwachung des Vorstands abhalten, weil sie die Gefahr einer unsachlichen Beeinflussung des Aufsichtsratsmitglieds in seiner Kontrolltätigkeit begründen.[7] Deshalb muss ein Aufsichtsratsmitglied einen Vertrag zwischen ihm und der Gesellschaft gegenüber dem gesamten Aufsichtsrat offenlegen und die Zustimmung dieses Gesellschaftsorgans einholen, wenn es über die organschaftliche Tätigkeit hinaus gegen Entgelt für die Gesellschaft tätig sein will. Andernfalls ist die gezahlte Vergütung zurück zu gewähren (§ 114 Abs. 2 AktG).

6 Der dargestellte Normzweck betrifft nicht nur den Fall, dass das Aufsichtsratsmitglied den Vertrag im eigenen Namen schließt, sondern auch die Konstellation, dass das Aufsichtsratsmitglied den Vertrag im Namen einer von ihm als alleinigem Gesellschafter (und Geschäftsführer) geführten GmbH abschließt.[8] Denn auch dann

[1] BGHZ 168, 188 Rn. 11.
[2] BGHZ 110, 47 , 55f.; 168, 188 Rn. 11.
[3] BGHZ 126, 340, 346; 168, 188 Rn. 9; 170, 60 Rn. 9.
[4] BGHZ 168, 188 Rn. 9; 170, 60 Rn. 9.
[5] BGHZ 168, 188 Rn. 9; 170, 60 Rn. 9.
[6] BGHZ 168, 188 Tz. 9; 170, 60 Rn. 9; *Hüffer/Koch* § 113 Rn. 1; *Mertens,* FS Steindorff, 1990, S. 173f.
[7] BGHZ 168, 188 Rn. 9; 170, 60 Rn. 9.
[8] BGHZ 168, 188 Rn. 10; 170, 60 Rn. 8.

erhält das Aufsichtsratsmitglied die Vergütung – wenn auch nur mittelbar, sodass eine Umgehung der §§ 113f. AktG vorliegt.

Hier ist K jedoch nicht zu 100%, sondern lediglich zu 50% an R beteiligt. Es stellt sich daher die Frage, ob die Heranziehung der §§ 113f. AktG auch schon dann geboten ist, wenn die AG mit dem dritten Unternehmen, an welchem das Mitglied des Aufsichtsrats – nicht beherrschend – beteiligt ist, einen (Beratungs-)Vertrag schließt. Dies gilt insbesondere dann, wenn dem Aufsichtsratsmitglied auf diesem Wege mittelbar Leistungen der Aktiengesellschaft zufließen, die geeignet sind, in Widerspruch zu den mit §§ 113f. AktG verfolgten Zielen die unabhängige Wahrnehmung der organschaftlichen Überwachungstätigkeit eines Aufsichtsratsmitglieds zu gefährden. Eine solche Gefahr ist dann von vornherein ausgeschlossen, wenn es sich bei den mittelbaren Zuwendungen um (1.) – abstrakt betrachtet – geringfügige Leistungen handelt oder (2.) sie im Vergleich mit der von der Hauptversammlung festgesetzten Vergütung des Aufsichtsrats keinen nennenswerten Umfang haben.[9] 7

Im Hinblick auf den Schutzzweck der §§ 113f. AktG kommt es nicht darauf an, ob eine ungerechtfertigte Sonderleistung unmittelbar oder nur mittelbar über die Beteiligung an einem Unternehmen an das Aufsichtsratsmitglied fließt. Denn aus der Sicht der Gesellschaft besteht dieselbe Gefahrenlage. Darauf, in welcher Höhe das Aufsichtsratsmitglied an der Vertragspartnerin der Aktiengesellschaft beteiligt ist oder ob es die geschuldeten Vertragsleistungen selbst zu erbringen hat, kommt es in diesem Zusammenhang nicht an.[10] Denn die Höhe der Beteiligung ändert nichts an der Gefahrenlage für die Aktiengesellschaft, dass die unerlässliche Wahrnehmung der von – auch mittelbaren – Einflussnahmen des Vorstands unabhängigen Überwachungsaufgabe des Aufsichtsrats beeinträchtigt sein kann.[11] Eine solche Beeinträchtigung kann gegeben sein, wenn dem Aufsichtsratsmitglied eine nach den oben genannten Maßstäben nicht nur vernachlässigenswerte Vergütung mittelbar zufließt. Deshalb betreffen §§ 113f. AktG auch den Fall, dass eine Aktiengesellschaft mit einem Unternehmen einen (Beratungs-)Vertrag schließt, an dem ein Aufsichtsratsmitglied – nicht notwendig beherrschend – beteiligt ist. 8

Bei einer Beteiligung des Aufsichtsratsvorsitzenden K an R in Höhe von 50% und Beratungshonoraren in einer Gesamthöhe von 264000 EUR an R liegt nicht ein – bei abstrakter Betrachtung – nur unbedeutender und damit vernachlässigenswerter, mittelbar zukommender Vermögensvorteil des K vor.[12] Die zwischen P und R geschlossenen Beratungsverträge verstoßen daher gegen §§ 113f. AktG analog. 9

cc) Rechtsfolgen

Bei den Rechtsfolgen ist zu unterscheiden. Handelt es sich um einen Vertrag zwischen Gesellschaft und Aufsichtsratsmitglied über eine vergütete Tätigkeit, die das Aufsichtsratsmitglied schon in seiner Funktion als Aufsichtsrat schuldet, so ist der 10

[9] BGHZ 170, 60 Rn. 8; *E. Vetter* AG 2006, 173, 176f.; *Rellermeyer* ZGR 1993, 77, 86f.; *Müller* NZG 2002, 797, 798; *Werner* DB 2006, 935, 936; a.A. nur bei beherrschendem Einfluss des Aufsichtsratsmitglieds: *Lutter/Kremer* ZGR 1992, 87, 106; *Lutter/Drygala,* FS Ulmer, 2003, S. 381, 383ff.

[10] BGHZ 170, 60 Rn. 9; a.A. KölnKomm/*Mertens/Cahn* § 114 Rn. 8; *Wissmann/Ost* BB 1998, 1957, 1960.

[11] BGHZ 170, 60 Rn. 10.

[12] BGHZ 170, 60 Rn. 11 (zur Vergütung der Beratungsleistungen in Höhe von ca. 125000 EUR).

Vertrag von vornherein nichtig nach § 134 BGB, weil § 113 Abs. 1 Satz 2 AktG nicht beachtet ist.[13] Dies gilt unabhängig davon, ob für die Aktiengesellschaft der Vorstand oder der Aufsichtsrat gehandelt hat. Ein Vertrag zwischen Gesellschaft und Aufsichtsratsmitglied über eine vergütete Tätigkeit, die das Aufsichtsratsmitglied nicht schon in seiner Funktion als Aufsichtsrat schuldet, ist hingegen nicht nichtig nach § 134 BGB, sondern bis zu der nach § 114 Abs. 1 AktG erforderlichen Zustimmung des Aufsichtsrats schwebend unwirksam, also genehmigungsfähig.[14] Daher ist weiter zu prüfen, ob die Verträge zwischen P und R nichtig oder genehmigungsfähig sind. Denn der Aufsichtsrat von P hat die Verträge zwischen P und R genehmigt.

2. Genehmigungsfähigkeit der Beraterverträge?

a) Hinreichende Konkretisierung?

11 § 114 Abs. 1 AktG steht nur solchen Verträgen zwischen Aktiengesellschaft und Aufsichtsratsmitglied über Dienst- und Werkleistungen höherer Art nicht entgegen, die nicht in den Aufgabenbereich des Aufsichtsrats fallen. Um die Hauptversammlung vor Umgehungen des § 113 AktG zu schützen, muss sich aus dem Beratungsvertrag eindeutig ergeben, ob (1.) die zu erbringende Leistung außer- oder innerhalb des organschaftlichen Pflichtenkreises des Aufsichtsratsmitglieds liegt und (2.) der Vertrag verdeckten Sonderzuwendungen – etwa in Form einer überhöhten Vergütung – enthält.[15] Der Aufsichtsrat muss sich ein eigenständiges Urteil über die Art und den Umfang der Leistung sowie über die Höhe und die Angemessenheit der Vergütung bilden können. Andernfalls kommt eine Genehmigung durch den Aufsichtsrat nicht in Betracht, sofern nicht die Hauptversammlung dem Vertrag zugestimmt hat.

12 Die zwischen P und R geschlossenen Beratungsverträge sind bei Anwendung dieser Grundsätze nichtig nach § 134 BGB. Der Rahmenvertrag ist schon deshalb nicht genehmigungsfähig, weil er die Pflichten der R nicht abschließend bezeichnet, sondern nur beispielhaft („insbesondere") nennt. Darüber hinaus gehören die in § 1 Nrn. 1–4 des Rahmenvertrages aufgezählten Vertragsgegenstände bereits zu den Pflichten von K als Aufsichtsratsmitglied. Das Gleiche gilt für die Vertragsgegenstände der – zudem nur mündlich geschlossenen – Einzelverträge. Die Genehmigung des Rahmenvertrages und der Einzelverträge durch den Aufsichtsrat ist daher ohne Bedeutung.

b) Hinreichende Konkretisierung nachträglich?

13 Teile des Schrifttums erachten es für zulässig, einen wegen ungenauer Bezeichnung der Vertragspflichten gegen §§ 113f. AktG verstoßenden Beratungsvertrag nachträglich zu konkretisieren und dann durch den Aufsichtsrat zu genehmigen.[16] Für eine solche nachträgliche Konkretisierung fehlen hier jedoch Anhaltspunkte.

[13] BGHZ 168, 188 Rn. 16; 170, 60 Rn. 10.

[14] BGHZ 168, 188 Rn. 16; 170, 60 Rn. 13; *Hüffer/Koch* § 114 Rn. 10.

[15] BGHZ 170, 60 Rn. 13.

[16] So *Wissmann/Ost* BB 1998, 1957, 1958; *Müller* NZG 2002, 797, 801; *Lutter/Drygala,* FS Ulmer, 2003, S. 381, 395f.; *E. Vetter* AG 2006, 173, 178.

II. Analoge Anwendung von § 114 Abs. 2 Satz 1 AktG

§ 114 Abs. 2 Satz 1 AktG enthält einen besonderen aktienrechtlichen Rückgewähranspruch für den Fall des Verstoßes gegen § 114 Abs. 1 AktG, der zur schwebenden Unwirksamkeit geschlossener Verträge führt. Hier liegt aber ein Verstoß gegen § 113 AktG vor, der die Nichtigkeit der zwischen P und R geschlossenen Verträge nach § 134 BGB begründet (siehe Rn. 11 ff.). Daher stellt sich die Frage, ob sich die Verpflichtung des Aufsichtsratsmitglieds oder des ihm zurechenbaren Dritten, die gewährte Vergütung zurückzuzahlen, nach § 812 Abs. 1 Satz 1 Alt. 1 BGB oder nach § 114 Abs. 2 Satz 1 AktG analog ergibt. In §§ 113 f. AktG ist die – in Grenzbereichen fließende – Unterscheidung zwischen nicht genehmigungsfähigen, weil nach § 134 BGB i. V. m. § 113 AktG nichtigen Verträgen einerseits, und nicht (wirksam) genehmigten Verträgen nicht klar unterschieden. §§ 113 f. AktG ordnen keine unterschiedlichen Rechtsfolgen an. Sie sehen in § 114 Abs. 2 Satz 1 AktG einen aktienrechtlichen Rückgewähranspruch vor, der nach seinem Normzweck bei allen Verstößen gegen §§ 113 f. AktG eingreift.[17] 14

Es käme zu Wertungswidersprüchen, wenn für einen schon nicht genehmigungsfähigen Beratervertrag schwächere Rechtsfolgen eingriffen als bei Fehlen einer (wirksamen) Genehmigung. Vielmehr müssen der aktienrechtliche Rückgewähranspruch nach § 114 Abs. 2 Satz 1 AktG und das Aufrechnungsverbot nach § 114 Abs. 2 Satz 2 Hs. 2 AktG in Fällen eines wegen Verstoßes gegen § 113 AktG nicht genehmigungsfähigen Beratungsvertrages erst recht eingreifen *(argumentum a maiore ad minus).* Danach richtet sich der Rückgewähranspruch auch bei einem Verstoß gegen § 113 AktG nach § 114 Abs. 2 AktG analog.[18] Damit steht der Gesellschaft ein effektiver, von Verrechnungen mit Gegenansprüchen freier Rückgewähranspruch zu. Die Aufrechnung von R gegenüber P mit einem Anspruch in Höhe von 250 000 EUR, der nach § 114 Abs. 2 Satz 2 Hs. 1 AktG unberührt bleibt, ist daher unbeachtlich. 15

III. Ergebnis

I kann von K nach § 114 Abs. 2 Satz 1 AktG analog Zahlung von 264 000 EUR verlangen. 16

[17] BGHZ 168, 188 Rn. 20; 170, 60 Rn. 16; *Hüffer/Koch* § 114 Rn. 10.

[18] BGHZ 168, 188 Rn. 20; 170, 60 Rn. 16.

Fall 14. Mitgefangen, mitgehangen

Nach BGHZ 172, 169.

Sachverhalt

Unternehmer August Aulus (A) betreibt in den Jahren 2011 bis 2013 getrennte Klageverfahren gegen zwei italienische Unternehmen X und Y, gegen die er jeweils Ansprüche aus Handelsvertreterverträgen geltend macht. In beiden Verfahren beauftragt er mit der Prozessvertretung die scheinbar aus Bertram Biersack (B), Cornelius Connelli (C), Dolores Dietel (D) und Ernst Ensthaler (E) bestehende Anwaltssozietät, weil er glaubt, dass eine Anwaltssozietät seine Interessen am besten wahrnehmen kann. Tatsächlich sind nur B, C und D in einer Sozietät verbunden; die Mandate des A betreut selbständig und eigenverantwortlich E, der mit Billigung von B, C und D lediglich Räume der Anwaltssozietät nutzt, ohne dass seine Eigenständigkeit kenntlich gemacht ist. Später schließen A und X in dem einen Verfahren einen gerichtlichen Vergleich; in dem anderen Verfahren einigen sich A und Y außergerichtlich. An A sind danach jeweils 80 000 EUR zu entrichten. Diese Beträge bezahlen die Vergleichsschuldner auf Weisung des E auf dessen Privatkonto ein. E veruntreut die eingezahlten Beträge. Da E zahlungsunfähig ist, verlangt A von dem vermögenden B persönlich Zahlung von 160 000 EUR.

Zu Recht?

Gliederung

Anspruch von A gegen B auf Zahlung von 160 000 EUR nach § 128 Satz 1 HGB analog

Lösung

Anspruch von A gegen B auf Zahlung von 160 000 EUR nach § 128 Satz 1 HGB analog

A kann B persönlich auf Zahlung von 160 000 EUR nach § 128 Satz 1 HGB analog in Anspruch nehmen, wenn (1.) eine Gesellschaftsverbindlichkeit in dieser Höhe besteht und (2.) B hierfür persönlich haften muss. 1

I. Bestehen einer Gesellschaftsverbindlichkeit

1. §§ 280 Abs. 1, 241 Abs. 2 BGB, 124 Abs. 1 HGB analog

a) Rechtsfähigkeit der Anwaltssozietät

Soweit eine (Außen-)Gesellschaft bürgerlichen Rechts durch Teilnahme am Rechtsverkehr eigene Rechte und Pflichten begründet, ist sie rechtsfähig und kann daher Schuldnerin eines Zahlungsanspruchs sein (vgl. Fall 4). 2

b) Schuldverhältnis

Zwischen der Anwaltssozietät und A besteht ein Schuldverhältnis in Gestalt eines Geschäftsbesorgungsvertrages nach § 675 BGB. 3

Hinweis: Bei einer gemischten Sozietät, z. B. aus einem Rechtsanwalt und einem Steuerberater, kommt der Geschäftsbesorgungsvertrag im Zweifel nur mit dem Sozius zu Stande, der auf dem zu bearbeitenden Gebiet tätig sein darf. So ist für die Erbringung von Rechtsdienstleistungen i. S. d. § 2 RDG die Einhaltung der Erfordernisse des § 3 RDG (insbesondere: gesetzliche Erlaubnis) notwendig. Schließt ein Steuerberater oder Wirtschaftsprüfer einen Vertrag über eine Tätigkeit, die außerhalb der ihm gesetzlich erlaubten Tätigkeit liegt, so ist der Vertrag nichtig nach § 134 BGB. Danach ist die Haftung von berufsfremden Mitgliedern einer gemischten Sozietät ausgeschlossen.[1]

c) Pflichtverletzung

Die Anwaltssozietät, für die deren Gesellschafter B, C und D handeln, müsste eine Pflichtverletzung begangen haben. Die Veruntreuung der 160 000 EUR fällt aber E zur Last. E ist nicht Gesellschafter der Anwaltssozietät. Die Anwaltssozietät haftet hierfür nur dann, wenn (1.) E zumindest Scheingesellschafter der Anwaltssozietät ist und (2.) der Anwaltssozietät das Verhalten des E zuzurechnen ist. 4

[1] *BGH* WM 2008, 1563 Rn. 8; BGHZ 154, 370, 377.

aa) E als Scheingesellschafter der Anwaltssozietät

5 Ähnlich wie bei der Begründung der Kaufmannseigenschaft kraft Rechtsscheins[2] kann jemand Gesellschafter einer Gesellschaft kraft Rechtsscheins sein, wenn er und die übrigen Gesellschafter den Rechtsschein der Gesellschafterstellung setzen (Rechtsscheingrundlage), ihnen dieser Rechtsschein zurechenbar ist, der Dritte in seinem Vertrauen auf den gesetzten Rechtsschein schutzwürdig ist und der Dritte im Vertrauen auf den gesetzten Rechtsschein geschäftliche Dispositionen trifft (Kausalität). Der Scheingesellschafter muss sich grundsätzlich so behandeln lassen, als wäre er Gesellschafter.

(1) Setzung des Rechtsscheins der Sozietätsmitgliedschaft des E

6 Der Rechtsschein der Sozietätsmitgliedschaft einer Person ist gesetzt, wenn ein Auftreten im geschäftlichen Verkehr gegeben ist (Kundgabe), das auf die Gesellschaftereigenschaft schließen lässt. Diese Kundgabe als Erklärung gegenüber der Öffentlichkeit muss den Eindruck erwecken, die Voraussetzungen eines die Gesellschaftereigenschaft begründenden Tatbestands lägen vor. B, C, D und E setzen hier den Rechtsschein, dass E Sozietätsmitglied sei. Dies geschieht dadurch, dass E die Räume der Anwaltssozietät nutzt, ohne dass dessen Eigenständigkeit erkennbar wäre. Denn dadurch entsteht der Rechtsschein, dass der Anwaltssozietät aus B, C und D auch E angehört.

(2) Zurechenbarkeit des Rechtsscheins

7 Der gesetzte Rechtsschein ist B, C, D und E auch zurechenbar, da sie den Eindruck hervorrufen, E sei Mitglied der Anwaltssozietät.

(3) Schutzwürdiges Vertrauen des Dritten auf die Sozietätsmitgliedschaft

8 Der Dritte muss in seinem Vertrauen auf die Sozietätsmitgliedschaft schutzwürdig sein. Die Lehre vom Scheingesellschafter schützt deshalb nur gutgläubige Dritte. Dem Dritten schaden also Kenntnis oder grob fahrlässige Unkenntnis davon, dass keine Sozietätsmitgliedschaft des E besteht (vgl. § 173 BGB). Für einen solchen Vorwurf gegenüber A fehlen Anhaltspunkte. Insbesondere trifft den Dritten grundsätzlich keine Nachforschungspflicht.

(4) Kausalität des Rechtsscheins für geschäftliche Dispositionen des Dritten

9 Der gesetzte Rechtsschein muss kausal, d.h. ursächlich für geschäftliche Dispositionen sein. A kommt es entscheidend darauf an, eine Anwaltssozietät zu beauftragen. Daher ist der gesetzte Rechtsschein auch kausal für geschäftliche Dispositionen.

(5) Zwischenergebnis

10 E ist Scheinsozius der aus B, C und D bestehenden Anwaltssozietät.

bb) Zurechnung des Verhaltens von E nach § 31 BGB analog

11 Der Anwaltssozietät muss das Verhalten von E zurechenbar sein. Auf eine rechtsfähige (Außen-)Gesellschaft bürgerlichen Rechts könnte § 31 BGB entsprechend anwendbar sein (vgl. Fall 4).[3] Ein zum Schadensersatz verpflichtendes Handeln ihrer geschäftsführenden Gesellschafter müsste sich die Gesellschaft dann zurechnen las-

[2] Vgl. dazu *Lettl* § 2 Rn. 66ff.

[3] BGHZ 154, 88, 93f.; 155, 205, 210; MünchKommBGB/*Ulmer/Schäfer* § 705 Rn. 263; *K. Schmidt* § 60 II 4.

sen. Dies könnte auch für Anwaltssozietäten in der Rechtsform einer Gesellschaft bürgerlichen Rechts gelten.

Teilweise wurde das deliktische Verhalten des Mitglieds einer Anwaltssozietät dieser 12
nicht analog § 31 BGB als eigenes zugerechnet.[4] Es stellt sich aber die Frage, ob die Grundsätze der Rechtsprechung[5] zur Rechtsfähigkeit der (Außen-)GbR und einer Zurechnung des Verhaltens ihrer Gesellschafter (vgl. Fall 4) auch für Sozietäten von Freiberuflern in der Rechtsform der Gesellschaft bürgerlichen Rechts gelten. Für berufshaftungsrechtliche Verbindlichkeiten der Gesellschaft könnte nämlich eine Ausnahme bei der Anwendung des § 31 BGB anzuerkennen sein. Es stellt sich insoweit insbesondere die Frage, ob bei einer Anwaltssozietät jeder Sozius „verfassungsmäßig berufener Vertreter" i. S. d. § 31 BGB ist.

(1) Verfassungsmäßig berufener Vertreter i. S. d. § 31 BGB bei Anwaltssozietät

In der Gesellschaft bürgerlichen Rechts ergibt sich die Vertretungsbefugnis aus dem 13
Gesellschaftsvertrag. Enthält dieser keine Regelung hierzu, kommt es für die Vertretungsbefugnis auf die gesetzliche Regelung an. Diese weist die Vertretungsmacht den zur Geschäftsführung befugten Personen zu (§ 714 BGB). Zur Führung der Geschäfte der Gesellschaft sind die Gesellschafter grundsätzlich gemeinschaftlich berechtigt (§ 709 Abs. 1 Hs. 1 BGB). Die Auslegung des Begriffs des „verfassungsmäßig berufenen Vertreters" i. S. d. § 31 BGB richtet sich indes nicht nach der gesellschaftsrechtlichen Vertretungsbefugnis. Sie fasst den Begriff vielmehr weiter.[6] Danach ist verfassungsmäßig berufener Vertreter i. S. d. § 31 BGB nicht nur der geschäftsführende Gesellschafter.[7] Auch ein Nichtgesellschafter, dem die Gesellschafter für die Gesellschaft wesensmäßige Funktionen zur selbstständigen, eigenverantwortlichen Erfüllung zugewiesen haben und der infolgedessen die Gesellschaft im Rechtsverkehr repräsentiert, erfüllt die Voraussetzungen des verfassungsmäßig berufenen Vertreters i. S. d. § 31 BGB.[8] Sogar ein bloßer Sachbearbeiter, der eine wichtige Angelegenheit zur eigenverantwortlichen Erledigung übertragen erhält, ist verfassungsmäßig berufener Vertreter i. S. d. § 31 BGB.[9] Danach genügt es für die Annahme eines „verfassungsmäßig berufenen Vertreters" der Anwaltssozietät, dass ein einzelner Sozius selbständig und eigenverantwortlich zu bearbeitende Mandate übertragen erhält. Denn bei dieser anwaltstypischen Hauptaufgabe als wichtige Angelegenheit der Sozietät tritt der Rechtsanwalt bei der Wahrnehmung des Mandats auch als Repräsentant der Sozietät nach außen auf. Ein Mandant, der eine Sozietät beauftragt, will – wie hier A – die Vorteile nutzen, die ihm ein Zusammenschluss mehrerer Anwälte im Hinblick auf Organisation und Arbeitsteilung bietet.[10] Daraus ergibt sich zugleich, dass ein Sozius bei der Bearbeitung eines Mandats der Sozietät „in Ausführung einer ihm zustehenden Verrichtung" i. S. d. § 31 BGB tätig ist. Dies gilt auch dann, wenn die Voraussetzungen für eine Anscheins- oder Duldungsvollmacht nicht gegeben sind. Denn die Zurechnung nach § 31 BGB knüpft weder an Rechtsscheingesichtspunkte noch an die scheinbare Vertre-

[4] *BGH* NJW 1966, 1807 = BGHZ 45, 311, 312.
[5] Vgl. *BGH* NJW 2001, 1056 = BGHZ 146, 341.
[6] BGHZ 172, 169 Rn. 16.
[7] BGHZ 154, 88, 93; 172, 169 Rn. 16.
[8] *BGH* NJW 1972, 334; NJW 1998, 1854, 1856; BGHZ 49, 19, 21; 172, 169 Rn. 16.
[9] BGHZ 172, 169 Rn. 16.
[10] BGHZ 56, 355, 360; 172, 169 Rn. 17.

tungsmacht, sondern allein an die Befugnis des Organs an, für die juristische Person zu handeln.[11]

Hinweis: Die Mitglieder einer anwaltlichen Scheinsozietät unterliegen keiner Rechtsscheinhaftung für Forderungen, die nicht die anwaltstypische – rechtsberatende oder rechtsvertretende – Tätigkeit (z. B. Kauf oder Reparatur eines PC) betreffen. Denn die Haftung des Mitglieds einer Scheinsozietät setzt ein Mandatsverhältnis und damit eine anwaltstypische Tätigkeit voraus.[12]

14 Es stellt sich aber die Frage, ob diese Grundsätze auch für einen berufsrechtlichen Zusammenschluss von Rechtsanwälten gelten, der – ohne eine Gesellschaft zu sein – nach außen hin diesen Anschein erweckt (Scheinsozietät).

(2) Scheinsozius als verfassungsmäßig berufener Vertreter i.S.d. § 31 BGB

15 Auch einer Scheinsozietät sind vertragliche Haftungstatbestände grundsätzlich zuzurechnen.[13] Denn eine Sozietät, die den Scheinsozius nach außen wie einen Sozius handeln lässt, setzt den Rechtsschein, dass sie für dessen Handeln grundsätzlich auch haftungsmäßig verantwortlich sein will. Fehler des Scheinsozius bei der Bearbeitung eines Mandats sind daher der Sozietät nach § 31 BGB zuzurechnen. Durch die der Anwaltssozietät daher nach § 31 BGB analog zuzurechnende Veruntreuung des E hat die Anwaltssozietät eine Pflichtverletzung begangen.

d) Vertretenmüssen

16 E handelte vorsätzlich (§ 276 Abs. 1 BGB). Da dies der Anwaltssozietät nach § 31 BGB analog zuzurechnen ist, ist die Pflichtverletzung auch von ihr zu vertreten.

e) Art und Umfang des Schadens

17 A ist ein Schaden in Höhe von 160 000 EUR entstanden. Diesen hat die Anwaltssozietät zu ersetzen (§ 249 Abs. 1 BGB).

2. Nach § 823 Abs. 2 BGB i.V.m. § 266 Abs. 1 StGB, § 124 Abs. 1 HGB

18 Die Voraussetzungen des § 266 Abs. 1 StGB, eines Schutzgesetzes i.S.d. § 823 Abs. 2 BGB, liegen hier in der Person von E vor. Tathandlung, Handlungserfolg, Kausalität, Rechtswidrigkeit und Verschulden sind in der Person des E gegeben. Außerdem ist A ein Schaden in Höhe von 160 000 EUR entstanden. Fraglich ist aber auch hier, ob sich die Anwaltssozietät das Verhalten des E zurechnen lassen muss. Eine Zurechnung des Verhaltens des Scheinsozius nach § 31 BGB analog erfolgt indes auch, wenn der Scheinsozius deliktisch handelt.[14] Auch für das deliktische Handeln eines Scheinsozius haftet daher die Anwaltssozietät analog § 31 BGB.

3. Zwischenergebnis

19 Es besteht eine Verbindlichkeit der Anwaltssozietät gegenüber A in Höhe von 160 000 EUR.

---

[11] *BGH* NJW 1986, 2941 = BGHZ 98, 148, 151.
[12] *BGH* WM 2008, 1136 Rn. 10.
[13] BGHZ 172, 169 Rn. 20.
[14] BGHZ 172, 169 Rn. 21.

II. Persönliche Haftung von B

Die persönliche Haftung von B setzt voraus, dass § 128 HGB (oder § 8 PartGG; beachte aber die in § 8 Abs. 4 PartGG vorgesehene Möglichkeit, die Haftung auf das Gesellschaftsvermögen zu beschränken) auf die Gesellschafter bürgerlichen Rechts, namentlich auf anwaltliche Sozien, analog anwendbar ist. Für eine analoge Anwendung bedarf es (1.) einer planwidrigen Gesetzeslücke und (2.) einer vergleichbaren Interessenlage. 20

Hinweis: Das Außenrecht der BGB-Gesellschaft ist dem Recht der oHG zumindest angenähert. Zur Teilrechtsfähigkeit der BGB-Gesellschaft in analoger Anwendung von § 124 Abs. 1 HGB ist dies bereits oben herausgearbeitet. Diese Annäherung an das Recht der oHG setzt sich damit fort, dass die Gesellschafter einer BGB-Gesellschaft akzessorisch kraft Gesetzes für Gesellschaftsverbindlichkeiten persönlich mit ihrem Privatvermögen haften (§ 128 Satz 1 HGB analog; Akzessorietätstheorie). Der BGH[15] begründete die persönliche Haftung der Gesellschafter für Gesellschaftsverbindlichkeiten zunächst mit dem „allgemeinen Rechtsprinzip", wonach derjenige, der allein oder zusammen mit anderen Geschäfte betreibe, auch mit seinem persönlichen Vermögen hafte, sofern er sich nicht auf eine vertraglich vereinbarte oder gesetzlich vorgesehene Haftungsbeschränkung berufen könne. Methodisch überzeugender erscheint jedoch eine analoge Anwendung von § 128 Satz 1 BGB, die jedoch auch der Begründung bedarf. Die Voraussetzungen für eine solche analoge Anwendung (planwidrige Regelungslücke und Vergleichbarkeit der Interessenlage) ergeben sich daraus, dass die §§ 705 ff. BGB wegen des die Gesamthand als Sondervermögen behandelnden, mittlerweile aber überholten Ansatzes auf eine Regelung der Mithaftung der Gesellschafter verzichten. Wegen des Fehlens besonderer Gläubigerschutznormen ist aber die persönliche Mithaftung der Gesellschafter erforderlich.[16] Das Verhältnis zwischen der Verbindlichkeit der Gesellschaft und der Haftung des Gesellschafters entspricht daher derjenigen bei der oHG.[17]

Die Gesellschafter einer oHG müssen für ein „fremdes" Delikt solidarisch nach § 128 Satz 1 HGB analog haften, um dem Geschädigten das Fehlen eines gesicherten Haftungsmindestkapitals bei Personengesellschaften auszugleichen.[18] Gerade bei deliktischem Verhalten der Gesellschaft muss das Privatvermögen der Gesellschafter als Haftungsmasse zur Verfügung stehen. Die Unterscheidung, ob eine oHG (vgl. § 2 Sätze 2 und 3, §§ 5, 105 Abs. 2 HGB) oder eine GbR vorliegt, ist im Einzelfall mit erheblichen Unwägbarkeiten verbunden.[19] Außerdem können auch die BGB-Gesellschafter auf Auswahl und Tätigkeit der wie Organe auftretenden Personen (§ 31 BGB) Einfluss nehmen und sind daher im Hinblick auf die Verteilung des Schadensrisikos „näher dran" als die deliktisch Geschädigten.[20] 21

Es stellt sich jedoch die Frage, ob § 128 HGB auch für die berufshaftungsrechtlichen Verbindlichkeiten der Gesellschaft gilt. Ein sachlicher Grund für eine Verneinung dieser Frage ist indes nicht ersichtlich. Wenn ein Gesellschafter für ein fremdes Delikt einstehen muss, so muss dies auch für einen anwaltlichen Sozius gelten. Die Rechtsanwälte, die sich zu einer Sozietät zusammenschließen, übernehmen auch das Risiko, dass ein Sozius das in ihn gesetzte Vertrauen missbraucht und sie dafür haften müssen.[21] Dies gilt auch für eine Scheinsozietät. Denn es liegt an den 22

15 BGHZ 142, 315, 319.

16 MünchKommBGB/*Schäfer* § 714 Rn. 36; *Casper* JZ 2002, 1112 f.

17 Palandt/*Sprau* § 714 Rn. 13; *K. Schmidt* § 60 III 4; *Habersack* BB 2001, 477, 481; *Ulmer* ZIP 2001, 585, 597; a. A. *Altmeppen* NJW 2003, 1553, 1554 ff.; *Canaris* ZGR 2004, 69, 109 ff.

18 BGHZ 172, 169 Rn. 26.

19 BGHZ 172, 169 Rn. 26.

20 BGHZ 172, 169 Rn. 26.

21 BGHZ 172, 169 Rn. 29.

einzelnen Sozien, einen bestimmten Rechtsschein erst gar nicht entstehen zu lassen oder zu zerstören. Haftet eine Anwaltssozietät für das Handeln eines Scheinsozius, müssen daher auch die einzelnen Sozien nach § 128 Satz 1 HGB mit ihrem Privatvermögen dafür einstehen.

III. Ergebnis

23 A steht gegenüber B ein Anspruch auf Zahlung von 160 000 EUR nach § 128 Satz 1 HGB analog i.V.m. §§ 280 Abs. 1, 241 Abs. 2 BGB, § 124 Abs. 1 HGB analog bzw. § 823 Abs. 2 BGB i.V.m. § 266 Abs. 1 StGB, § 124 Abs. 1 HGB analog zu.

Stichwortverzeichnis

Fette Zahlen verweisen auf die Fälle des Buches, magere auf deren Randnummern.